Manuscritos de economía y filosofía

Manuscritos de economía y filosofía

Karl Marx

Manuscritos de economía y filosofía

Traducción, introducción y notas de
Francisco Rubio Llorente

Título original: *Ökonomisch-philosophische Manuskripte* (1844)

Primera edición: 1968
Tercera edición: 2013
Sexta reimpresión: 2025

Diseño de colección: Estrada Design
Diseño de cubierta: Manuel Estrada
Fotografía de Amador Toril

Reservados todos los derechos. El contenido de esta obra está protegido por la Ley, que establece penas de prisión y/o multas, además de las correspondientes indemnizaciones por daños y perjuicios, para quienes reprodujeren, plagiaren, distribuyeren o comunicaren públicamente, en todo o en parte, una obra literaria, artística o científica, o su transformación, interpretación o ejecución artística fijada en cualquier tipo de soporte o comunicada a través de cualquier medio, sin la preceptiva autorización.

© de la traducción, introducción y notas: Francisco Rubio Llorente
© Alianza Editorial, S. A., Madrid, 1968, 2025
  Calle Valentín Beato, 21
  28037 Madrid
  www.alianzaeditorial.es

PAPEL DE FIBRA CERTIFICADA

ISBN: 978-84-206-7556-5
Depósito legal: M. 7.904-2013
Composición: Grupo Anaya
Printed in Spain

Si quiere recibir información periódica sobre las novedades de Alianza Editorial, envíe un correo electrónico a la dirección: alianzaeditorial@anaya.es

Índice

9 Introducción

57 Manuscritos de economía y filosofía
59 Prólogo
65 Primer manuscrito
152 Segundo manuscrito
163 Tercer manuscrito

256 Notas
264 Bibliografía
271 Cuadro cronológico

Introducción

La época de redacción de los *Manuscritos* es época de burguesía triunfante. Tras la instauración de Luis Felipe en el trono francés y la consolidación de la independencia belga, todo el Occidente europeo goza los beneficios de la monarquía constitucional. La Corona proporciona la cobertura de legitimidad necesaria para defenderse con éxito frente a los nostálgicos, cada vez menos numerosos, del *Ancien Régime* y asegura el mantenimiento de la «soberanía de la razón» que las sacudidas intermitentes de quienes se obstinan en no enriquecerse apenas logran inquietar. La miseria obrera, que ya nadie puede ignorar y que la literatura de la época comienza insistentemente a describir, es atribuida lisa y llanamente a la carencia de virtudes de quienes la padecen. Con el progreso de los tiempos la sociedad se ha espiritualizado, y si los nobles del Antiguo Régimen necesitaban recurrir a una supuesta diferencia racial para gozar tranquilos de sus privilegios, los *beati possidentes* de la monarquía burguesa disfrutan en paz los suyos, como resultado de una feliz superioridad espiritual que los justifica.

Los pobres y pecadores, obligados a trabajar catorce o dieciséis horas diarias y a presenciar la explotación despiadada de sus hijos y la prostitución de sus hijas, se sienten naturalmente exasperados en tal situación, pero más dispuestos a la revuelta que provistos de ideas para justificarla. Las asociaciones obreras, vestigios en gran parte de las viejas corporaciones medievales y, por supuesto, sañudamente perseguidas, adoptan por necesidad interior, tanto como exterior, un aspecto tenebroso, conspirativo, más terrorífico que eficaz, sobre el cual resulta fácil tejer una leyenda de crímenes sangrientos, depravación y barbarie. Las esporádicas rebeliones son generalmente más obra de la ira que de la razón, aunque el furor casi animal no suele ser sanguinario y destruye con mayor frecuencia las máquinas que las vidas de sus propietarios. Sólo en Inglaterra comienza a nacer un movimiento sindicalista razonado y razonable y el año en que Marx redacta los *Manuscritos* es también el año en que se funda la asociación de los *Equitable Pioneers* de Rochdale.

En el resto de Europa se lucha mientras tanto con los vestigios del pasado. En los países del Sur, las fuerzas de la tradición y del progreso se enfrentan en una serie ininterrumpida de pronunciamientos y reacciones, tan estériles los unos como las otras. Los países del Centro y del Este, vencedores al fin en las contiendas con Napoleón, conservan, en cambio, casi intactas las viejas formas. La nobleza terrateniente mantiene la mayor parte de sus privilegios tradicionales y domina absolutamente al campesinado. Rusia, nuevamente cerrada sobre sí misma, es el baluarte de la reacción, pero al mismo tiempo atiza solapadamente el naciente nacionalismo eslavo, cuyos embates debilitan al Imperio y favorecen la absorción por Prusia de los restantes territorios de habla alemana. Bien que el Estado prusiano sea el más eficaz de entre todos los sobrevivientes del Antiguo Régimen, esos territorios ven con recelo al nuevo señor, y más que ningún otro la Renania natal de Marx, que conoció bajo Napoleón un régimen más progresista y en donde comienza a surgir una moderna industria. La burguesía renana tolera cada vez con mayor impaciencia los rigores del absolutismo teológico y burocrático de Berlín y se orienta hacia la fórmula salvadora de la monarquía constitucional. Sus veleidades de evolución se ven frenadas, sin embargo, como frecuentemente sucede en los países en igual situación, por los peligros que apuntan en los países más adelantados, por los movimientos del cuarto estado que ya se perciben en las naciones modélicas de Occidente. Porque, aunque con características muy peculiares, la nación alemana es en aquel tiempo un pueblo subdesarrollado, tanto en lo económico como en lo político. «Los alemanes –dirá Marx por aquellos años– somos los contemporáneos filosóficos del presente sin ser sus contemporáneos en la realidad.» Los alemanes no viven aún (es decir, no saben si llegarán jamás a vivir) las formas imperantes en los países progresivos, pero esas formas están asentadas sobre unos supuestos culturales de los que Alemania sí participa y el pensamiento alemán se ocupa de los problemas que tales formas plantean más que de los que, en rigor, corresponderían a su presente. Es fácil entender las tentaciones de radicalismo que asaltan a un pensamiento así situado. Oponer a la propia realidad la ajena y más desarrollada implica, si no se va más lejos, una aceptación conformista de las deficiencias que en esta última perciben quienes viven dentro de ella. Y como el pensamiento es, de suyo, maximalista, de modo que resulta siempre intelectualmente más elegante negar que afirmar, los intelectuales progresistas de los países subdesarrollados se ven siempre tentados e incluso obligados a ir más allá del modelo propuesto, a no postular nunca una reforma y siempre una revolución que, al tiempo que elimina los males inherentes a la situación desarrollada, ahorra los dolores del tránsito a las sociedades que no lo están, dotándolas de una vez de la estructura óptima.

En los rasgos gigantescos del pensamiento marxista este proceso es claramente perceptible. La *Introducción a la crítica de la Filosofía del Derecho de Hegel,* sin duda uno de los más vigorosos escritos de Marx, afirma ya rotundamente que Alemania sólo puede verse libre de los males que la afligen por obra de una revolución que libere de los suyos a toda la humanidad. Como pueblo «que padece todos los males de la sociedad moderna sin gozar de ninguno de sus beneficios», ha de aliarse con una fuerza universal que se encuentre en su misma situación para hacer una revolución que sólo siendo universal será eficaz. El recurso al proletariado y el entendimiento de su esencia aparecen así en Marx antes de todo estudio económico (un hecho en el que no se ha insistido bastante), simplemente porque la radical *(gründlich)* Alemania requiere un aliado igualmente radical.

Pero, naturalmente, no se llega en una sola zancada desde el berlinés Club de los Doctores hasta el movimiento obrero. Entre 1838 y 1844, Marx ha debido pensar mucho y sufrir muchos desencantos. Para la izquierda hegeliana a que pertenece, la tarea a realizar es inicialmente la de la crítica. El Espíritu (esto es, los hombres de espíritu), oponiendo continuamente la realidad a su noción, señala las imperfecciones de aquélla e impulsa el cambio. Esta tarea, sin embargo, puede ser entendida de muy distintas maneras. Cabe reducirse a la crítica de las construcciones espirituales, a la crítica de la Religión, por ejemplo, que tiene un valor paradigmático, pero que deja intacta la realidad. Es ésta la «crítica crítica», que desprecia a la «masa» y que preconiza Bauer. Frente a ella, es posible aún otra actitud que, sin dejar de ser simple crítica, incide ya directamente sobre la realidad y que inicialmente y no por mucho tiempo sería adoptada por Marx. Cuando en 1841 Bauer es expulsado de la Universidad de Bonn y se le cierran a Marx las puertas de una posible carrera de profesor, se inicia la divergencia, y pronto la hostilidad, entre ambos. Mientras Bauer anima la *Allgemeine Literatur Zeitung,* una revista teórica de crítica literaria, filosófica y artística, Marx acepta un puesto de redactor en la *Rheinische Zeitung,* un periódico liberal de Colonia desde el cual ha de ocuparse de la ley sobre el robo de leña en los bosques o de la nueva regulación de la censura. Allí entra en contacto con un poder real que trasciende de los libros y unas fuerzas que vivifican este poder y se ocultan tras él. Se trata de realidades contra las cuales es impotente la crítica; realidades que aprisionan con hierros muy verdaderos y pesados a los que no se hace desaparecer con una simple declaración como intentó hacer Edgar Bauer con el juez que lo condenaba, negándole autoridad. Contra los hechos opacos de este mundo poco o nada valen las ideas brillantes y la vigorosa expresión. Marx había de aprenderlo muy a su costa cuando el periódico quedó sometido a los ataques de la censura. Con ánimo de impedir su cierre, los propietarios trataron en vano de convencer a Marx para que redujese sus críticas al estrecho ámbito de lo permitido. Como él explica en una carta a Ruge, no accedió porque «es lacayuno limitarse a pinchar con alfileres lo que habría que atacar a mazazos». El periódico fue clausurado y Marx, recién casado, ve cerrarse ante sí otro camino. No sólo no ha cumplido hasta el presente el mandato paterno de hacer feliz a su esposa y conquistar al asalto el respeto del mundo, sino que permanece desconocido salvo para un pequeño círculo y se ha ganado además la enemistad del Poder, que lo ha privado de medios para sostener su hogar. Que esta situación personal haya podido llevar a Marx hacia la revolución es cosa tan posible como poco importante. Es el razonamiento objetivo que sostiene una actitud teórica o práctica y no la motivación psicológica que la explica lo que la hace susceptible de adhesión o rechazo y la dota de importancia histórica.

Ahogado por el idealismo hegeliano o hegelianizante y por la política prusiana, Marx procede a una nueva revisión de sus ideas y rompe con su país. La revisión la hace a la luz, sobre todo, del pensamiento de Feuerbach, «de quien arranca la crítica positiva, realista y naturalista». Este pensamiento está constantemente presente en los

Manuscritos, que frecuentemente utilizan también expresiones feuerbachianas. Pese a todo, no fue nunca enteramente aceptado por Marx. Aunque siempre se declaró su deudor y le guardó un respeto del que testimonia el tono adoptado en su crítica, tan diferente del hiriente sarcasmo con que se enfrenta a otros ideólogos, Marx no aceptó nunca la «pasividad» del pensamiento de Feuerbach, al que encuentra «demasiado hegeliano en su contenido y demasiado poco en su método». Feuerbach acierta, piensa Marx, al poner en lugar del Espíritu hegeliano al hombre sensible, real, menesteroso, pero yerra al no percibir el carácter histórico de la esencia humana y encomendar la realización de su plenitud al cambio «natural» de las circunstancias y a la fuerza aglutinante del amor. Aunque estas diferencias sólo se harían explícitas en *La ideología alemana* y en las famosas *Tesis,* posteriores en algunos años a los *Manuscritos,* ya en éstos, a pesar del entusiasmo feuerbachiano, es perceptible una diferencia de matiz. Feuerbach ha servido para evidenciar que sólo lo sensible es real y que es en lo sensible en donde hay que verificar el cambio que por fin hará humano al hombre. Pero lo sensible es también obra humana. La dialéctica es ley de desarrollo de la naturaleza, no de un Espíritu por encima de ella, pero dentro de la naturaleza está también la razón, que es la razón del hombre, y es el hombre el que ha de impulsar el cambio y crear lo nuevo. El hombre, de otra parte, no es una esencia que se repita idéntica de unos individuos a otros y esté dada de una vez para siempre, aunque se haya visto oscurecida y perturbada de distintas formas a lo largo de la historia. El hombre es un ser social cuya potencialidad originaria realizan en cada momento de una determinada forma las relaciones sociales en las que vive inmerso. La esencia del hombre feuerbachiano no existe más que como potencia histórica; el hombre real es lo que la sociedad concreta hace de él. La ciencia del hombre es la ciencia de la sociedad y el humanismo activo es la revolución.

Para conocer al hombre de nuestro tiempo es necesario, en consecuencia, conocer la sociedad del presente, la forma social más desarrollada que, aceptando el esquema hegeliano del desarrollo lineal, permitirá desentrañar los misterios aún ocultos en las formas más primitivas. Es el conocimiento de esta sociedad el que Marx va buscando en su viaje a París. Allí no sólo existe la industria moderna, sino también sus lacras de miseria y prostitución. Y aún más, París es también el principal punto de reunión de los activistas proletarios que con aún oscura conciencia tratan ya de destruir la sociedad existente. La ciencia nuclear de esta sociedad es la Economía Política, la ciencia de la producción y de la distribución, de la riqueza y de la miseria. Marx descubre esta ciencia en París y del escándalo que de ella recibe brotan los *Manuscritos*.

No se trata, claro está, de que los alemanes ignorasen la nueva ciencia. En la *Filosofía del Derecho* hegeliana hay huellas muy perceptibles de la obra de Adam Smith y Marx era un espíritu demasiado alerta para haber pasado por alto ese pensamiento. Pero como antes decíamos, el conocimiento que en Alemania se tenía del mundo moderno era un conocimiento predominantemente libresco. Sólo con el contacto directo de la realidad que la

Economía interpreta cobra ésta su significado auténtico, su verdadera dimensión. Cuando, con su traslado a una gran ciudad industrial, realiza Marx este contacto, se lanza apasionadamente, como era habitual en él, al estudio de la Economía, y en este sentido es como puede decirse que la descubre.

Lo que a Marx escandaliza en la Economía es su materialismo y su exactitud. El hombre aparece en ella en una sola de sus facetas, como *homo oeconomicus,* afanado en la creación de riquezas y movido exclusivamente por el cálculo racional o, más exactamente, por un cálculo inteligente y astuto, pero sin profundidad ni horizonte, incapaz de trascender el más estrecho interés individual. Un cálculo que realiza la inteligencia, pero no la razón, utilizando la conocida distinción que el idealismo alemán establece entre estas dos facultades. Un hombre así cosificado en su proceder es naturalmente una cosa más que como tal ha de ser tratada. El correlato necesario del hombre económico es el hombre mercancía. Una actividad exclusivamente orientada hacia la ganancia, hacia el lucro individual (siquiera este lucro se reduzca a lo que el individuo necesita para existir), es una energía «natural», igual en todos los hombres, desindividualizada, susceptible de ser contada, pesada y medida. Actividad lucrativa y trabajo-mercancía son cara y cruz de una misma realidad, la consideración, respectivamente, subjetiva y objetiva de un determinado modo de ser hombre. La Economía Política no inventa este modo de ser, ni lo postula. Simplemente lo describe y por vía de generalización inductiva establece las reglas que, dando por supuesto tal modo de ser, gobiernan la mecánica de la producción y distribución de bienes sobre la que se asienta el edificio social.

Si pecado hay en ella, el pecado de la Economía no es pecado de error, sino de miopía. Ve con exactitud lo que ante ella está, pero lo acepta como natural sin percibir que no lo es, sin captar el infinito mundo humano que esa «naturaleza» social ante ella no realiza, ni el inmenso dolor humano que la no realización implica. Su defecto no estriba sólo ni principalmente en su aceptación de, por ejemplo, el paro y la miseria como resultados naturales de un proceso sometido a leyes ciegas, sino en su hipostatización de ese proceso como proceso natural e irremediable que conviene conocer para controlar, pero que en modo alguno cabe sustituir. Su propia constitución de ciencia «positiva» la obliga a partir de lo ya «puesto», de lo dado, y le veda la especulación sobre lo que pudiera o debiera ser. Para un economista científico es tan insensato rechazar por falsa la ley de la oferta y la demanda que efectivamente gobierna la realidad, como sería para un astrónomo en sus cabales criticar la ley de la gravitación universal so pretexto de haber él imaginado una forma más conveniente para la ordenación del universo. Lo decisivo es, sin embargo, que la ordenación de las galaxias no depende de los hombres y la del mundo humano sí. En el sistema de aquéllas no es posible el errar, pero el mundo humano sí puede ser un mundo falso. Acercarse con los mismos instrumentos mentales a realidades esencialmente distintas proporciona forzosamente una imagen distorsionada, tanto de aquella realidad para la que los instrumentos no son adecuados como de la validez de éstos para conocer y de la corrección del conocimiento así obtenido. El pecado de la Economía no consiste en ser una ciencia falsa, sino en ser una ciencia positiva y hacerse la ilusión de que puede serlo.

El mundo humano es obra del hombre y ha de ser siempre estudiado y comprendido en función de una determinada idea del hombre, de una Filosofía. Reducirse a aceptar lo dado, tratar positivamente al hombre y la sociedad existentes, es aceptar la idea del hombre que esa sociedad y ese hombre realizan. La ilusión de la Economía sobre sí misma es la aceptación inconsciente, pero no inexplicable (ya los «materialistas» del siglo XVIII han evidenciado en parte el mecanismo de las ideologías), que los economistas hacen de la Filosofía sobre la que se ha construido la sociedad que ellos estudian y que, negando la realidad o la cognoscibilidad de cuanto no sea puro fenómeno, pura apariencia, impide llegar al ser profundo de las cosas. La rebelión de Marx contra la Economía es la rebelión contra esa Filosofía oculta y por eso doblemente peligrosa. No va a criticarla en nombre de un error desgraciadamente inexistente, sino en nombre de una realidad que ella ignora, de una Filosofía que rechaza la noción del hombre que en esa sociedad aceptada por los economistas ha encontrado realidad. No va a intentar una nueva Economía, sino quizá, más exactamente, una Metaeconomía. La unión de Economía y Filosofía es el primer paso ineludible para comenzar a estudiar seriamente la sociedad moderna y este avance epistemológico, al que tal vez cabe calificar como fundamento de todos sus restantes hallazgos, lo hace Marx precisamente en los *Manuscritos*.

Quizá en el hecho mismo de que Marx no intentase nunca su publicación tenemos la mejor prueba de la importancia de estos textos. Son tan ricos en intuiciones fertilísimas, necesitadas de largo estudio y desarrollo, que resultaba imposible publicarlos. Por supuesto, no es que estas pocas páginas escritas a los veintiséis años señalen ya el término del desarrollo intelectual de su autor, que había de dedicar aún al estudio cuarenta años de su vida, pero sí puede afirmarse sin exageración que en ellos está ya constituido el espíritu que habrá de informar toda la obra posterior. En cierto sentido podríamos decir que constituyen un programa de trabajo que en parte quedaría sin realizar y en el cual están ya incoados los resultados finales.

Los *Manuscritos* permanecieron olvidados durante más de ochenta años. Y no sólo olvidados, sino menospreciados; todavía Franz Mebring, el gran biógrafo de Marx, dice de ellos que son «relativamente poco importantes». ¿Cómo explicar este juicio hoy, cuando el estudio del pensamiento marxista se centra casi en ellos e incluso quienes les restan importancia han de dedicar buena parte de sus esfuerzos a justificar su actitud? Gunther Hillman, en su presentación de una edición alemana de los *Manuscritos*[1], afirma que, siendo la enajenación del hombre su tema central, era forzoso que se los pasara por alto en una época en la que el proletario estaba entregado en alma y cuerpo a un movimiento en el que sentía plenamente realizada su humanidad. La importancia que actualmente se les concede resultaría, en cambio, de la magnificación del mundo enajenado que en la primera postguerra supuso, para el proletario, la escisión del movimiento obrero, y para el burgués la instauración de los totalitarismos fascistas. La explicación, aunque sugestiva, opera tal vez con un concepto demasiado simplista de enajenación, que no es un estado de conciencia, sino una situación objetiva. Es, desde luego, evidente que el olvido o el menosprecio de los *Manuscritos* está estrechamente conectado con el economismo que infecta todo el pensamiento marxista hasta épocas muy recientes. Los males del sistema capitalista son vistos exclusivamente como males económicos (miseria creciente, proletarización progresiva, despilfarro de recursos productivos, etc.) y es en la exasperación que tales males producen en donde se basa el resorte que ha de hacer saltar definitivamente un sistema al que, por lo demás, son también las deficiencias de su propio mecanismo económico las que irremisiblemente condenan. Economismo y mecanicismo son apenas dos nombres distintos de una misma actitud que prescinde de la libertad humana y, con ella, necesariamente, de la dialéctica. Para una tal lectura de Marx, ni los *Manuscritos* en general, ni la categoría de la enajenación, en particular, tienen importancia alguna. La cuestión está, sin embargo, en determinar las razones por las que el pensamiento de Marx ha podido ser tergiversado durante tanto tiempo. Pajovic, en un breve y brillante artículo, alude a la ambigüedad del pensamiento marxista como condición de posibilidad de tal tergiversación[2]. Cuando Marx afirma que es necesario realizar la Filosofía, se refiere en parte a la Filosofía hegeliana, pero no sólo a ella. La racionalización del mundo postulada por Hegel y traducida a términos prácticos por Marx puede hacer parecer a éste como un simple apóstol de la tecnología. Una reducción de su figura a estos estrechos límites pasaría por alto, no obstante, que la Filosofía que Marx pretende realizar es también una Filosofía personal para la cual la racionalización del mundo no es nada si no va también acompañada por una racionalización, esto es, humanización, del individuo. La interpretación economizante del marxismo habría sido posible merced a esta ambigüedad, que le permitió presentar como totalidad del pensamiento lo que no era sino un fragmento. Es obvio, no obstante, que si aceptamos la tesis habremos comprendido por qué las cosas pudieron suceder, pero continuaremos ignorando por qué sucedieron.

En otro estudio breve y brillante, recogido en el mismo volumen en el que aparece el de Pajovic, Adam Schaff propone a su vez una explicación para la deformación pasada del pensamiento marxista y su actual reintegración.

> En la última etapa del marxismo –nos dice– hubo dos motivos para que se subestimara el problema del individuo. El primero es de carácter objetivo y derivó de la concentración de fuerzas, escasas, como eran en comparación con el poder del enemigo, en la tarea a la que en ese momento se concedía primordial importancia: la lucha de masas. El segundo es de carácter subjetivo y derivó, particularmente durante el proceso de rápido desarrollo del movimiento y ante la perspectiva de una lucha prolongada, de la tendencia de muchos integrantes del movimiento a olvidar la diferencia entre el verdadero objetivo de la lucha y los métodos y medios que conducían a este fin.[3]

En cambio el retorno de los marxistas a los problemas de la filosofía del hombre se explica por una triple necesidad, objetiva, teórica e ideológica. La primera es la que resulta de la necesidad de ocuparse de la felicidad del individuo, una vez que el movimiento ha llegado al poder; la segunda, de la dinámica intrínseca de la teoría, que la lleva a completarse y colmar todas las lagunas; la tercera, la que nace del enfrentamiento ideológico a que se ha reducido la lucha entre socialismo y capitalismo desde el momento en que el proceso tecnológico ha hecho imposible el enfrentamiento armado. En esta contienda ideológica, los principales argumentos del adversario se centran precisamente en el olvido en que el marxismo ha tenido al individuo, de tal modo que la única respuesta posible es la anclada en una sólida Filosofía humanista. Lo que Schaff parece olvidar es que la interpretación humanista del marxismo no nació en la Unión Soviética ni en las democracias populares, sino entre los partidos socialistas del Occidente, en los que indudablemente no operaban aquellas necesidades que él señala o, a lo menos, no en los términos por él expuestos y que, de otra parte, también requiere explicación el hecho de que durante la segunda mitad del siglo XIX y el primer tercio del nuestro el movimiento marxista se haya afanado exclusivamente por la lucha de masas, es decir, por la conquista del poder a cualquier precio.

Aquí no podemos hacer otra cosa que dejar abierta una cuestión cuya solución, si posible, exigiría muy largos esfuerzos. El marxismo se ve sometido durante el pasado siglo, como las demás corrientes del pensamiento europeo, a la influencia de un ambiente positivista y materialista ante el que forzosamente debería sucumbir, y como ellas gira también en el presente bajo la presión generalizada de un mayor interés por el hombre individual. En sus propios términos, cabría tal vez decir que en el pasado el marxismo ha sucumbido a la reificación producida por el sistema capitalista; que ha sido, como cualquier otra ideología, un pensamiento enajenado. ¿Supone su actual retorno a las fuentes una liberación de la enajenación en la que iría también acompañado por el pensamiento «burgués»? ¿Puede decirse en algún sentido que nuestro tiempo es menos materialista que el de nuestros abuelos?

A la publicación de los *Manuscritos,* los primeros autores en ocuparse de ellos fueron en casi todos los casos marxistas no comunistas, miembros muchos de ellos de los partidos socialdemócratas. Sus comentarios insisten en el contenido humanista, en la Metaeconomía y en las bases que ella ofrece para el entendimiento de las obras económicas posteriores y la política preconizada por Marx. Frente a ellos, los autores de estricta observancia comunista, o bien ignoraron pura y simplemente estos textos restándoles toda importancia, o bien atacaron con más adjetivos que razones a los «revisionistas», pretendiendo ver en su valoración de los *Manuscritos,* y como de costumbre, una taimada maniobra dirigida a salvar la propiedad privada y con ella el orden o desorden social existente. Aferrados como estaban a la simplificación estalinista del pensamiento de Marx, no podían sino suponer las más negras intenciones en quienes subrayaban el valor de unos textos que ofrecen del mundo una imagen algo más compleja que la del simple conflicto maniqueo entre trabajo y capital y condenaban sin lugar a dudas algunas deformaciones grotescas, tales como la de la lamentable y antidialéctica teoría del reflejo. Como por la misma época habían visto la luz por vez primera otros trabajos juveniles de Marx, especialmente *La ideología alemana,* la divergencia entre comunistas y no comunistas no se reduce sólo a los *Manuscritos.* Lo que se discute es, en términos más amplios, la conexión o desconexión entre el joven Marx y el Marx de la madurez, entre el Marx de *El capital* y la *Crítica del Programa de Gotha* y el Marx hegeliano y pre «científico». A la exageración economizante, para la cual todo lo que no fuesen categorías económicas, lucha de clases y dictadura del proletariado era una aberración idealista, respondió una tergiversación de signo opuesto que pretendía hacer de Marx un profeta desarmado del humanismo y condenaba toda su obra económica. En la actualidad, como señalábamos, estos extremos están ya en general superados. Los *Manuscritos,* que en 1956, poco después de la muerte de Stalin, fueron publicados por primera vez íntegramente en lengua rusa, han dejado de ser un libro maldito y tanto en la URSS como en las democracias populares se los estudia cada día con mayor ahínco. Ya es posible ver en ellos «la entrada definitiva de Marx en la vía de la revolución científica»[4] y cabe afirmar que

> es imposible comprender la forma madura del socialismo científico si no se lo concibe como la corporeización de los ideales que Marx reverenció desde su juventud y si su análisis científico no está iluminado por el humanismo socialista.[5]

La desconfianza del comunismo ortodoxo hacia ellos no ha desaparecido, sin embargo, por completo. La excelente edición de las obras completas de Marx y Engels hecha por la Editorial Dietz dependiente del Comité Central del Partido Socialista Unificado de la República Democrática Alemana, no ha incluido los *Manuscritos* en ninguno de sus cuarenta y tantos volúmenes, y aunque anuncia que serán recogidos en uno de los volúmenes complementarios que se proyectan (y ya esta relegación es por sí misma expresiva), esa publicación, hasta donde sabemos, aún no ha tenido lugar. Más expresivo aun y más lamentable es el hecho de que la misma Editorial Dietz rompiera por su cuenta la conexión que Marx estableció entre Filosofía y Economía, publicando de una parte los *Manuscritos* primero y segundo, junto con los capítulos iniciales del tercero, como obras económicas [6], y de la otra el prólogo y la parte final del tercer manuscrito, la «Crítica de la Filosofía hegeliana», como trabajos filosóficos [7]. De lo que en definitiva se trata es de esto, de la desconfianza y la animadversión contra la Filosofía, manifestadas sin recato alguno, por ejemplo, en una obra muy difundida de Louis Althusser [8]. ¿Cuáles son los motivos de esta animadversión?

Para los marxistas tradicionales, la relación entre marxismo y Filosofía ha quedado de siempre explicada con una simple remisión a la última de las tesis sobre Feuerbach: «Los filósofos se han limitado a interpretar el mundo de distintas maneras; lo que ahora hay que hacer es cambiarlo». Como en la obra de Marx cabe encontrar frecuentes burlas de la Filosofía y como siempre es mucho más tranquilizador entender los textos en su sentido más simple y aparente, la frase de Marx ha venido siendo comprendida como una especie de «candado y siete llaves al sepulcro del Cid». La Filosofía habrá sido o una manía inofensiva o un resultado necesario de la división del trabajo, un instrumento insidioso al servicio de las clases dominantes, pero en todo caso un producto de las edades negras de la humanidad sin razón alguna de ser en el luminoso futuro. De ahora en adelante no más Filosofía; con la Economía y la Historia (una Historia prefabricada, además, a la que sólo resta colocar datos en los esquemas ya dispuestos), basta y sobra para comprender el mundo y el hombre y labrar su porvenir, en la medida en que éste no venga automáticamente dado. De esta doctrina a la comtiana de los tres estadios apenas hay un paso, si es que lo hay. Marx y Comte, y hasta si se quiere Spencer, están reconciliados en lo fundamental, y el siglo XIX puede construir en paz sus ferrocarriles y organizar en guerra sus Internacionales. Probablemente sería posible encontrar más de un texto decimonónico que apunte en ese sentido. Los filósofos han sido sucedidos por el movimiento obrero «heredero de la Filosofía clásica alemana» (La frase es de Engels en su *Ludwig Feuerbach*) y, en consecuencia, quien se obstine en hacer Filosofía es, o bien un retrasado mental, o bien un instrumento de la reacción.

Y no son solamente el gusto de Marx por las frases tajantes ni la ilimitada capacidad simplificadora de Engels los que han hecho posible esta interpretación que favorece, además, la inclinación positivista del siglo. La propia trayectoria intelectual de Marx a partir de 1848, o incluso 1846, parece abonarla. Ya en *La ideología alemana,* obligada a tratar de Filosofía porque es crítica de filósofos, hay un esfuerzo patente y deliberado por prescindir de la jerga filosófica hegeliana. A partir de esta obra, sin embargo, no es sólo el léxico, sino la temática misma, la que cambia. A partir de entonces Marx escribirá incansablemente sobre política y economía sin volver a ocuparse nunca de cuestiones más o menos estrictamente filosóficas. No se requiere, sin embargo, un gran esfuerzo para percibir en este aparente desinterés la mera superficie de realidades más hondas y bien distintas. La musculatura económica recubre un corazón filosófico del que recibe sangre y vida. Incluso en simples datos anecdóticos se patentiza esta verdad. En 1858, mientras prepara el primer fascículo de la *Contribución a la crítica de la Economía Política* y como de costumbre está acosado por problemas materiales y obligado a escribir para comer, Marx encuentra tiempo y ganas para leer nada menos que la *Lógica* hegeliana, que evidentemente no utilizaría como sucedáneo de las novelas de Dumas con las que solía distraer sus ocios, es decir, aquellos momentos en que por prescripción facultativa no podía trabajar. Y hasta el fin de sus días mantuvo vivo el propósito de escribir una *Dialéctica materialista* que habría de ser como el colofón de su obra y a la que si verosímilmente no consideraba como su tarea más urgente, sí entendía probablemente como la más importante.

Pero no hay necesidad de recurrir a la biografía del autor y a sus intenciones declaradas, cuyo verdadero sentido siempre cabría discutir. La significación exacta de las tesis sobre Feuerbach y de todas las declaraciones sobre el fin de la Filosofía sólo puede y debe ser determinada por su relación con el conjunto del pensamiento marxista en su totalidad.

Por de pronto es evidente que Marx no fue un apóstol de la acción por la acción, que detestaba, sino, por el contrario, el artífice precisamente de la fusión de teoría y praxis. Si la tarea que propone es la de transformar al mundo, esa transformación ha de ser algo más que un dar palos de ciego con la esperanza de obtener un resultado que valga la pena. La transformación de una totalidad propuesta como tarea implica necesariamente una idea previa de lo que es, de sus posibilidades de cambio y de lo que ha de ser, y las ideas sobre la esencia y el devenir necesario de la totalidad constituyen lo que tradicionalmente se denomina Filosofía. Pero, además, el todo a transformar es el todo a que pertenece el hombre y ha de serlo por la acción del hombre, para lo cual se requiere un imperativo que vaya más allá de las conveniencias individuales que los individuos sientan, aunque pueda coincidir con algunas o muchas de ellas, pues como pura conveniencia sentida, ni siquiera la de la mayoría es, en sí misma, un motivo válido para la acción. La obra económica de Marx puede demostrar, si se la acepta, las tendencias intrínsecas del capitalismo hacia su propia destrucción y su irremediable función obstaculizadora del ulterior desarrollo de las fuerzas productivas, pero nada más. Privada de sus supuestos filosóficos no pasaría de ser una tecnología de la opulencia que no valdría como argumento, ni frente a los habitantes de los numerosos Country Clubs que adornan el ancho mundo, ni frente a quienes prefiriesen aspirar a la holgura dentro del sistema, sin correr los riesgos que la lucha por su destrucción forzosamente entraña. La revolución no sería, como en el habitual argumento cínico, más que un choque de apetencias egoístas, de fuerzas ciegas cuyo poder sería derecho.

Marx consumió una gran parte de su vida escudriñando los mecanismos que hacen posible el cambio del sistema y postulan su necesidad, pero el impulso hacia el cambio es previo. Se apoya en la Economía, pero la trasciende. Sin este impulso más hondo, el llamamiento a la revolución es, como decíamos, una simple incitación hecha a ciertos apetitos para que ayuden a acelerar un proceso que de todas formas, con ellos o sin ellos, ha de darles satisfacción. Pero esos apetitos estarán tan carentes o tan llenos de justificación racional como los que se les enfrentan. A su vez, claro está, el simple impulso desvinculado del razonamiento económico sería un puro imperativo ético, es decir, vieja Filosofía tradicional que desde luego Marx no quiso hacer. O el sistema marcha por sí mismo hacia su destrucción, y el hombre, totalmente privado de libertad, no es más que un juguete de fuerzas ciegas que, como los antiguos dioses, se valen de él para designios que le escapan, o la transformación sólo es posible y siempre es posible mediante el simple esfuerzo humano, resultado de un imperativo cuyo origen y justificación están en otra parte.

De estas dos posibilidades de deformación, el pensamiento de Marx, como ya hemos visto, ha sufrido sobre todo por parte de la primera. En una interpretación que la priva de su fundamento filosófico, de la dialéctica entre filosofía y ciencia, la obra de Marx queda reducida a una construcción determinista en la que el hombre, carente de libertad, no es más que un objeto de la Historia. No sólo sigue sin saber la Historia que hace, sino que incluso deja de hacer Historia. De ser «predicado de la Razón» habrá pasado a ser «predicado de la Economía», pero su enajenación permanecerá inmutable. Un entendimiento así del marxismo, y así ha sido el que ha tenido vigencia predominante durante muchos años, no tiene lugar para la acción humana libre, cuyo simple pensamiento es tachado de voluntarismo.

Habiendo recibido de la doctrina marxista un simple esquema que la convertía en una mera tecnología del desarrollo económico, era lógico que el estalinismo triunfante transformase la dialéctica en un sistema de leyes formales y abstractas (las famosas leyes del famoso *Diamat*) a cuya operación eran perfectamente ajenos los individuos, a través de los cuales, sin embargo, se llevaba a cabo su acción. La relación que dentro del sistema estalinista media entre los individuos y las fuerzas históricas que actúan con legalidad propia se ajusta por entero a la categoría marxista de enajenación. Y una enajenación, además, de terribles consecuencias. Como el sistema, en efecto, convertía al socialismo en simple organización, la cúspide de la misma era, por definición, la suprema instancia interpretadora de unas leyes que habían dejado de ser dialécticas en lo que la dialéctica tiene de crítica, pero que conservaban de la dialéctica la capacidad formidable para profetizar el pasado y racionalizar a posteriori cualquier decisión. El individuo no sólo era juguete de unas fuerzas históricas para él incontrolables, sino víctima de la más atroz enajenación que quepa imaginar, la enajenación a un Dios mortal, infalible y omnipotente, cuya arbitrariedad quedaba siempre y necesariamente justificada dentro del sistema. El pecado era castigado con el campo de concentración o la muerte y además, como en todo régimen teocrático, era pecado, condenación del alma. Por eso no bastaba con la sentencia prefabricada y se hacían también necesarios el proceso, la confesión y el arrepentimiento.

El estalinismo y la socialdemocracia, aunque incomparables en sus resultados, coinciden en la reducción del marxismo a pura tecnología económica, a tecnocracia, olvidando por entero su mandato de realizar la Filosofía. Cierto es que la filosofía hegeliana impone la obligación de racionalizar el mundo y la ordenación del mundo económico es parte fundamental de dicha racionalización, pero si el marxismo no fuera más que eso estaría obligado a claudicar ante el sistema económico óptimo. Una vez instaurado éste, frente a las imperfecciones de lo real no habría ya otro recurso que el refugio en el mundo interior y toda la crítica marxista a Hegel quedaría privada de fundamento, lo cual no es grave porque reconcilie a Marx y Hegel, sino porque suprime la base de sustentación de Marx. Es decir, en una hipotética, pero tal vez posible, sociedad opulenta del futuro en la que se hubiese maximalizado la producción y minimizado la jornada de trabajo, pero en la que el individuo tuviese que seguir aplicando sus propias «fuerzas esenciales» a un trabajo exclusivamente encaminado a ganarse la vida, «convirtiendo así lo animal en lo humano y lo humano en lo animal», el marxismo habría perdido toda razón de ser, no tendría ya nada que decir. Por eso el marxismo vulgar se halla totalmente inerme frente al desarrollo neocapitalista contemporáneo, cuyos éxitos económicos sería insensato negar. Marx acertaba, si se lo acepta, al afirmar la necesidad de la transformación del capitalismo, pero su pensamiento no debe ser entendido, si se quiere preservar su validez, en el sentido de que esa transformación necesaria haya de llevarlo automáticamente hacia formas no basadas en uno u otro modo de enajenación. Hertert Marcuse, una de las mentes más claras del pensamiento marxista contemporáneo, hace a este respecto unas brillantes consideraciones conectando las previsiones marxistas con el concepto hegeliano de necesidad.

> Sería una distorsión completa de la significación de la teoría marxista –dice– el deducir de la inexorable necesidad que rige el desarrollo del capitalismo una necesidad similar del paso al socialismo. Cuando se niega el capitalismo, los procesos sociales ya no caen bajo el régimen de leyes naturales ciegas. Esto es precisamente lo que distingue la naturaleza de lo nuevo y de lo viejo. La transición de la muerte inevitable del capitalismo al socialismo es necesaria, pero sólo en el sentido en que es necesario el pleno desarrollo del individuo... Es la realización de la libertad y la felicidad la que necesita el establecimiento de un orden en el cual los individuos asociados determinen la organización de sus vidas.[9]

El fundamento del pensamiento todo de Marx lo constituye una idea de la naturaleza y del hombre, es decir, una Filosofía. Es esta Filosofía la que impone la necesidad del cambio, no porque de ella brote un imperativo ético, sino porque pretende conocer el secreto de la felicidad del hombre, que sólo puede buscarse a través del desarrollo pleno de sus potencialidades. Durante toda la Historia pasada, lo que Marx llama simplemente Prehistoria, este desarrollo se ha ido verificando sin la participación humana consciente, siguiendo un proceso en cierto modo semejante a aquel que ha impulsado el cambio de las especies animales a través del simple juego de azar de la evolución. Por esto afirma también que toda la Historia pasada ha sido la historia natural del hombre. La diferencia radical estriba justamente en que el animal es, conforme a su esencia, inerte, mera pasividad natural, en tanto que el hombre es, también según su determinación natural, radicalmente activo, creador. Su desarrollo se opera a espaldas suyas como el del animal, pero como el factor dinámico que impulsa el desarrollo es precisamente su propia acción, lo que en el animal es natural es en el hombre perversión. El hombre simplemente natural traiciona (no por su culpa, claro es) su humanidad. La lucha humana por el control de la naturaleza no es una respuesta instintiva a estímulos inmediatos, sino acción conforme a plan. En el ininterrumpido proceso, el hombre va haciendo nacer formas sociales nuevas que a su vez conforman de nueva manera a los individuos nuevos. El hombre crea continuamente al hombre, pero de una manera ciega, como resultado de la casualidad. Sus propósitos inmediatos no contienen nunca los resultados mediatos y el individuo es cada vez más estrechamente prisionero de las formas que ha contribuido a crear con su propia acción. La civilización es confort creciente, seguridad aumentada frente a la naturaleza, al menos para algunos, pero para nadie es felicidad. Incompletamente realizado, el hombre experimenta en todos los siglos y en todos los lugares el ansia consciente o inconsciente de cambiar, de verificar en sí mismo la plenitud de sus posibilidades. Cuando no busca conseguirlo en ficticios reinos de la imaginación, ha intentado lograrlo en el más acá, a través de revoluciones necesariamente fracasadas porque olvidaban los límites impuestos por la realidad. La Filosofía, en la interpretación de Marx, es una forma más de esos intentos de realización imaginaria de la plenitud humana. Una vez que su verdadera naturaleza ha sido puesta al descubierto no cabe ya esa mistificación, no es ya lícito buscar en el reino puro del pensamiento el consuelo de los dolores que provoca la realidad. La desmitificación de la Filosofía y la renuncia a su consolación no equivalen, sin embargo, a su negación. Muy al contrario, se le da una nueva dignidad cuando se la trae a la tierra y se la convierte en programa.

Más allá de la racionalización del mundo material, del control sobre la naturaleza (de la cual es parte el hombre), la Filosofía exige también y sobre todo una racionalización del mundo humano, de la sociedad y sus instituciones, para arribar al fin último de una plena racionalización del hombre. Que este fin pueda o no ser alcanzado es una cuestión abierta, al menos para algunos marxistas, que podrían encontrar por esta vía una aproximación no meramente táctica al pensamiento cristiano. Si la esperanza es un elemento constitutivo del hombre, una determinación esencial de su ser, la Utopía es necesariamente parte integrante de su horizonte. No es sólo la necesidad nueva que surge de cada necesidad satisfecha y del instrumento para su satisfacción la que empuja al hombre continuamente hacia adelante. Es cierto que ya ese proceso natural le da al hombre una historia de la que carecen las ovejas o los perros, pero si la historia fuese solamente eso, su progreso sería puro azar y su sentido inescrutable. Si Marx cree poder predecir el curso de los acontecimientos humanos es precisamente porque imagina haber calado más hondo, haber desentrañado el fondo de la cuestión merced a una Filosofía que le proporciona una determinada idea del hombre y, a través de él, de la naturaleza y de lo que más allá de ella existe o no existe. Confía en que, una vez que los hombres hayan asumido como propia esta Filosofía (y a ello les empuja necesariamente en su opinión «científica» la sociedad en que viven), aceptarán libremente la necesidad de su desarrollo y con libertad y consciencia plena construirán su Historia necesaria, la Historia que exige su auténtica vocación. Esta Filosofía es la «conciencia posible» del proletariado, cuya tarea histórica será, piensa Marx, la construcción del comunismo, que no es, sin embargo, sino el inicio de la realización de la Filosofía. «El comunismo es la forma necesaria y el principio enérgico del próximo futuro, pero el comunismo como tal no es la finalidad del desarrollo humano, la forma de la sociedad humana.» Más allá del comunismo, la Historia sigue su curso, impulsada por la ambición permanente de alcanzar una Utopía siempre presente y siempre tal vez inaccesible. La gran diferencia frente al pasado estriba en que se trata ya de una Utopía desmitificada que echa sus raíces en un conocimiento racional (o pretendidamente tal) del ser del hombre. El mito como forma de conocimiento y acicate para la acción (una forma de conocimiento que es al mismo tiempo acicate para la acción) ha desaparecido, pero no su función, que pertenece al ser mismo del hombre [10]. La pretensión de Marx ha sido nada más y nada menos que la de racionalizar el mito sin agostar su energía y sobre esta pretensión ha de ser juzgada su obra, cuyo núcleo está, por tanto, en esa idea del hombre y de su enajenación que se expone en los *Manuscritos*.

«La nueva Filosofía se basa no en la divinidad de la razón, es decir, en la verdad de la razón sola para sí, sino en la divinidad del hombre, es decir, en la verdad del hombre total»[11], pues sólo si se arranca del hombre, que es a la vez naturaleza y pensamiento, naturaleza que piensa, sensibilidad y razón, cabe hablar con sentido de la unidad del pensar y el ser. Marx es en esta época plenamente feuerbachiano y habría suscrito sin titubeos las afirmaciones del maestro. Para él, como para Feuerbach, «verdad, realidad y sensibilidad son términos idénticos. Sólo un ser sensible es un ser verdadero, un ser real»[12]. El pensamiento sobre lo real es pensamiento de la naturaleza humanizada sobre sí misma y sobre el resto de la naturaleza, fuera de la cual nada es,

> un ser que no tiene su naturaleza fuera de sí, y ahora no es Feuerbach, sino Marx, el que habla, no es un ser natural, no participa del ser de la naturaleza un ser que no tiene ningún objeto fuera de sí no es un ser objetivo... es un no-ser, un absurdo.

El humanismo marxista es, en primer lugar, naturalismo y, por ello, ateísmo.

Es evidente, sin embargo, que con esa afirmación sólo se ha hecho todavía una negación. Se ha negado a Dios, pero aún no se ha dicho nada sobre el ser del hombre.

Como parte de la naturaleza, el hombre es ser menesteroso; la satisfacción de sus necesidades se halla fuera de él, en «su cuerpo inorgánico», en la naturaleza, «con la cual debe encontrarse en relación continua para no morir». Como ser natural, el hombre es, por de pronto, animal, pero su ser no se agota evidentemente en ello... Frente al animal el hombre es esencialmente un ser ilimitado.

El hombre –dice Feuerbach– *no se distingue del animal únicamente por el pensar*. Antes bien, su *ser total se distingue del animal*. Desde luego, quien no piensa no es hombre, pero no porque el pensar sea la causa del ser humano, sino únicamente porque el pensar es una *consecuencia* y una *propiedad* necesaria del ser humano.[13]

Por ello su actividad es esencialmente distinta de la actividad animal. Mientras que el animal, dice Marx,

produce únicamente lo que necesita inmediatamente para sí o para su prole, produce unilateralmente, el hombre produce universalmente... El animal forma únicamente según la necesidad y la medida de la especie a que pertenece, mientras que el hombre sabe producir según la medida de todas las especies y sabe también imponer al objeto la medida que le es inherente; por eso el hombre crea también según las leyes de la belleza.

La universalidad del hombre no radica sólo en su capacidad de pensar, sino también en su capacidad de distanciarse de la urgencia. Su pensamiento y su acción son universales y para él es objeto la naturaleza toda.

En la valoración de esta actividad, Marx comienza a desviarse de Feuerbach. Partiendo de esta afirmación de la universalidad humana implicada en la expresión ser *genérico* que Marx toma de su maestro, todavía coinciden ambos, ciertamente, en la afirmación de que esa universalidad ha sido corrompida y en la necesidad de restaurarla. Para Feuerbach, y por eso es aún «filósofo», la reconquista de la universalidad es tarea espiritual, una empresa de pensamiento y amor. Una vez que se haya desenmascarado la Religión y evidenciado que Dios no es otra cosa que la hipóstasis del género humano, el amor de Dios debe transformarse en amor del hombre y los individuos, fundidos en el amor, realizarán inmediatamente aquí en la tierra, a través del espacio y del tiempo, los predicados infinitos de la esencia humana. La nueva Filosofía «es en verdad religión»[14], la infinitud del hombre es nota de una esencia inmutable que sólo imaginariamente ha tenido conciencia de sí y que sólo de esta conciencia necesita para manifestarse sin velos.

Para Marx, en cambio, la universalidad del hombre no será una epifanía, sino una hazaña de la libertad.

Pese a su crítica a Hegel, dirá Marx en la *Ideología alemana,* Feuerbach ha sido demasiado fiel al modelo hegeliano de la generalidad ética al construir su noción del género, y la sociedad que propone, fundada en la desmitificación y el amor, es aún una solución idealista.

En la medida en que es materialista no aparece en él la Historia y en la medida en que toma en consideración la Historia no es materialista.

Esto es, al referirse a la naturaleza humana, al hombre como parte de la naturaleza, opera con una idea de hombre que se mantiene idéntica a sí misma a través de los tiempos y los lugares; cuando, por el contrario, toma en cuenta la diversidad, la explica en función de variaciones en las ideas (así, por ejemplo, las distintas formas religiosas), haciendo caso omiso de las transformaciones materiales que el mundo ha sufrido por obra del hombre y han transformado, siempre dentro de unas coordenadas iniciales, el ser mismo del hombre. Su materialismo es plenamente pasivo; la esencia humana aparece como una abstracción inmanente en cada individuo y olvida que el hombre, como parte de la naturaleza, crea continuamente a la naturaleza y se crea a sí mismo.

Bien que estos reparos marxistas a la obra de Feuerbach sean posteriores a los *Manuscritos,* ya en ellos se manifiestan claramente los rasgos diferenciales del pensamiento de Marx, patentes en su elogio de la *Fenomenología del espíritu:*

> Lo grandioso de la fenomenología hegeliana y de su resultado final (la dialéctica de la negatividad como principio motor y generador) es, pues, en primer lugar, que Hegel concibe la autogeneración del hombre como un proceso, la objetivación como desobjetivación, como enajenación y superación de esa enajenación; que capta la esencia del *trabajo* y concibe al hombre objetivo, verdadero porque real, como resultado de su *propio trabajo.*

La esencia humana no es un dato inmutable, presente siempre en el individuo humano, aunque oculto, sino un proceso en el tiempo. No se trata de que el hombre sea «en sí» un ser genérico no llegado aún al «para sí», de que padezca simplemente una inconsciencia de la universalidad esencial que le caracteriza y que desde siempre ha sido suya, de manera que le baste una toma de conciencia para gozarla en su plenitud. El hombre es *potencialmente* un ser genérico, universal, está avocado a la universalidad, pero, forzado a vivir en el mundo, no puede llegar a ella sino a través de un largo proceso que los buenos deseos y las claras ideas no pueden por sí mismos suprimir.

Como primera tarea, la urgencia de mantenerse vivo obliga al hombre a enfrentarse con la naturaleza fuera de él. Sólo en un caso excepcional, el de la relación sexual, es esta naturaleza exterior también naturaleza humana. De ahí el valor sintomático de tal relación en la que

> la relación del hombre con la naturaleza es inmediatamente su relación con el hombre, del mismo modo que la relación con el hombre es inmediatamente su relación con la naturaleza, su propia determinación *natural*.

El grado en que la mujer aparezca como simple objeto de placer y no como sujeto humano permite juzgar del grado de humanización de una sociedad. Salvo en este caso fundamental, sin embargo, la naturaleza con la que el hombre se enfrenta es «su cuerpo inorgánico», el reino amplísimo de lo no humano y necesitado de humanización. Sobre ella proyecta el hombre su actividad, es decir, la actividad que corresponde a su propia esencia y que es por ello actividad universal, trabajo. Ya antes hemos aludido a la caracterización que, siguiendo a Feuerbach, hace Marx de la actividad humana frente a la acción unilateral del animal. En definitiva, y esto es lo que ahora nos importa, se trata de una objetivación en la naturaleza exterior de la propia esencia humana. Cuando el hombre trabaja para reducir la naturaleza a alimento, vestido, vivienda o adorno humano, está humanizando la naturaleza, no sólo porque la adecua para la satisfacción de necesidades propias, sino a) porque esas necesidades, además de ser concretamente individuales, son específicamente humanas, y b) porque la acción que lleva a cabo se efectúa o puede ser efectuada mediante el concurso de una pluralidad de individuos. La colaboración libre en un proyecto de acción es un rasgo distintivo del hombre, pues las formas puramente animales de actividad colectiva (hormigas, abejas, etc.) son resultado de la necesidad instintiva. Es así, a través de la concurrencia en la actividad sobre la naturaleza (concurrencia que puede adoptar la forma de cooperación o de competencia en todas sus variedades), como el individuo humano se relaciona con el otro. La relación del hombre con el hombre está mediada por la relación del hombre con la naturaleza y depende de ella. El modo de dicha relación determina, por tanto, la idea que el hombre tiene del hombre, tanto del otro como de sí mismo, pues en general toda relación del hombre consigo mismo se realiza verdaderamente, se expresa, en la relación en que el hombre está con los demás. Merced a este carácter fundante de la relación productiva, el desarrollo del modo de producción transforma necesariamente el mundo humano, es decir, cultural, porque cambia al hombre mismo. Cada generación recibe de la precedente una naturaleza modificada sobre la cual ha de actuar para hacerla aún más humana. Las necesidades y los instrumentos creados para satisfacerlas van cambiando, enriqueciéndose, en el curso de la Historia, y al compás de ellos los hombres van enriqueciendo su propia esencia, humanizándola, acercándola a lo que, por su determinación originaria, está llamada a ser.

Este proceso de humanización, no obstante, es al mismo tiempo proceso de deshumanización porque la acción del hombre es no por azar, sino necesariamente, acción enajenada. Inmerso en un mundo de escasez en donde la simple subsistencia exige un duro esfuerzo, el hombre se ve obligado desde los albores de la Historia a anteponer a cualquier otra consideración la necesidad de mantenerse vivo. La satisfacción de las propias necesidades individuales constituye el único norte de su acción y no le permite ver en los demás sino rivales en la lucha por los escasos bienes, al tiempo que instrumentos potencialmente eficacísimos de los que por todos los medios intenta valerse. Los individuos humanos quedan irremediablemente separados así los unos de los otros por un egoísmo radical, tan hondo y deformante que en cada hombre lo específicamente humano queda subordinado a lo genéricamente animal, a lo puramente individual. El género queda subordinado al individuo, la esencia a la existencia y la sociedad se disuelve en una pluralidad de átomos aislados, cuya inevitable acción conjugada se lleva a cabo, o bien mediante la dominación directa de unos sobre otros, o bien mediante un mercado que concierta efímera y casualmente los apetitos diversos y no es en el fondo sino una forma también de subyugación de unos por otros, aunque indirecta.

El hombre resulta así escindido. Su naturaleza, o más exactamente su determinación universal, condiciona su actividad, que entraña necesariamente acción común. Pero como lo que la realidad ofrece es una suma de individuos aislados, el hombre es efectivamente un individuo separado de los demás y absolutamente incapacitado para elevarse hasta la comunidad. El esfuerzo conjunto es para cada cual ocasión o medio de medro personal y sus resultados totales son por entero incontrolados e incontrolables. La obra de los hombres, que éstos no viven como obra común, aparece así con los rasgos de un destino incognoscible e indomeñable ante el cual están inermes los individuos. El hombre percibe su propia obra como un ser extraño, ajeno, como un ser que lo domina. Por ello puede decirse con propiedad que está extrañado o enajenado de su propio ser.

El término y el concepto de enajenación aparecen en la literatura alemana con la importación de las teorías pactistas anglofrancesas. Al realizar el contrato social los hombres crean un poder que los domina, de tal modo que si toda sociedad es obra humana, las instituciones sociales, políticas, etc., se convierten necesariamente en poderes ajenos a los individuos. El hombre no puede vivir fuera de la sociedad organizada, pero constituyéndola hace nacer potencias que escapan ya a su control; se trata, pues, de un proceso necesario y la vida humana es, necesariamente, vida enajenada.

En Hegel esta categoría de la teoría política y social se generaliza para transformarse en una categoría metafísica de la máxima amplitud. La Historia toda es entendida como un proceso de realización del Espíritu, la realidad última, que por necesidad interior se ve forzado a salir fuera de sí, a cobrar forma material en la naturaleza. La objetivación así lograda permite el despliegue en el espacio y el tiempo de lo que originariamente no es sino pura idea, pero al mismo tiempo, en cuanto esa objetivación implica una contaminación del Espíritu por su contrario, por la materia pura, es también enajenación. El Espíritu sólo puede manifestarse en el espacio y en el tiempo, pero en esa manifestación pierde parte de su libertad. La mediación de la naturaleza impide la plena reasunción del Espíritu en sí mismo, y la forma más alta de plenitud espiritual exige la renuncia a la objetivación y la vuelta del Espíritu a sí mismo como puro conocimiento de sí. Como Plotino, el Espíritu se avergüenza de su cuerpo y recupera su libertad en el reino de lo Absoluto. Si la objetivación es forzosamente enajenación, la liberación respecto de ésta, el recuperado ensimismamiento, requiere la renuncia a la objetivación. Las diversas formas políticas que ilustran la Historia universal constituyen, por ejemplo, realizaciones cada vez más perfectas del Espíritu, pero en ninguna de ellas, ni siquiera en el Estado monárquico de Derecho que las culmina, logra el Espíritu alcanzar su plenitud. Incluso en el Berlín de 1820, son únicamente las formas desobjetivadas del Arte, la Religión y la Filosofía las que permiten al Espíritu volver a sí mismo y hacerse por entero dueño de sí.

Feuerbach da un giro de 180 grados al concepto de enajenación precisamente para utilizarlo contra Hegel y cuanto éste representa. Dios, piensa Feuerbach, es una mera creación del hombre, una proyección ultraterrena de la esencia genérica en la que el hombre busca consuelo de verse privado de ella en la tierra. Los predicados de Dios son los predicados del hombre, aquellos precisamente que le pertenecen y de los que la realidad mundanal le priva. Por esto cuanto más pobre es el hombre, cuanto más despoblado de riquezas humanas se encuentra, tanto más rico es su Dios. La Filosofía especulativa, es decir, el idealismo alemán, y sobre todo Hegel, han despojado a la imagen divina de todos sus adornos simplemente fantásticos reduciéndola a su pura esencia de idea. Con ello no han hecho, sin embargo, más que acentuar, depurándola, la enajenación humana. El hombre real, sensible, no pasa de ser una incorporación efímera e imperfecta de la Idea que lo trasciende y a cuyo culto se debe. Lo que la nueva Filosofía exige, tanto frente a la vieja Filosofía como frente a la Religión es una divinización del hombre que lo libere tanto de Dios como de la Idea, le dé conciencia de su realidad y lo mueva a realizarla.

El concepto marxista de enajenación difiere tanto del de Hegel como del de Feuerbach. Frente a Hegel, Marx ha de negar evidentemente la identificación de enajenación y objetivación. Si no cabe reducir a espíritu la verdadera esencia del hombre, si «como ser natural, corpóreo, sensible, objetivo, es como el animal y la planta un ser paciente, condicionado, limitado», cuyos impulsos apuntan hacia «objetos que están fuera de él... indispensables y esenciales para el ejercicio y afirmación de sus fuerzas esenciales», la objetivación del hombre en la naturaleza exterior no puede ser entendida, a la manera hegeliana, como enajenación. Ésta ha de ser sólo una forma, aunque históricamente necesaria, de la objetivación. Al atribuir al hombre una esencia exclusivamente espiritual, Hegel salta por encima de la realidad sensible y afirma que la conciencia sólo a sí misma se tiene por objeto,

> esto implica que el hombre autoconsciente, que ha reconocido y superado como autoenajenación el mundo espiritual... lo confirma, sin embargo, nuevamente en esta forma enajenada y la presenta como su verdadera existencia, la restaura, pretende estar junto a sí *(bei sich) en su ser otro en cuanto tal...* Aquí *está* la raíz del *falso* positivismo de Hegel o de su solo *aparente* criticismo.

O dicho sea sin la jerga hegeliana: si toda objetivación es enajenación y lo perfecto sólo en la intimidad del mundo interior puede ser alcanzado, dejemos las cosas como están y encerrémonos en nosotros mismos. Ésta es, piensa Marx, la necesaria conclusión de Hegel. La crítica de la imperfección exterior se resuelve en definitiva, al afirmar la imperfección como necesaria, en una ratificación de lo imperfecto, que es lo dado, en positivismo.

Hasta aquí Marx y Feuerbach coinciden. El concepto marxista, sin embargo, no se identifica como antes decíamos con el feuerbachiano y va a recoger importantes elementos del pensamiento de Hegel, pues éste, y en ello reside

> lo grandioso de la Fenomenología y de su resultado final (la dialéctica de la negatividad como principio motor y genera-

dor), concibe la autogeneración del hombre como un proceso, la objetivación como desobjetivación, como enajenación y supresión de esta enajenación; capta la esencia del trabajo y concibe al hombre objetivo, verdadero porque real, como resultado de su trabajo.

El elogio a Hegel distancia ya a Marx y Feuerbach. Este último, dice el primero, «no consigue nunca concebir el mundo sensible como el conjunto de la actividad sensible y viva de los individuos que lo forman», «se detiene en el concepto abstracto del hombre» y en este sentido su obra significa un retroceso respecto de la hegeliana. Para Marx, como señalábamos, el hombre se va creando a sí mismo a lo largo de la Historia. La esencia humana es, en cada momento, resultado de un proceso interminable y complejísimo de enfrentamiento entre los hombres y la naturaleza exterior. En dicho proceso el hombre actúa como hombre, proyecta y realiza universalmente o, lo que es lo mismo, en asociación con los demás. Por el condicionamiento del medio escaso en que está situado, sin embargo, ni la actividad es vivida como actividad común ni son comunes los resultados de la obra. El hombre mismo, como producto de su propia acción, no logra romper las barreras de su individualidad natural; su determinación esencial genérica, presente en su acción, no llega a actualizarse, y el ser humano continúa sin alcanzar su verdadera esencia. Las obras que ha creado no son por eso suyas, sino ajenas, un poder ajeno y exterior a él.

La enajenación es un proceso necesario. Si no lo fuese los hombres podrían llegar desde el primer momento a la plenitud de su esencia y todo el curso de la Historia carecería de sentido, sería un puro azar. Es, además, un proceso ascendente. A medida que, generación tras generación, siglo tras siglo, va acumulándose la acción de los hombres sobre la naturaleza, los poderes de ella nacidos van haciéndose más ingentes y va acentuándose la distancia que media entre lo puramente individual y lo humanamente genérico. En términos económicos, el proceso de la enajenación puede ser aproximadamente descrito en la forma siguiente: Aprovechando la capacidad humana para producir lo inmediatamente necesario, en la sociedad surge espontáneamente y desde el primer momento una especialización de funciones, una división del trabajo, en el seno de la cual cada individuo produce aquello para lo que sus propias capacidades o los recursos de la naturaleza que le rodea le dan mayor facilidad. Exteriormente esa división del trabajo constituye una realización especialmente humana que multiplica inmensamente los resultados que se conseguirían si cada individuo hubiese de producir todos y cada uno de los artículos necesarios para su propia satisfacción. No es este incremento de la producción, sin embargo, el resultado que cada individuo en concreto persigue. Produciendo en exceso sobre sus propias necesidades, lo que cada cual intenta es lograr mediante el intercambio la mayor suma de bienes producidos por los demás y aptos para la satisfacción de sus restantes necesidades. Cuando no intenta reducirlo directamente a esclavitud, el hombre se enfrenta directamente con el hombre tratando de sojuzgarlo a través del trueque de productos. El hombre es realmente un lobo para el hombre. Las fuerzas colosales logradas mediante esta colaboración torcida y viciosa aparecen como poderes ajenos al hombre porque la actividad que las produce es ya en sí misma actividad enajenada, y es esta naturaleza la que permite que se las proyecte como realidad independiente a un imaginario más allá, o se las incorpore en un más acá como ilusoria comunidad ficticia que es, de hecho, instrumento del poder de unos pocos sobre los demás. A medida que la Historia progresa, la técnica del intercambio va perfeccionándose. La introducción del dinero es ya un paso gigantesco que rompe los límites estrechos del trueque y permite conservar indefinidamente la fuerza productiva conquistada a los demás. En el sistema capitalista, por último, en donde el dinero triunfa, toda relación humana ha sido ya reducida a relación de mercado. La desvinculación entre necesidad del productor y producción llega al máximo y el valor de uso queda totalmente eclipsado por el valor de cambio. La Economía Política, como veíamos, describe exactamente este mundo, pero su descripción es puramente fenomenológica y no alcanza a la realidad interior y verdadera. Como ciencia del mundo enajenado, es la ciencia de la enajenación, la de una austeridad tan honda que invita al hombre a renunciar a sí mismo No debe perderse de vista, sin embargo, que la enajenación no es un fenómeno exclusivo del capitalismo. El hecho de que en él aparezca más acentuada y de que Marx la haya referido a él en el célebre pasaje sobre el fetichismo de la mercancía incluido en el primer capítulo de *El Capital,* sobre el que Lukács elaboró el concepto de reificación, han inducido frecuentemente a confusión. Toda la Historia humana anterior al comunismo es, a juicio de Marx, historia enajenada, historia de la enajenación. Y por supuesto aunque la enajenación arranque del comportamiento económico del hombre, no es tampoco un fenómeno exclusivamente económico en el sentido estrecho de la palabra, atañedero sólo a la producción. Todas las relaciones que mantiene el hombre enajenado de sí mismo son forzosamente relaciones enajenadas, y cada esfera de enajenación se comporta además de manera enajenada frente a las demás.

No podemos entrar en este tema sin desbordar los límites de lo que no es ni puede ser otra cosa que una simple introducción destinada a facilitar la lectura de los textos que siguen. Ni en ese tema de la multiplicidad de la enajenación ni en el de su supresión. Que ésta es posible para Marx en la realidad y no sólo en el pensamiento, es consecuencia necesaria de su rechazo de la identificación hegeliana entre enajenación y objetivación. Pero en los *Manuscritos* no se aborda el estudio del proceso que lleva a la liberación, a cuyo estudio y fomento dedicaría Marx el resto de su vida. Se la presenta simplemente como meta a alcanzar y se la designa con el nombre de comunismo, que es algo infinitamente más complejo que la simple supresión de la propiedad privada. Ésta no es causa, sino resultado de la enajenación, y tan privada es la necesidad de un individuo como la de todo un pueblo si éste se relaciona con los demás como propietario excluyente. La propiedad privada ciertamente conserva y multiplica la enajenación y ha de ser suprimida para instaurar al hombre en la plenitud de su humanidad, pero no basta con su abolición para conseguirlo, y las consideraciones de Marx sobre el comunismo grosero son no sólo una advertencia desatendida, sino también un diagnóstico estremecedor de realidades contemporáneas.

Aunque Marx no se propone interpretar el mundo, sino transformarlo, es forzoso limitarnos aquí a la exposición de las razones de la acción sin apuntar siquiera el estudio de sus medios y de sus posibilidades o imposibilidades de éxito. Reducido a su valor puramente crítico, el pensamiento marxista resulta ya de una increíble fertilidad y bien que trivializada por el abuso que de ella se hace en la actualidad, la categoría de la enajenación constituye uno de los instrumentos hermenéuticos más poderosos de que disponemos para el conocimiento del presente. Esta categoría ha sido fertilizada y enriquecida no sólo por la literatura marxista posterior, sino por aportaciones procedentes de otros pensamientos muy disímiles y quizá más que ningún otro el de Sigmund Freud. En la Metapsicología freudiana, es también la escasez la que impone el dominio del *principio de la realidad* sobre el *principio del placer* y obliga al hombre a encerrarse en los límites de su individualidad negándose al impulso asociativo, al Eros. Un espléndido libro de Marcuse, *Eros y Civilización,* que subraya las conexiones existentes entre enajenación y represión, pone también de manifiesto, tal vez sin quererlo, las dificultades inmensas y quizá insuperables que se oponen a la transformación de este mundo en hogar del hombre. Sean ellas cuales fueren, es claro, sin embargo, que está más cerca del hogar quien lucha por alcanzarlo que quien acepta como tal una morada inclemente. Si es bárbara y romántica la actitud de quienes, por el sueño de un mundo mejor, están dispuestos a destruir este pobre mundo de que disponemos, es estéril y miope la de los apóstoles de una tecnocracia olvidada de que para el hombre, no hay otra riqueza que serlo con plenitud y que la lucha por conseguirlo es el único motor real del progreso. Frente a las ilusiones adolescentes y el escepticismo senil existe por fortuna, como alternativa real, el camino difícil y fecundo de un auténtico humanismo.

Francisco Rubio Llorente,
Caracas, Instituto de Estudios Políticos

Sobre la traducción

La lectura de los *Manuscritos* suscita abundantes problemas debidos a la forma en que los mismos fueron escritos (folios divididos por líneas verticales en tres columnas iguales en cada una de las cuales se desarrolla un tema distinto) y a la poca legibilidad de la letra de Marx. La adecuada ordenación de los textos se consiguió ya en la edición MEGA, pero incluso en ésta existen todavía algunos errores de lectura que han sido corregidos después gracias a los trabajos de los Institutos de estudios marxistas de Berlín y Moscú. Algunas de estas correcciones fueron ya incluidas en las ediciones parciales hechas por la Editorial Dietz, de Berlín, a la que aludimos en el texto y la totalidad de ellas en la primera edición rusa completa. También han sido incorporadas en ediciones alemanas posteriores, fundamentalmente las preparadas por Erich Thier y por Gunther Hillman. Para nuestra traducción hemos utilizado estas dos ediciones además de la MEGA. De ellas tomamos algunas de las notas explicativas. Cuando entre estas ediciones autorizadas existe alguna disparidad lo hemos señalado también mediante nota.

La versión castellana plantea también dificultades considerables, la más difícil de las cuales es quizá la de encontrar términos adecuados para traducir los alemanes de *Entfremdung, Entäusserung* y *Veräusserung,* así como los correspondientes verbos y derivados *(entfremden, entäussern, veräussern, Selbstentfremdung).* Marx los utiliza frecuentemente como sinónimos, pero en algunos lugares señala entre ellos una diferencia de matiz. Su significado general y común es el de salir de lo que es propio, pero *Entäusserung* y *Veräusserung* acentúan más la idea de entrega a algo ajeno. Por esa razón en una edición anterior de los *Manuscritos* utilicé sistemáticamente el castellano «extrañamiento» para verter *Entfremdung* y «enajenación» para *Entäusserung* y *Veräusserung,* con lo cual intentaba subrayar además la idea de que enajenación no significa en modo alguno venta. Este uso tiene, sin embargo, el inconveniente de que obliga a utilizar también el verbo «extrañar» como traducción de *entfremden* y sobre todo en participio ese verbo se presenta también a equívocos graves. Por eso en la presente ocasión he abandonado el sistema y empleo los términos «extrañamiento» y «enajenación» para verter indistintamente cualquiera de los alemanes citados. Con ello se pierde ciertamente la diferencia de matiz que entre los mismos existe, pero, de una parte, ésta no es tanta que no pueda ser sacrificada a la claridad, y de la otra, el significado preciso no se lograría por el simple empleo de palabras españolas diferentes y más o menos descoyuntadas y sería necesario en todo caso la utilización de continuas notas aclaratorias, sin razón de ser en una edición de este carácter.

Los números romanos entre paréntesis corresponden a la numeración de los folios utilizados por Marx.

F. R.

Notas

1. Karl Marx, *Texte zu Methode und Praxis, II, Pariser Manuskripte 1844*. Rowohlts Klassiker, Múnich, 1966.
2. Danilo Pajovi, «Acerca del poder y la impotencia de la Filosofía», en *Humanismo socialista*, editado por Erich Fromm, Ed. Paidos, Buenos Aires, 1966, págs. 220-232.
3. A. Schaff, «El marxismo y la Filosofía del hombre», *ibid.*, págs. 161-172.
4. Así L. Pajitnov, *Las fuentes del cambio revolucionario en Filosofía* (Moscú, 1960). Sólo conozco de dicha obra los fragmentos publicados en el número 19 de la revista *Recherches Internationales à la Lumière du Marxisme* (París, 1960). De ellas se saca la impresión de que tras la condena de los revisionistas se esconde una amplia admisión de sus razones.
5. Adam Schaff, *op. cit.*, pág. 166.
6. *Kleine oekonomische Schriften*, editados por el Instituto Marx-Engels-Lenin-Stalin del Z. K. del S. E. D., Dietz Verlag, Berlín, 1955.
7. *Die heilige Familie und andere philosophische Schriften, id.* 1953.
8. Cf. su nota a la edición francesa de los *Manuscritos*, preparada por E. Bottigelli para las Éditions Sociales de París, 1962, recogida en su libro *Pour Marx* (Librairie F. Maspero, París, 1965).
9. H. Marcuse, *Razón y revolución. Hegel y el surgimiento de la teoría social* (trad. castellana de J. Fombona, I.E.P., Caracas, 1967), págs. 303-304.
10. Sobre el concepto de mito y sus implicaciones políticas es indispensable, en castellano, la obra de García Pelayo *Mitos y símbolos políticos* (Taurus, Madrid, 1964). *Vid.* en especial págs. 33 y si-

guientes sobre la distinción de mito y utopía y la transformación de ésta en aquél.
11. Feuerbach, «Principios de la Filosofía del futuro», párrafo 50, en *Escritos escogidos,* selección y trad. de E. Vázquez, U. C. V., Caracas, 1964.
12. *Ibid.,* párrafo 51.
13. *Ibid.,* párrafo 32.
14. *Ibid.,* párrafo 53.

Manuscritos de economía y filosofía

Manuscritos de economía y filosofía

Prólogo*

He anunciado ya en los *Anales Franco-Alemanes* la crítica de la ciencia del Estado y del Derecho bajo forma de una crítica de la *Filosofía hegeliana*[1] *del Derecho*. Al prepararla para la impresión se evidenció que la mezcla de la crítica dirigida contra la especulación con la crítica de otras materias resultaba inadecuada, entorpecía el desarrollo y dificultaba la comprensión. Además, la riqueza y diversidad de los asuntos a tratar sólo hubiese podido ser comprendida en *una sola* obra de un modo totalmente aforístico, y a su vez tal exposición aforística hubiera producido la *apariencia* de una sistematización arbitraria. Haré, pues, sucesivamente, en folletos distintos e independientes, la crítica del derecho, de la moral, de la política, etc., y trataré, por último, de exponer en un tra-

---

* Este prólogo fue escrito al final y está incluido en los folios correspondientes al Manuscrito tercero.

bajo especial la conexión del todo, la relación de las distintas partes entre sí, así como la crítica de la elaboración especulativa de aquel material. Por esta razón en el presente escrito sólo se toca la conexión de la Economía Política con el Estado, el Derecho, la Moral, la Vida civil, etc., en la medida en que la Economía Política misma, ex profeso, toca estas cuestiones.

No tengo que asegurar al lector familiarizado con la Economía Política que mis resultados han sido alcanzados mediante un análisis totalmente empírico, fundamentado en un concienzudo estudio crítico de la Economía Política.

[Por el contrario, el ignorante crítico que trata de esconder su total ignorancia y pobreza de ideas arrojando a la cabeza del crítico positivo la frase «*frase utópica*» o frases como «La crítica completamente pura, completamente decisiva, completamente crítica», la «sociedad no sólo jurídica, sino social, totalmente social», la «compacta masa masificada», los «portavoces que llevan la voz de la masa masificada», ha de suministrar todavía la primera prueba de que, aparte de sus teológicas cuestiones de familia, también en las cuestiones *mundanales* tiene algo que decir][2].

Es obvio que, además de los socialistas franceses e ingleses, también he utilizado trabajos de socialistas alemanes. Los trabajos alemanes densos y originales en esta ciencia se reducen realmente (aparte de los escritos de Weitling) al artículo de Hess publicado en los 21 pliegos[3] y al «Bosquejo para la Crítica de la Economía Política», de Engels, en los *Anuarios Franco-Alemanes,* en donde yo anuncié igualmente, de manera totalmente general, los primeros elementos del presente trabajo.

Aparte de estos escritores que se han ocupado críticamente de la Economía Política, la crítica positiva en general, y por tanto también la crítica positiva alemana de la Economía Política, tiene que agradecer su verdadera fundamentación a los descubrimientos de Feuerbach, contra cuya «Filosofía del Futuro» y contra cuyas «Tesis para la reforma de la Filosofía» en las *Anécdotas*[4] (por más que se las utilice calladamente) la mezquina envidia de los unos y la cólera real de los otros, parecen haber tramado un auténtico complot del *silencio*.

Sólo de Feuerbach arranca la crítica *positiva,* humanista y naturalista. Cuanto menos ruidoso, tanto más seguro, profundo, amplio y permanente es el efecto de los escritos *feuerbachianos,* los únicos, desde la Lógica y la Fenomenología de Hegel, en los que se contenga una revolución teórica real.

En oposición a los *teólogos críticos* de nuestro tiempo, he considerado absolutamente indispensable el capítulo final del presente escrito, la discusión de la *Dialéctica hegeliana* y de la Filosofía hegeliana en general, pues tal trabajo no ha sido nunca realizado, lo cual constituye una inevitable *falta de sinceridad,* pues incluso el teólogo crítico continúa siendo *teólogo* y, por tanto, o bien debe partir de determinados presupuestos de la Filosofía como de una autoridad, o bien, si en el proceso de la crítica y merced a descubrimientos ajenos nacen en él dudas sobre los presupuestos filosóficos, los abandona cobarde e injustificadamente, *prescinde* de ellos, se limita a expresar su servidumbre con respecto a ellos y el disgusto por esta servidumbre en forma negativa y carente de conciencia, y sofística [sólo lo expresa en forma negativa y carente de conciencia, en parte repitiendo continuamente la seguridad sobre la *pureza* de su propia crítica, en parte, a fin de alejar tanto los ojos del observador como los suyos propios del *necesario* ajustamiento de cuentas entre la crítica y su cuna –la Dialéctica hegeliana y la Filosofía alemana en general–, de esta indispensable elevación de la moderna crítica sobre su propia limitación y tosquedad, tratando de crear la apariencia de que la crítica sólo tiene que habérselas con una forma limitada de la crítica fuera de ella –concretamente con la crítica del siglo XVIII– y con la limitación de la masa. Finalmente, cuando se hacen descubrimientos –como los *feuerbachianos*– sobre la esencia de sus propios presupuestos filosóficos, el teólogo crítico, o bien finge haberlos realizado *él,* y lo finge lanzando los resultados de estos descubrimientos, sin poderlos elaborar, como *consignas* contra los escritores que están aún presos de la Filosofía, o bien saben crearse la conciencia de su superioridad sobre esos descubrimientos, no colocando o tratando de colocar en su justa relación los elementos de la *dialéctica* hegeliana, que echa aún de menos en aquella crítica de la misma, que aún no han sido críticamente ofrecidos a su goce, sino haciéndolos valer misteriosamente, en el modo que le es *propio,* de forma escondida, maliciosa y escéptica, contra aquella crítica de la dialéctica hegeliana. Así, tal vez, la categoría de la prueba mediadora contra la categoría de la verdad positiva que arranca de sí misma, la... etc. El teólogo crítico encuentra, efectivamente, perfectamente natural que del lado de la Filosofía esté todo *por hacer,* para que él pueda *charlar* sobre la pureza, sobre el carácter decisivo de la crítica perfectamente crítica, y se considera como el verdadero *superador de la Filosofía* cuando siente que falta en Feuerbach un momento de Hegel, pues por más que practique el fetichismo espiritualista de la «autoconciencia» y del «espíritu», el crítico no pasa del sentimiento de la conciencia]⁵.

Considerada con exactitud, la crítica teológica –bien que, en el comienzo, fuese un momento real del progreso– no es, en última instancia, otra cosa que la consecuencia y culminación llevadas hasta la *caricatura teológica* de la vieja *trascendencia filosófica* y, concretamente, *hegeliana*. En otra ocasión mostraré en detalle esta Némesis histórica, esta interesante justicia de la Historia que destina a la Teología, que fue en otro tiempo el lado podrido de la Filosofía, a exponer también ahora la disolución negativa de la Filosofía, es decir, su proceso de putrefacción.

[En qué medida, por el contrario, hacen necesaria los descubrimientos de Feuerbach sobre la esencia de la Filosofía una discusión crítica con la dialéctica filosófica (al menos para servirles de *prueba)* se verá en mi exposición]⁶.

Primer manuscrito*

Salario

[I] El *salario* está determinado por la lucha abierta entre capitalista y obrero. Necesariamente triunfa el capitalista. El capitalista puede vivir más tiempo sin el obrero que éste sin el capitalista. La unión entre los capitalistas es habitual y eficaz; la de los obreros está prohibida y tie-

---

* El Manuscrito n.º 1 consta de nueve folios (18 hojas, 36 páginas) que fueron unidos por Marx formando un cuaderno. Las páginas fueron divididas, antes de escribir en ellas, en tres columnas, por medio de dos rayas verticales. Cada una de las columnas lleva, de izquierda a derecha, el siguiente título: Salario, Beneficio del capital, Renta de la tierra. Aparentemente Marx pensaba desarrollar paralelamente estos tres temas con igual extensión. A partir de la página XXII Marx escribió sobre la totalidad de las páginas, sin respetar la división en columnas; esta parte es la que, de acuerdo con el contenido, ha sido titulada: «El trabajo enajenado».

El Manuscrito se interrumpe en la página XXVII.

ne funestas consecuencias para ellos. Además el terrateniente y el capitalista pueden agregar a sus rentas beneficios industriales, el obrero no puede agregar a su ingreso industrial ni rentas de las tierras ni intereses del capital. Por eso es tan grande la competencia entre los obreros. Luego sólo para el obrero es la separación entre capital, tierra y trabajo una separación necesaria y nociva. El capital y la tierra no necesitan permanecer en esa abstracción, pero sí el trabajo del obrero.

Para el obrero es, pues, mortal la separación de capital, renta de la tierra y trabajo.

El nivel mínimo del salario, y el único necesario, es lo requerido para mantener al obrero durante el trabajo y para que él pueda alimentar una familia y no se extinga la raza de los obreros. El salario habitual es, según Smith, el mínimo compatible con la *simple humanité*[1], es decir, con una existencia animal.

La demanda de hombres regula necesariamente la producción de hombres, como ocurre con cualquier otra mercancía. Si la oferta es mucho mayor que la demanda, una parte de los obreros se hunde en la mendicidad o muere por inanición. La existencia del obrero está reducida, pues, a la condición de existencia de cualquier otra mercancía. El obrero se ha convertido en una mercancía y para él es una suerte poder llegar hasta el comprador. La demanda de la que depende la vida del obrero, depende a su vez del humor de los ricos y capitalistas. Si la oferta supera a la demanda, entonces una de las partes constitutivas del precio, beneficio, renta de la tierra o salario, es pagada por debajo del *precio;* una parte de estas prestaciones se sustrae, pues, a este empleo y el precio del mercado gravita hacia el precio natural como su centro. Pero, 1) cuando existe una gran división del trabajo le es sumamente difícil al obrero dar al suyo otra dirección; 2) el perjuicio le afecta a él en primer lugar a causa de su relación de subordinación respecto del capitalista.

Con la gravitación del precio de mercado hacia el precio natural es así el obrero el que más pierde y el que necesariamente pierde. Y justamente la capacidad del capitalista para dar a su capital otra dirección es la que, o priva del pan al obrero, limitado a una rama determinada de trabajo, o le obliga a someterse a todas las exigencias de ese capitalista.

[II] Las ocasionales y súbitas fluctuaciones del precio de mercado afectan menos a la renta de la tierra que a aquellas partes del precio que se resuelven en beneficios y salarios, pero afectan también menos al beneficio que al salario. Por cada salario que sube hay, por lo general, uno que se mantiene *estacionario* y uno que *baja*.

El obrero no tiene necesariamente que ganar con la ganancia del capitalista, pero necesariamente pierde con él. Así el obrero no gana cuando el capitalista mantiene el precio del mercado por encima del natural por obra de secretos industriales o comerciales, del monopolio o del favorable emplazamiento de su terreno.

Además: *los precios del trabajo son mucho más constantes que los precios de los víveres.* Frecuentemente se encuentran en proporción inversa. En un año de carestía el salario disminuye a causa de la disminución de la demanda y se eleva a causa del alza de los víveres. Queda, pues, equilibrado. En todo caso, una parte de los obreros queda sin pan. En años de abundancia, el salario se eleva merced al aumento de la demanda, disminuye merced a los precios de los víveres. Queda, pues, equilibrado.

Otra desventaja del obrero:

Los precios del trabajo de los distintos tipos de obreros difieren mucho más que las ganancias en las distintas ramas en las que el capital se coloca. En el trabajo toda la diversidad natural, espiritual y social de la actividad individual se manifiesta y es inversamente retribuida, en tanto que el capital muerto va siempre al mismo paso y es indiferente a la *real* actividad individual. En general hay que observar que allí en donde tanto el obrero como el capitalista sufren, el obrero sufre en su existencia y el capitalismo en la ganancia de su inerte Mammón.

El obrero ha de luchar no sólo por su subsistencia física, sino también por lograr trabajo, es decir, por la posibilidad, por lo medios, de poder realizar su actividad. Tomemos las tres situaciones básicas en que puede encontrarse la sociedad y observemos la situación del obrero en ellas.

1) Si la riqueza de la sociedad está en descenso, el obrero sufre más que nadie, pues aunque la clase obrera no puede ganar tanto como la de los propietarios en una situación social próspera, *aucune ne souffre aussi cruellement de son déclin que la classe des ouvriers**.

[III], 2) Tomemos ahora una sociedad en la que la riqueza aumenta. Esta situación es la única propicia para el obrero. Aquí aparece la competencia entre capitalistas. La demanda de obreros excede a la oferta, pero:

---

* Ninguna sufre tanto con su decadencia como la clase obrera (Smith, II, 162).

En primer lugar, el alza de los salarios conduce a un *exceso de trabajo* de los obreros. Cuanto más quieren ganar, tanto más de su tiempo deben sacrificar y, enajenándose de toda libertad, han de realizar, en aras de la codicia, un trabajo de esclavos. Con ello acortan su vida. Este acortamiento en la duración de su vida es una circunstancia favorable para la clase obrera en su conjunto, porque con él se hace necesaria una nueva oferta. Esta clase ha de sacrificar continuamente a una parte de sí misma para no perecer por completo. Además, ¿cuándo se encuentra una sociedad en vías de enriquecimiento progresivo? Con el aumento de los capitales y las rentas de un país. Esto, sin embargo, sólo es posible: α) porque se ha acumulado mucho trabajo, pues el capital es trabajo acumulado; es decir, porque se ha ido arrebatando al obrero una cantidad creciente de su producto, porque su propio trabajo se le enfrenta en medida creciente como propiedad ajena, y los medios de su existencia y de su actividad se concentran cada vez más en mano del capitalista; β) la acumulación del capital aumenta la división del trabajo y la división del trabajo el número de obreros; y viceversa, el número de obreros aumenta la división del trabajo, así como la división del trabajo aumenta la acumulación de capitales. Con esta división del trabajo, de una parte, y con la acumulación de capitales, de la otra, el obrero se hace cada vez más dependiente exclusivamente del trabajo, y de un trabajo muy determinado, unilateral y maquinal. Y así, del mismo modo que se ve rebajado en lo espiritual y en lo corporal a la condición de máquina, y de hombre queda reducido a una actividad abstracta y un vientre. Se va haciendo cada vez más dependiente de todas las fluctuaciones del precio de mercado, del empleo de los capitales y del humor de los ricos. Igualmente, el crecimiento de la clase de hombres que no tienen [IV] más que su trabajo agudiza la competencia entre los obreros, por tanto, rebaja su precio. En el sistema fabril esta situación de los obreros alcanza su punto culminante.

γ) En una sociedad cuya prosperidad crece, sólo los más ricos pueden aún vivir del interés del dinero. Todos los demás están obligados, o bien a emprender un negocio con su capital, o bien a lanzarlo al comercio. Con esto se hace también mayor la competencia entre los capitales. La concentración de capitales se hace mayor, los capitalistas grandes arruinan a los pequeños y una fracción de los antiguos capitalistas se hunde en la clase de los obreros, que por obra de esta aportación padece de nuevo la depresión del salario y cae en una dependencia aún mayor de los pocos grandes capitalistas; al disminuir el número de capitalistas, desaparece casi su competencia respecto de los obreros, y como el número de éstos se ha multiplicado, la competencia entre ellos se hace tanto mayor, más antinatural y más violenta. Una parte de la clase obrera cae con ello en la mendicidad o la inanición tan necesariamente como una parte de los capitalistas medios cae en la clase obrera.

Así, pues, incluso en la situación social más favorable para el obrero, la consecuencia necesaria para éste es exceso de trabajo y muerte prematura, degradación a la condición de máquina, de esclavo del capital que se acumula peligrosamente frente a él, renovada competencia, muerte por inanición o mendicidad de una parte de los obreros.

[V] El alza de salarios despierta en el obrero el ansia de enriquecimiento propia del capitalista que él, sin embargo, sólo mediante el sacrificio de su cuerpo y de su espíritu puede saciar. El alza de salarios presupone la acumulación de capital y la acarrea; enfrenta, pues, el producto del trabajo y el obrero, haciéndolos cada vez más extraños el uno al otro. Del mismo modo, la división del trabajo hace al obrero cada vez más unilateral y más dependiente, pues acarrea consigo la competencia no sólo de los hombres, sino también de las máquinas. Como el obrero ha sido degradado a la condición de máquina, la máquina puede oponérsele como competidor. Finalmente, como la acumulación de capitales aumenta la cantidad de industria, es decir, de obreros, mediante esta acumulación la misma cantidad de industria trae consigo *una mayor cantidad de obra hecha* que se convierte en superproducción y termina, o bien por dejar sin trabajo a una gran parte de los trabajadores, o bien por reducir su salario al más lamentable mínimo. Éstas son las consecuencias de una situación social que es la más favorable para el obrero, la de riqueza *creciente y progresiva*.

Por último, sin embargo, esta situación ascendente ha de alcanzar alguna vez su punto culminante. ¿Cuál es entonces la situación del obrero?

3) Los salarios y los beneficios del capital serán probablemente muy bajos en un país que haya alcanzado el último grado posible de su riqueza. La competencia entre los obreros para conseguir ocupación sería tan grande que los salarios quedarían reducidos a lo necesario para el manteni-

miento del mismo número de obreros y si el país estuviese ya suficientemente poblado este número no podría aumentarse[2].

El exceso debería morir.

Por tanto, en una situación declinante de la sociedad, miseria progresiva; en una situación floreciente, miseria complicada, y en una situación en plenitud, miseria estacionaria.

[VI] Y como quiera que, según Smith, no es feliz una sociedad en donde la mayoría sufre[3], que el más próspero estado de la sociedad conduce a este sufrimiento de la mayoría, y como la Economía Política (en general la Sociedad del interés privado) conduce a este estado de suma prosperidad, la finalidad de la Economía Política es, evidentemente, la *infelicidad* de la sociedad.

En lo que respecta a la relación entre obreros y capitalistas, hay que observar todavía que el alza de salarios está más que compensada para el capitalista por la disminución en la cantidad del tiempo de trabajo, y que el alza de salarios y el alza en el interés del capital obran sobre el precio de la mercancía como el interés simple y el interés compuesto, respectivamente.

Coloquémonos ahora totalmente en el punto de vista del economista[4], y comparemos, de acuerdo con él, las pretensiones teóricas y prácticas de los obreros.

Nos dice que, originariamente y de acuerdo con su concepto mismo, todo el producto del trabajo pertenece al obrero. Pero al mismo tiempo nos dice que en realidad revierte al obrero la parte más pequeña e imprescindible del producto; sólo aquella que es necesaria para que él exista no como hombre, sino como obrero, para que perpetúe no la humanidad, sino la clase esclava de los obreros.

El economista nos dice que todo se compra con trabajo y que el capital no es otra cosa que trabajo acumulado, pero al mismo tiempo nos dice que el obrero, muy lejos de poder comprarlo todo, tiene que venderse a sí mismo y a su humanidad.

En tanto que las rentas del perezoso terrateniente ascienden por lo general a la tercera parte del producto de la tierra, y el beneficio del atareado capitalista llega incluso al doble del interés del dinero, lo que el obrero gana es, en el mejor de los casos, lo necesario para que, de cuatro hijos, dos se le mueran de desnutrición [VII]. En tanto que, según el economista, el trabajo es lo único con lo que el hombre aumenta el valor de los productos naturales, su propiedad activa, según la misma Economía Política, el terrateniente y el capitalista, que como terrateniente y capitalista son simplemente dioses privilegiados y ociosos, están en todas partes por encima del obrero y le dictan leyes.

En tanto que, según el economista, el trabajo es el único precio invariable de las cosas, no hay nada más azaroso que el precio del trabajo, nada está sometido a mayores fluctuaciones.

En tanto que la división del trabajo eleva la fuerza productiva del trabajo, la riqueza y el refinamiento de la sociedad, empobrece al obrero hasta reducirlo a máquina. En tanto que el trabajo suscita la acumulación de capitales y con ello el creciente bienestar de la sociedad, hace al obrero cada vez más dependiente del capitalista, le lleva a una mayor competencia, lo empuja al ritmo desenfrenado de la superproducción, a la que sigue un marasmo igualmente profundo.

En tanto que, según los economistas, el interés del obrero no se opone nunca al interés de la sociedad, el interés de la sociedad está siempre y necesariamente en oposición al interés del obrero.

Según los economistas, el interés del obrero no está nunca en oposición al de la sociedad, 1) porque el alza del salario está más que compensada por la disminución en la cantidad del tiempo de trabajo, además de las restantes consecuencias antes desarrolladas, y 2) porque, en relación con la sociedad, el producto bruto total es producto neto y sólo en relación al particular tiene el neto significado.

Pero que el trabajo mismo no sólo en las condiciones actuales, sino en general, en cuanto su finalidad, es simplemente el incremento de la riqueza; que el trabajo mismo, digo, es nocivo y funesto, es cosa que se deduce, sin que el economista lo sepa, de sus propias exposiciones.

* * *

De acuerdo con su concepto, la renta de la tierra y el beneficio del capital son *deducciones* que el salario padece. En realidad, sin embargo, el salario es una deducción que el capital y la tierra dejan llegar al obrero, una concesión del producto del trabajo de los trabajadores al trabajo.

El obrero sufre más que nunca en su estado de declinación social. Tiene que agradecer la dureza específica de su opresión a su situación de obrero, pero la opresión en general a la situación de la sociedad.

Pero en el estado ascendente de la sociedad, la decadencia y el empobrecimiento del obrero son producto de su trabajo y de la riqueza por él producida. La miseria brota, pues, de la *esencia* del trabajo actual.

El estado de máxima prosperidad social, un ideal, pero que puede ser alcanzado aproximadamente y que, en todo caso, constituye la finalidad, tanto de la Economía Política como de la sociedad civil, es, para el obrero, *miseria estacionaria*.

Se comprende fácilmente que en la Economía Política el *proletario,* es decir, aquel que, desprovisto de capital y de rentas de la tierra, vive sólo de su trabajo, de un trabajo unilateral y abstracto, es considerado únicamente como *obrero*. Por esto puede la Economía asentar la tesis de que aquél, como un caballo cualquiera, debe ganar lo suficiente para poder trabajar. No lo considera en sus momentos de descanso como hombre, sino que deja este cuidado a la justicia, a los médicos, a la religión, a los cuadros estadísticos, a la policía y al alguacil de pobres.

Elevémonos ahora sobre el nivel de la Economía Política y, a partir de la exposición hasta ahora hecha, casi con las mismas palabras de la Economía Política, tratemos de responder a dos cuestiones.

1) ¿Qué sentido tiene, en el desarrollo de la humanidad, esta reducción de la mayor parte de la humanidad al trabajo abstracto?

2) ¿Qué falta cometen los reformadores en *détail**que, o bien pretenden elevar los salarios y mejorar con ello la situación de la clase obrera, o bien (como Proudhon) consideran la *igualdad* de salarios como finalidad de la revolución social?

* Detallistas.

El *trabajo* se presenta en la Economía Política únicamente bajo el aspecto de *actividad lucrativa*.

* * *

[VIII] Puede afirmarse que aquellas ocupaciones que requieren dotes específicas o una mayor preparación se han hecho, en conjunto, más lucrativas; en tanto que el salario medio para la actividad mecánica uniforme, en la que cualquiera puede ser fácil y rápidamente instruido, a causa de la creciente competencia ha descendido y tenía que descender, y precisamente *este* tipo de trabajo es, en el actual estado de organización de éste, el más abundante con mucha diferencia. Por tanto, si un obrero de primera categoría gana actualmente siete veces más que hace cincuenta años y otro de la segunda lo mismo, los dos ganan, ciertamente, por *término medio,* cuatro veces más que antes. Sólo que si en un país la primera categoría de trabajo ocupa únicamente 1.000 hombres y la segunda a un millón, 999.000 no están mejor que hace cincuenta años y *están* peor si, al mismo tiempo, han subido los precios de los artículos de primera necesidad. Y con estos superficiales *cálculos de término medio*[5] se pretende engañar sobre la clase más numerosa de la población. Además, la cuantía del salario es sólo un factor en la apreciación del *ingreso del obrero,* pues para mesurar este último es también esencial tomar en consideración la *duración* asegurada del trabajo, de la que no puede hablarse en la anarquía de la llamada libre competencia, con sus siempre repetidas fluctuaciones e interrupciones. Por último, hay que tomar en cuenta la *jornada* de trabajo habitual antes y ahora. Esta ha sido elevada para los obreros ingleses en la manufactura algodonera, desde hace veinticinco años, esto es, exactamente desde el momento en que se introdujeron las máquinas para ahorrar trabajo, a doce o dieciséis horas diarias por obra de la codicia empresarial [IX], y la elevación en un país y en una rama de la industria tuvo que extenderse más o menos a otras partes, dado el derecho, aún generalmente reconocido, a una explotación incondicionada de los pobres por los ricos. (Schulz, *Bewegung der Produktion,* pág. 65).

Pero incluso si fuera tan cierto, como realmente es falso, que se hubiese incrementado el ingreso medio de *todas* las clases de la sociedad, podrían haberse hecho mayores las diferencias y los intervalos *relativos* entre los ingresos, y aparecer así más agudamente los contrastes de riqueza y pobreza. Pues justamente *porque* la producción total crece, y en la misma medida en que esto sucede, se aumentan también las necesidades, deseos y pretensiones, y la pobreza *relativa* puede crecer en tanto que se aminora la *absoluta.* El samoyedo, reducido a su aceite de pescado y a sus pescados rancios, no es pobre porque en su cerrada sociedad todos tienen las mismas necesidades. Pero en un estado *que va hacia delante* que, por ejemplo, en un decenio ha aumentado su producción total en relación a la sociedad en un tercio, el obrero que gana ahora lo mismo que hace diez años no está ni siquiera tan acomodado como antes, sino que se ha empobrecido en una tercera parte. *(Ibid.,* págs. 65-66).

Pero la Economía Política sólo conoce al obrero en cuanto animal de trabajo, como una bestia reducida a las más estrictas necesidades vitales.

Para cultivarse espiritualmente con mayor libertad, un pueblo necesita estar exento de la esclavitud de sus propias necesidades corporales, no ser ya siervo del cuerpo. Se necesita, pues, que ante todo le quede *tiempo* para *poder* crear y gozar espiritualmente. Los progresos en el organismo del trabajo ganan este tiempo. ¿No ejecuta frecuentemente, en la actualidad, un solo obrero en las fábricas algodoneras, gracias a nuevas fuerzas motrices y a máquinas perfeccionadas, el trabajo de 250 a 350 de los antiguos obreros? Consecuencias semejantes en todas las ramas de la producción, pues energías naturales exteriores son obligadas, cada vez en mayor medida, a participar [X] en el trabajo humano. Si antes para cubrir una determinada cantidad de necesidades materiales se requería un gasto de tiempo y energía humana que más tarde se ha reducido a la mitad, se ha ampliado en esta misma medida el ámbito para la creación y el goce espiritual sin ningún atentado contra el bienestar material. Pero incluso sobre el reparto del botín que ganamos al viejo Cronos en su propio terreno decide aún el juego de dados del azar ciego e injusto. Se ha calculado en Francia que, dado el actual nivel de producción, una jornada media de trabajo de cinco horas para todos los capaces de trabajar bastaría a la satisfacción de todos los intereses materiales de la sociedad... Sin tomar en cuenta los ahorros gracias a la perfección de la maquinaria, la duración del trabajo esclavo en las fábricas no ha hecho sino aumentar para una numerosa población. *(Ibid.,* págs. 67-68).

El tránsito del trabajo manual complejo al sistema fabril presupone una descomposición del mismo en operaciones simples. Pero por ahora sólo *una parte* de las operaciones uniformemente repetidas le corresponde de momento a las máquinas, otra parte le corresponde a los hombres. De acuerdo con la naturaleza de las cosas, y de acuerdo con experiencias concordantes, una tal actividad continuamente uniforme es tan perjudicial para el espíritu como para el cuerpo; y así, pues, en esta *unión* del maquinismo con la simple división del trabajo entre más numerosas manos humanas tenían también que hacerse patentes todos los inconvenientes de esta última. Estos inconvenientes se muestran, entre otras cosas, en la mayor mortalidad de los obreros [XI] fabriles... Esta gran diferencia de que los hombres trabajen *mediante* máquinas o *como* máquinas no ha sido... observada. *(Ibid.,* pág. 69).

Para el futuro de la vida de los pueblos, las fuerzas naturales brutas que obran en las máquinas serán, sin embargo, nuestros siervos y esclavos. (*Ibid.,* pág. 74).

En las hilaturas inglesas están actualmente ocupados sólo 158.818 hombres y 196.818 mujeres. Por cada 100 obreros hay 103 obreras en las fábricas de algodón del condado de Lancaster y hasta 209 en Escocia. En las fábricas inglesas de lino, en Leeds, se contaban 147 obreras por cada 100 obreros; en Druden y en la costa oriental de Escocia, hasta 280. En las fábricas inglesas de seda... muchas obreras; en las fábricas de lana, que exigen mayor fuerza de trabajo[6], más hombres... También las fábricas de algodón norteamericanas ocupaban, en 1833, junto a 18.593 hombres, no menos de 38.927 mujeres. Mediante las transformaciones en el organismo del trabajo le ha correspondido, pues, al sexo femenino, un círculo más amplio de actividad lucrativa..., las mujeres una posición económica más independiente..., los dos sexos más aproximados en sus relaciones sociales. *(Ibid.,* págs. 71-72).

En las hilaturas inglesas movidas por vapor y agua trabajaban en el año 1835 20.558 niños entre ocho y doce años, 35.867 entre doce y trece años y, por último, 108.208 entre trece y dieciocho años... Ciertamente que los ulteriores progresos de la mecánica, al arrancar de manos de los hombres, cada vez en mayor medida, todas las ocupaciones uniformes, actúan en el sentido de una paulatina eliminación [XII] de la anomalía. Sólo que en el camino de este mismo rápido progreso está precisamente el detalle de que 105 capitalistas pueden apropiarse, del modo más simple y barato, de las fuerzas de las clases inferiores, hasta en la infancia, para usar y abusar de ellas en *lugar de* los medios auxiliares de la mecánica. (Schulz, *Bew. d. Produkt.,* págs. 70-71).

Llamamiento de lord Broughan a los obreros: ¡Haceos capitalistas![7] ...esto... lo malo es que millones sólo logran ganar su modesto vivir gracias a un fatigoso trabajo que los arruina corporalmente y los deforma mental y moralmente; que incluso tienen que considerar como una suerte la desgracia de haber encontrado *tal* trabajo. *(Ibid.,* pág. 60).

Pour vivre donc, les non-propiétaires sont obligés de se mettre, directement ou indirectement, au service des propiétaires, c'est-a-dire sous leur dépendance. Pecqueur: *Théorie nouvelle d'économie sociale,* etc. (pág. 409).

Domestiques-gages, ouvriers-salaires; employés-traiteménts ou *émoluments (ibid.,* págs. 409-410).

«*Louer son travail*», «*prêter son travail à l'intérêt*», «*travailler à la place d'autrui*».

«*Louer la matiere du travail*», «*prêter la matiere du travail a l'intérêt*», «*faire travailler autrui à sa place*» (*ibid.*, páginas 411-412).

[XIII] *Cette constitution économique condamne les hommes a des métiers tellement abjects, a une dégradation tellement désolante et amère, que la sauvagerie apparaît, en comparaison, comme une royale condition.* (L. c., págs. 417-418).

La prostitution de la classe non propriétaire sous toutes les formes*. (Págs. 421 y ss.). Traperos.

Ch. Loudon, en su trabajo *Solution du problème de la population,* etc., París, 1842, dice que en Inglaterra existen entre 60.000 y 70.000 prostitutas. El número de *fem-*

---

* (Para vivir, pues, los no propietarios están obligados a ponerse directa o indirectamente *al servicio* de los propietarios, es decir, bajo su dependencia. (Pecqueur, *Nueva teoría de economía social.*)
Criados-mesada, obreros-salarios, empleados-sueldo o emolumentos (*ibid.*, págs. 409-410).
«Alquilar su trabajo», «prestar su trabajo a interés», «trabajar en lugar de otro».
«Alquilar la materia del trabajo», «prestar a interés la materia del trabajo», «hacer trabajar a otro en su lugar» (*ibid.*, pág. 411).
[XIII] «Esta constitución económica condena a los hombres a oficios tan abyectos, a una degradación tan sumamente desoladora y amarga que, en comparación con ella, el estado salvaje parece una condición real. (L. c., págs. 417-418.)
«La prostitución de la clase no propietaria en todas sus formas. (Páginas 421 y ss.).

mes d'une vertu douteuse* es del mismo orden (página 228).

La moyenne vie de ces infortunées créatures sur le pavé, après qu'elles sont entrées dans la carrière du vice, est d'environ six ou sept ans. De manière que pour maintenir le nombre de 60 a 70.000 prostituées, il doit y avoir, dans les 3 royaumes, au moins 8 a 9.000 femmes qui se vouent à cet infame métier chaque année, ou environ vingt-quatre nouvelles victimes par jour, ce qui est la moyenne d'une par heure; et conséquemment, si la même proportion a lieu sur toute la surface du globe, il doit y avoir constament un million et demi de ces malheureuses. (Ibid., pág. 229).

La population des misérables croît avec leur misère, et c'est à la limite extreme du dénuement que les êtres humains se pressent en plus grand nombre pour se disputer le droit de souffrir... En 1821, la population de l'Irlande était de 6.801.827. En 1831, elle s'était élevée à 7.764.010; c'est 14% d'augmentation en dix ans. Dans le Leinster, province où il y a le plus d'aisance, la population n'a augmenté que de 8%, tandis que, dans le Connaught, province la plus misérable, l'augmentation s'est élevée à 21%. (Extrait des Enquêtes publiées en Angleterre sur l'Irlande. Vienne, 1840). Buret, *De la misère,* etc., t. I, pág. [36]-37**.

---

* Mujeres de dudosa virtud.
** Una vez lanzadas a la carrera del vicio, la vida media de estas infortunadas criaturas en el arroyo es, aproximadamente, de seis o siete años. De modo que para mantener el número de 60 a 70.000 prostitutas, ha de haber en los tres reinos al menos de 8 a 9.000 mujeres que se consagran anualmente a este infame menester, o sea aproximada-

La Economía Política considera el trabajo abstractamente, como una cosa; *le travail est une marchandise** si el precio es alto, es que la mercancía es muy demandada; si es bajo, es que es muy ofrecida⁸; *comme marchandise, le travail doit de plus en plus baisser de prix*** en parte la competencia entre capitalista y obrero, en parte la competencia entre obreros, obligan a ello⁹.

La population ouvrière, marchande de travail, est forcément réduite à la plus faible part du produit... la théorie du travail marchandise est-elle autre chose qu'une théorie de servitude déguisée? (L. c., pág. 43).

«*Pourquoi donc n'avoir vu dans le travail qu'une valeur d'échange?*» (*Ibid.*, pág. 44)***. Los grandes talleres com-

mente veinticuatro nuevas víctimas por día, lo que significa una media de una cada hora, y en consecuencia, si en toda la superficie de la tierra se da la misma proporción, debe existir constantemente millón y medio de estas desgraciadas. (*Ibid.*, pág. 229).

La población de los miserables crece con su miseria y es en la zona de la más extrema penuria en donde los hombres se apiñan en mayor número para disputarse el derecho a sufrir... En 1821 la población de Irlanda era de 6.801.827. En 1831 se elevaba a 7.764.010, es decir, un 14 por 100 de aumento en diez años. En el Leinster, que es la provincia más próspera, la población sólo aumentó en un 8 por 100, en tanto que en el Connaught que es la más miserable, el aumento llegó al 21 por 100. (*Extracto de las encuestas sobre Irlanda publicadas en Inglaterra,* Viena, 1840) (Buret, *De la miseria,* etc., t. I, págs. 36-37).

* El trabajo es una mercancía.
** Como mercancía, el trabajo debe bajar de precio cada vez más.
*** La población obrera, vendedora de trabajo, está forzosamente reducida a la parte más pequeña del producto ¿acaso la teoría del trabajo-mercancía es otra cosa que una teoría de servidumbre disfrazada? (1. c., pág. 43). ¿Por qué, pues, no haber visto en el trabajo más que un valor de cambio? *(Ibid.,* pág. 44).

pran preferentemente el trabajo de mujeres y niños porque éste cuesta menos que el de los hombres (l. c.).

Le travailleur n'est point vis à vis de celui qui l'emploie dans la position d'un libre vendeur... le capitalisme est toujours libre d'employer le travail, et l'ouvrier est toujours forcé de le vendre. La valeur du travail est complétement détruite, s'il n'est pas vendu à chaque instant. Le travail n'est susceptible, ni d'accumulation, ni même d'épargne, à la différence des véritables [marchandises]. [XIV] Le travail c'est la vie, et si la vie ne s'échange pas chaque jour contre les aliments, elle souffre et périt bientôt. Pour que la vie de l'homme soit une marchandise, il faut donc admettre l'esclavage.* (Págs. 49, 50, l. c.).

Si el trabajo es, pues, una mercancía, es una mercancía con las más tristes propiedades. Pero no lo es, incluso de acuerdo a los fundamentos de la Economía Política, porque no (es) *le libre resultat d'un libre marché***[10]. El régimen económico actual baja, a la vez, el precio y la remuneración del trabajo, *il perfectionne l'ouvrier et dégrade l'homme* (l. c., págs. 52-53). *L'industrie est devenue une guerre et le commerce un jeu* (l. c., pág. 62)***.

---

* Frente a quien lo emplea, el trabajador no está en la posición de un *libre vendedor*... el capitalista es siempre libre de comprar el trabajo, y el trabajador está siempre obligado a venderlo. El valor del trabajo queda totalmente destruido si no se lo vende continuamente. A diferencia de las verdaderas mercancías [XIV], el trabajo no es susceptible de acumulación y ni siquiera de ahorro. El trabajo es vida y si la vida no se entrega cada día a cambio de alimentos, sufre y no tarda en perecer. Para que la vida del hombre sea una mercancía hay que admitir, pues, la esclavitud. (Págs. 49-50, l. c.).
** Libre resultado de un mercado libre.
*** Perfecciona al obrero y degrada al hombre (págs. 52-53, l. c.). La industria se ha convertido en una guerra y el comercio en un juego. (L. c., pág. 62).

Les machines à travailler le coton* (en Inglaterra) representan ellas solas 84.000.000 de artesanos[11].

La industria se encontró hasta el presente en la situación de la guerra de conquista

> *elle a prodigé la vie des hommes qui composaient son armée avec autant d'indifférence que les grands conquérants. Son but était la possesion de la richesse, et non le bonheur des hommes.* (Buret, l. c., pág. 20).

> *Ces intérêts (sc. économiques), librement abandonnés à eux-mêmes... doivent nécessairement entrer en conflit; ils n'ont d'autre arbitre que la guerre, et les décisions de la guerre donnent aux uns la défaite et la mort, pour donner aux autres la victoire... c'est dans le conflit des forces opposées que la science cherche l'ordre et l'équilibre: la guerre perpétuelle est selon elle le seule moyen d'obtenir la paix; cette guerre s'appelle la concurrence.* (L. c., pág. 23)**.

Para ser conducida con éxito, la guerra industrial exige ejércitos numerosos que pueda acumular en un mis-

---

* Las máquinas para trabajar el algodón.
** Ha prodigado la vida de los hombres que constituían su ejército con tanta indiferencia como los grandes conquistadores. Su finalidad era la posesión de riquezas y no la felicidad de los hombres. (Buret, 1. c., pág. 20). Entregados a sí mismos, estos intereses (es decir, los económicos) han de entrar necesariamente en conflicto; no tienen más árbitro que la guerra, y las decisiones de la guerra dan a unos derrota y muerte para dar a otros la victoria... la ciencia busca el orden y el equilibrio en el conflicto de las fuerzas opuestas: la guerra perpetua es, según ella, el único medio de obtener la paz; esta guerra se llama la competencia. (L. c., pág. 23).

mo punto y diezmar generosamente. Y ni por devoción ni por obligación soportan los soldados de este ejército las fatigas que se les impone; sólo por escapar a la dura necesidad del hambre. No tienen ni fidelidad ni gratitud para con sus jefes; éstos no están unidos con sus subordinados por ningún sentimiento de benevolencia; no los conocen como hombres, sino como instrumentos de la producción que deben aportar lo más posible y costar lo menos posible. Estas masas de obreros, cada vez más apremiadas, ni siquiera tienen la tranquilidad de estar siempre empleadas; la industria que las ha convocado sólo las hace vivir cuando las necesita, y tan pronto como puede pasarse sin ellas las abandona sin el menor remordimiento; y los trabajadores... están obligados a ofrecer su persona y su fuerza por el precio que quiera concedérseles. Cuanto más largo, penoso y desagradable sea el trabajo que se les asigna, tanto menos se les paga; se ven algunos que con un trabajo de dieciséis horas diarias de continua fatiga apenas pueden comprar el derecho de no morir (l. c., págs. 66, 69).

[XV] *Nous avons la conviction... partagée... par les commissaires chargés de l'enquête sur la condition des tisserands à la main, que les grandes villes industrielles perdraient, en peu de temps, leur population de travailleurs, si elles ne recevaient, à chaque instant, des campagnes voisines, des recrues continuelles d'hommes sains, de sang nouveau.* (L. c., pág. 362)*.

* [XV] Tenemos la convicción, que... comparten los comisarios encargados de la investigación sobre la situación de los tejedores manuales, de que las grandes ciudades industriales perderían en poco tiempo la población de trabajadores si no recibiesen continuamente de los

Beneficio del capital

[I] 1) El capital

1) ¿En qué se apoya el capital, es decir, la propiedad privada sobre los productos del trabajo ajeno?

> Cuando el capital mismo no es simplemente robo o malversación, requiere aún el concurso de la legislación para santificar la herencia (Say, t. I, pág. 136).

¿Cómo se llega a ser propietario de fondos productivos? ¿Cómo se llega a ser propietario de los productos creados mediante esos fondos?
Mediante el *derecho positivo* (Say, t. II, pág. 4). ¿Qué se adquiere con el capital, con la herencia de un gran patrimonio, por ejemplo?

> Uno que, por ejemplo, hereda un gran patrimonio, no adquiere en verdad con ello inmediatamente poder político. La clase de poder que esta posesión le transfiere inmediata y directamente es el *poder de comprar;* éste es un poder de mando sobre todo el trabajo de otros o sobre todo producto de este trabajo que se encuentre de momento en el mercado (Smith, t. I, pág. 61).

El capital es, pues, el *poder de Gobierno* sobre el trabajo y sus productos. El capitalista posee este poder no

campos vecinos nuevas reclutas de hombres sanos, de sangre nueva. (Pág. 362, l. c.).

merced a sus propiedades personales o humanas, sino en tanto en cuanto es *propietario* del capital. El poder *adquisitivo* de su capital, que nada puede contradecir, es su poder.

Veremos más tarde, primero, cómo el capitalista por medio del capital ejerce su poder de gobierno sobre el trabajo, y después el poder de gobierno del capital sobre el capitalista mismo.

¿Qué es el capital?

Une certaine quantité de travail amassé et mis en réserve*. (Smith, t. II, pág. 312).

El capital es *trabajo acumulado*.

2) *Fondo, o stock,* es toda acumulación de productos de la tierra y de productos manufacturados. El stock sólo se llama capital cuando reporta a su propietario una renta o ganancia (Smith, t. II, pág. 191).

2) El beneficio del capital

El beneficio o ganancia del capital es totalmente distinto del salario. Esta diversidad se muestra de un doble modo: en primer lugar, las ganancias del capital se regulan totalmente de acuerdo con el valor del capital empleado, aunque el trabajo de dirección e inspección puede ser el mismo para diferentes capitales. A esto se añade que todo este trabajo está confiado a un empleado prin-

---

* Cierta cantidad de *trabajo acumulado* y puesto en reserva.

cipal, el salario del cual no guarda ninguna relación con el capital [II] cuyo funcionamiento vigila. Aunque aquí el trabajo del propietario se reduce casi a nada, reclama, sin embargo, beneficios en relación a su capital (Smith, t. I, págs. 97-99). ¿Por qué reclama el capitalista esta proporción entre ganancia y capital?

No tendría ningún *interés* en emplear a los obreros si no esperase de la venta de su obra más de lo necesario para reponer los fondos adelantados como salario, y no tendría ningún *interés* en emplear más bien una suma grande que una pequeña si su beneficio no estuviese en relación con la cuantía del capital empleado (t. I. págs. 96-97).

El capitalista extrae, pues, una ganancia, *primero* de los salarios y *después* de las materias primas adelantadas.

¿Qué relación tiene la ganancia con el capital?

Si ya es difícil determinar la tasa media habitual de los salarios en un tiempo y lugar determinados, aún más difícil es determinar la ganancia de los capitales. Cambios en el precio de las mercancías con que el capital opera, buena o mala fortuna de sus rivales y clientes, traen un cambio de los beneficios de día en día y casi de hora en hora (Smith, t. I, págs. 179-180). Ahora bien, aunque sea imposible determinar con precisión las ganancias del capital, podemos representárnoslas de acuerdo con el *interés del dinero*. Si se pueden hacer muchas ganancias con el dinero, se da mucho por la posibilidad de servirse de él, si por medio de él se gana poco, se da poco (Smith, t. I, pág. 181).

La proporción que ha de guardar la tasa habitual de interés con la tasa de ganancia neta varía necesariamente con la elevación o descenso de la ganancia. En la Gran Bretaña se calcula como el doble del interés lo que los comerciantes llaman *un profit honnête, modéré, raisonnable**, expresiones que no quieren decir otra cosa que un *beneficio habitual* y *acostumbrado.* (Smith, t. I, pág. 198).

¿Cuál es la tasa *más baja* de la ganancia? ¿Cuál es la *más alta?*

La *tasa más baja* de la ganancia habitual del capital debe ser siempre *algo más* de lo que es necesario para compensar las eventuales pérdidas a que está sujeto todo empleo del capital. Este exceso es propiamente la ganancia o *le bénéfice net***. Lo mismo sucede con la tasa más baja del interés (Smith, t. I, pág. 196).

[III] La *tasa más elevada* a que pueden ascender las ganancias habituales es aquella que, en la mayor parte de las mercancías, *absorbe la totalidad de las rentas de la tierra* y reduce el salario de las mercancías suministradas al *precio mínimo,* a la simple subsistencia del obrero mientras dura el trabajo. De una u otra forma, el obrero ha de ser siempre alimentado en tanto que es empleado en una tarea; las rentas de la tierra pueden ser totalmente suprimidas. Ejemplo, las gentes de la Compañía de las Indias de Bengala (Smith, t. I, pág. 198).

Aparte de todas las ventajas de una competencia reducida, que el capitalista puede *explotar* en este caso, le es posible también mantener, de modo honesto, el precio de mercado por encima del precio natural.

---

* Beneficio honesto, moderado, razonable.
** Beneficio neto.

En primer lugar, mediante el *secreto comercial,* cuando el mercado está muy alejado de sus proveedores, es decir, manteniendo en secreto el cambio de precio, su alza por encima del nivel natural. Este secreto logra que otros capitalistas no arrojen igualmente su capital en esta rama.

En segundo lugar, mediante el *secreto de fábrica,* cuando el capitalista con menores costos de producción suministra sus mercancías a un precio igual o incluso menor que el de sus competidores, pero con mayor beneficio. (¿No es inmoral el engaño mediante el secreto? Comercio bursátil.) Además, cuando la producción está ligada a una determinada localidad (por ej., vinos de calidad) y la *demanda efectiva* no puede ser nunca satisfecha. *Finalmente,* mediante el *monopolio* de individuos y compañías. El precio de monopolio es tan alto como sea posible (Smith, t. I, págs. 120-124).

Otras causas ocasionales que pueden elevar la ganancia del capital: la adquisición de nuevos territorios o de nuevas ramas comerciales multiplica frecuentemente, incluso en un país rico, las ganancias del capital, pues sustraen a las antiguas ramas comerciales una parte de los capitales, aminoran la competencia, abastecen el mercado con menos mercancías, cuyo precio entonces se eleva; los comerciantes de estos ramos pueden entonces pagar el dinero prestado con un interés mayor (Smith, t. I, pág. 190).

Cuanto más elaborada, más manufacturada es una mercancía, tanto más elevada es la parte del precio que se resuelve en salario y beneficio en proporción a aquella otra parte que se resuelve en renta. En el progreso que el trabajo manual hace sobre esta otra mercancía, no sólo se multiplica el número de las ganancias, sino que cada ganancia es mayor que las precedentes porque el capital de que brota [IV] es necesariamente mayor. El capital que hace trabajar el tejedor es siempre y necesariamente mayor que el que utiliza el hilandero, porque no sólo repone este capital con sus beneficios, sino que además paga los salarios de los tejedores y es necesario que las ganancias se hallen siempre en una cierta proporción con el capital (t. I, págs. 102-103).

El progreso que el trabajo humano hace sobre el producto natural, transformándolo en el producto natural elaborado, no multiplica por tanto el salario, sino, en parte, el número de capitales gananciosos, y en parte la proporción de cada capital nuevo sobre los precedentes.

Sobre la ganancia que el capitalista extrae de la división del trabajo se hablará más tarde.

Él gana doblemente, primero con la división del trabajo, en segundo lugar, y en general, con la modificación que el trabajo humano hace del producto natural. Cuanto mayor es la participación humana en una mercancía, tanto mayor la ganancia del capital muerto.

En una y la misma sociedad está la tasa media de los beneficios del capital mucho más cerca del mismo nivel que el salario de los diferentes tipos de trabajo (t. I, pág. 228). En los diversos empleos del capital, la tasa de la ganancia varía de acuerdo con la mayor o menor certidumbre del reembolso del capital.

La tasa de la ganancia se eleva con el riesgo, aunque no en proporción exacta. (*Ibid.,* págs. 226-227).

Se comprende fácilmente que las ganancias del capital se elevan también mediante la facilidad o el menor costo de los medios de circulación (por ejemplo, papel dinero).

3) La dominación del capital sobre el trabajo y los motivos del capitalista

El único motivo que determina al poseedor de un capital a utilizarlo de preferencia en la agricultura, o en la manufactura o en un ramo específico del comercio al por mayor o por menor es la consideración de su propio beneficio. Jamás se le viene a las mientes calcular cuánto *trabajo* productivo pone en actividad cada uno de estos modos de empleo [V] o qué valor añadirá al producto anual de las tierras y del trabajo de su país. (Smith, t. II, págs. 400-401).

Para el capitalista, el empleo más útil del capital es aquel que, con la misma seguridad, le rinde mayor ganancia. Este empleo no es siempre el más útil para la sociedad; el más útil es aquel que se emplea para sacar provecho de las fuerzas productivas de la naturaleza. (Say, t. II, pág. 131).

Las operaciones más importantes del trabajo están reguladas y dirigidas de acuerdo con los planes y las especulaciones de aquellos que emplean los capitales; y la finalidad que éstos se proponen en todos los planes y operaciones es el *beneficio*.–Así, pues, la tasa del beneficio no sube, como las rentas de la tierra y los salarios, con el bienestar de la sociedad, ni desciende como aquéllos, con la baja de éste. Por el contrario, esta tasa es naturalmente baja en los países ricos y alta en los países pobres; y nunca es tan alta como en aquellos países que con la mayor celeridad se precipitan a su ruina. El interés de esta clase no está pues ligado, como el de las otras dos, con el interés general de la sociedad... El interés especial de quienes ejercen un determinado ramo del comercio o de la industria es siempre, en cierto sentido, distinto del interés del público y con frecuencia abiertamente opuesto a él. El interés del comerciante es siempre agrandar el mercado y limitar la competencia de los vendedores... Es esta una clase de gente cuyos intereses nunca serán exactamente los mismos que los de la sociedad, que en general tiene interés en engañar y estafar al público. (Smith, t. II, págs. 163-165).

4) La acumulación de capitales y la competencia entre capitalistas

El aumento de capitales, que eleva los salarios, tiende a disminuir la ganancia de los capitalistas en virtud de la competencia entre ellos (Smith, t. I, pág. 179).

Si, por ejemplo, el capital necesario para el comercio de víveres de una ciudad se encuentra dividido entre dos tenderos distintos, la competencia hará que cada uno de ellos venda más barato que si el capital se encontrase en manos de uno solo; y si está dividido entre 20 [VI], la competencia será tanto más activa y tanto menor será la posibilidad de que puedan entenderse entre sí para elevar el precio de sus mercancías. (Smith, t. II, págs. 372-373).

Como ya sabemos que los precios de monopolio son tan altos como sea posible y que el interés de los capitalistas, incluso desde el punto de vista de la Economía Política común, se opone abiertamente al de la sociedad, puesto que el alza en los beneficios del capital obra como el interés compuesto sobre el precio de las mercancías (Smith, t. I, págs. 199-201), la única protección frente a los capitalistas es la competencia, la cual, según la Economía Política, obra tan benéficamente sobre la elevación del salario como sobre el abaratamiento de las mercancías en favor del público consumidor.

La competencia, sin embargo, sólo es posible mediante la multiplicación de capitales, y esto en muchas manos. El surgimiento de muchos capitalistas sólo es posible mediante una acumulación multilateral, pues el capital, en general, sólo mediante la acumulación surge, y la acumulación multilateral se transforma necesariamente en acumulación unilateral. La acumulación, que bajo el dominio de la propiedad privada es *concentración del capital* en pocas manos, es una consecuencia necesaria cuando se deja a los capitales seguir su curso natural, y mediante la competencia no hace sino abrirse libre camino esta determinación natural del capital.

Hemos oído que la ganancia del capital está en proporción a su magnitud. Por de pronto, prescindiendo de la competencia intencionada, un gran capital se acumula, pues, proporcionalmente a su magnitud, más rápidamente que uno pequeño.

[VIII] Según esto, y prescindiendo totalmente de la competencia, la acumulación del gran capital es mucho más rápida que la del pequeño. Pero sigamos adelante este proceso. Con la multiplicación de los capitales disminuyen, por obra de la competencia, los beneficios del capital. Luego padece, en primer lugar, el pequeño capitalista.

El aumento de los capitales y un gran número de capitales presuponen, además, una progresiva riqueza del país.

En un país que haya llegado a un alto grado de riqueza, la tasa habitual del beneficio es tan pequeña que el interés que este beneficio permite pagar es tan bajo que sólo los sumamente ricos pueden vivir de los réditos del dinero. Todas las personas de patrimonios medianos tienen, pues, que emplear su capital, emprender algún negocio o interesarse en algún ramo del comercio. (Smith, tomo I, págs. 196-197).

Esta situación es la preferida de la Economía Política.

La relación existente entre la suma de capitales y las rentas determina por todas partes la proporción en que se encuentran la industria y la ociosidad; donde prevalecen los capitales, reina la industria; donde las rentas, la ociosidad. (Smith, t. II, pág. 325).

¿Qué hay del empleo de los capitales en esta incrementada competencia?

Con el aumento de los capitales debe hacerse cada vez mayor la cantidad de los *fonds à prêter à interêt**; con el incre-

---

* Fondos que se prestan a interés.

mento de estos fondos se hace menor el interés, 1) porque baja el precio de mercado de todas las cosas cuanto más aumenta su cantidad, 2) *porque con el aumento de capitales en un país se hace más difícil* colocar un nuevo capital de manera ventajosa. Se suscita una competencia entre los distintos capitalistas, al hacer el poseedor de un capital todos los esfuerzos posibles para apoderarse del negocio que encuentra ocupado por otro capital. Pero la mayor parte de las veces no puede esperar arrojar de su puesto a este otro capital si no es mediante el ofrecimiento de mejores condiciones. No sólo ha de vender la cosa a mejor precio, sino que también con frecuencia ha de comprar más caro para tener ocasión de vender. Cuantos más fondos se destinan al mantenimiento del trabajo productivo, tanto mayor es la demanda de trabajo: los obreros encuentran fácilmente ocupación [IX], pero los capitalistas tienen dificultades para encontrar obreros. La competencia entre capitalistas hace subir los salarios y bajar los beneficios. (T. II, págs. 358-359).

El pequeño capitalista tiene, pues, la opción: 1) o de comerse su capital, puesto que él no puede vivir ya de réditos, y, por tanto, dejar de ser capitalista; o 2) emprender él mismo un negocio, vender sus mercancías más baratas y comprar más caro que los capitalistas más ricos, pagar salarios elevados y, por tanto, como quiera que el precio de mercado, por obra de la fuerte competencia que presuponemos, está ya muy bajo, arruinarse. Si, por el contrario, el gran capitalista quiere desplazar al pequeño, tiene frente a él todas las ventajas que el capitalista en cuanto capitalista tiene frente al obrero. La mayor cantidad de su capital le compensa de los menores beneficios e incluso puede soportar pérdidas momentáneas hasta que el pequeño capitalista se arruina, y él se ve libre de esta competencia. Así acumula los beneficios del pequeño capitalista.

Además, el gran capitalista compra siempre más barato que el pequeño porque compra en masa. Por tanto puede sin daño vender más barato.

Así, si bien la baja del interés transforma a los capitalistas medianos de rentistas en hombres de negocios, produce, por el contrario, el aumento de los capitales de negocio y el menor beneficio que es su consecuencia, la baja del interés.

Al disminuir el beneficio que puede extraerse del uso de un capital, disminuye necesariamente el precio que por su utilización puede pagarse. (Smith, t. II, pág. 359).

Cuanto más se acrecienta la riqueza, la industria, la población, tanto más disminuye el interés del dinero, es decir, el beneficio de los capitalistas; pero los capitales mismos no dejan de aumentar y aún más rápidamente que antes, pese a la disminución de los beneficios... Un gran capital, aunque sea con pequeños beneficios, se acrecienta en general mucho más rápidamente que un capital pequeño con grandes beneficios. El dinero hace dinero, dice el refrán. (T. I, pág. 189).

Por tanto, si a este gran capital se enfrentan únicamente pequeños capitales con pequeños beneficios, como sucede en la situación, que presuponemos, de fuerte competencia, los aplasta por completo.

La consecuencia necesaria de esta competencia es entonces el empeoramiento general de las mercancías, la falsificación, la adulteración, el envenenamiento general, tal como se muestra en las grandes ciudades.

[X] Una circunstancia importante en la competencia entre capitales grandes y pequeños es, además, la relación entre *capital fixe* y *capital circulant**.

Capital circulant es un capital

> empleado en la producción de víveres, en la manufactura, o el comercio. El capital así empleado no rinde a su dueño beneficio ni ingreso mientras permanezca en su poder o se mantenga en la misma forma. Continuamente sale de sus manos en una forma para retornar en otra, y sólo mediante esta transformación o circulación y cambio continuo rinde beneficios...

Capital fixe

> es el capital empleado en la mejora de la tierra, en la adquisición de máquinas, instrumentos, útiles de trabajo y cosas semejantes. (Smith, tomo II, págs. 197-198).

Todo ahorro en el mantenimiento del capital fijo es un incremento de la ganancia neta. El capital total de cualquier empresario de trabajo se divide necesariamente en *capital fijo* y *capital circulante*. Dada la igualdad de la suma, será una parte tanto menor cuanto mayor sea la otra. El capital circulante le proporciona la materia y los salarios del trabajo y pone en

---

* Capital fijo y capital circulante.

movimiento la industria. Así, toda economía en el capital fijo que no disminuya la fuerza productiva del trabajo aumenta el fondo. (Smith, t. II, pág. 226).

Se ve, desde el comienzo, que la relación entre *capital fijo* y *capital circulante* es mucho más favorable para el gran capitalista que para el pequeño. Un banquero muy fuerte sólo necesita una insignificante cantidad de capital fijo más que uno muy pequeño. Su capital fijo se reduce a su oficina. Los instrumentos de un gran terrateniente no aumentan en proporción a la magnitud de su latifundio. Igualmente, el crédito que posee el gran capitalista y no el pequeño es un ahorro tanto mayor en el capital fijo, es decir, en el dinero que habrá de tener siempre dispuesto. Se comprende, por último, que allí en donde el trabajo industrial ha alcanzado un alto grado de desarrollo y casi todo el trabajo a mano se ha convertido en trabajo fabril, todo su capital no le alcanza al pequeño capitalista para poseer ni siquiera el capital fijo necesario. *On sait que les travaux de la grande culture n'occupent habituellement qu'un petit nombre de bras**.

En general, en la acumulación de grandes capitales se produce también una concentración y una simplificación relativas del capital fijo en relación a los capitalistas más pequeños. El gran capitalista introduce para sí una especie [XI] de organización de los instrumentos de trabajo.

---

* Es sabido que las labores de la agricultura en gran escala no ocupan habitualmente más que un pequeño número de brazos.

Igualmente, en el terreno de la industria, es ya cada manufactura y cada fábrica una amplia unión de un gran patrimonio material con numerosas y diversas capacidades intelectuales y habilidades técnicas para un fin común de producción... Allí en donde la legislación mantiene la propiedad de la tierra en grandes masas, el exceso de una población creciente se precipita hacia las industrias y, como sucede en la Gran Bretaña, es así en el campo de la industria en donde se amontona principalmente la gran masa de proletarios. Allí, sin embargo, en donde la legislación permite la progresiva división del suelo, se acrecienta, como en Francia, el número de propietarios pequeños y endeudados que mediante el progresivo fraccionamiento de la tierra son arrojados a la clase de los menesterosos y descontentos. Si, por último, se lleva este fraccionamiento a un alto grado, la gran propiedad devora nuevamente a la pequeña, así como la gran industria aniquila a la pequeña; y como a partir de este momento se constituyen nuevamente grandes fincas, la masa de los trabajadores desposeídos, que ya no es necesaria para el cultivo del suelo, es de nuevo impulsada hacia la industria. (Schulz, *Bewegung der Produktion,* págs. 58-59).

La calidad de mercancías de un mismo tipo cambia mediante las transformaciones en el modo de producción y especialmente mediante el empleo de maquinaria. Sólo mediante la exclusión de la fuerza humana se ha hecho posible hilar, a partir de una libra de algodón, que vale 3 chelines y 8 peniques, 350 madejas con una longitud total de 167 millas inglesas (36 millas alemanas) y de un valor comercial de 25 guineas. *(Ibid.,* pág. 62).

Por término medio, los precios de los artículos de algodón han disminuido en Inglaterra desde hace 45 años en 11/12 y, según los cálculos de Marshall, la cantidad de producto fabricado por la que todavía en el año 1814 se pagaban 16 chelines es suministrada hoy por un chelín y 10 peniques. La mayor baratura de la producción industrial aumentó el consumo tanto en el interior como en el mercado exterior; y a esto está conectado el hecho de que, tras la introducción de las máquinas, el número de obreros en el algodón no sólo no ha disminuido en Gran Bretaña, sino que ha subido de 40.000 a 1$^{1}/_{2}$ millones. [XII] Por lo que toca a la ganancia de los empresarios y obreros industriales, a causa de la creciente competencia entre los fabricantes sus ganancias han disminuido forzosamente en relación con la cantidad de mercancías suministradas. De los años 1820 a 1833, la ganancia bruta de los fabricantes de Manchester por una pieza de percal bajó de 4 chelines con 1$^{1}/_{3}$ peniques a 1 chelín 9 peniques. Pero para compensar esta pérdida, el conjunto de la producción ha sido ampliado. La consecuencia de esto es que en algunas ramas de la industria aparece en parte una superproducción; que surgen frecuentes quiebras, con lo cual se produce *dentro* de la clase de los capitalistas y dueños de trabajo un inquietante bambolearse y agitarse de la propiedad, que arroja al proletariado a una parte de los económicamente arruinados; que con frecuencia y súbitamente se hacen necesarias una detención o una disminución del trabajo, cuyos inconvenientes siempre percibe amargamente la clase de los obreros asalariados. *(Ibid.,* pág. 63).

Louer son travail, c'est commencer son esclavage; louer la matiere du travail, c'est constituer sa liberté... Le travail c'est l'homme, la matiere au contraire n'est rien de l'homme. (Pecqueur, *Théor. soc.*, etc., págs. 411-412).

L'élément matière, qui ne peut rien pour la création de la richesse sans l'autre élément travail, reçoit la vertu magique d'être fécond pour eux comme s'ils y avaient mis de leur propre fait, cet indispensable élément. (Ibid., l. c.).

En supposant que le travail quotidien d'un ouvrier lui apporte en moyenne 400 fr. par an, et que cette somme suffise à chaque adulte pour vivre d'une vie grossière, tout propriétaire de 2.000 fr. de rente, de fermage, de loyer, etc., force donc indirectement 5 hommes à travailler pour lui; 100.000 fr. de rente représente le travail de 250 hommes et 1.000.000 le travail de 2.500 individus (luego 300 millones –Louis Philippe– el trabajo de 750.000 obreros). *(Ibid.,* págs. 412-413).

Les propriétaires ont reçu de la loi des hommes le droit d'user et d'abuser, c'est-a-dire de faire ce qu'ils veulent de la matiere de tout travail... ils sont nullement obligés par la loi de fournir à propos et toujours du travail aux non proprietaires, ni de leur payer un salaire toujours suffisant, etc. (Pág. 413, l. c.).

Liberté entière quant à la nature, à la quantité, à la qualité, à l'opportunité de la production à l'usage, à la consommation des richesses, à la disposition de la matière de tout travail. Chacun est libre d'échanger sa chose comme il entend, sans autre considération que son propre intérêt d'individu. (Pág. 413, l. c.).

La concurrence n'exprime pas autre chose que l'échange facultatif, qui lui-même est la conséquence prochaine et logique du droit individuel d'user et d'abuser des instruments de toute production. Ces trois moments économiques, lesquels n'en font qu'un: le droit d'user et d'abuser, la liberté d'échanges et la concurrence arbitraire, entraînent les conséquences suivantes: chacun produit ce qu'il veut, comme il veut, quand il veut, où il veut; produit bien ou produit mal, trop ou pas assez, trop tôt ou trop tard, trop cher ou a trop bas prix; chacun ignore s'il vendra, quand il vendra, comment il vendra, ou il vendra, à qui il vendra: et il en est de même quant aux achats. [XIII] *Le producteur ignore les besoins et les ressources, les demandes et les offres. Il vend quand il veut, quand il peut, où il veut, à qui il veut, au prix qu'il veut. Et il achète de même. En tout cela, il est toujours le jouet du hasard, l'esclave de la loi du plus fort, du moins pressé, du plus riche... Tandis que sur un point il y a disette d'une richesse, sur l'autre il y a trop plein et gaspillage. Tandis qu'un producteur vend beaucoup ou très cher, et à bénéfice énorme, l'autre ne vend rien ou vend à perte... L'offre ignore la demande, et la demande ignore l'offre. Vous produisez sur la foi d'un goût, d'une mode qui se manifeste dans le public des consommateurs; mais déjà, lorsque vous êtes prêts à livrer votre marchandise, la fantaisie a passé et s'est fixée sur un autre genre de produit... conséquences infaillibles, la permanence et l'universalisation des banqueroutes; les mécomptes, les ruines subites et les fortunes improvisées; les crises commerciales, les chômages, les encombrements ou les disettes périodiques; l'instabilité et l'avilissement des salaires et des profits; la déperdition ou le gaspillage énorme de richesses, de temps et d'efforts dans l'arène d'une concurrence acharnée.* (Págs. 414-416, l. c.)*.

---

* Alquilar su trabajo es comenzar su esclavitud, alquilar la materia del trabajo es asentar su libertad... El trabajo es el hombre; la materia, por

Ricardo en su libro *(Renta de la tierra)*: Las naciones son sólo talleres de producción, el hombre es una máquina de consumir y producir; la vida humana un capital; las leyes económicas rigen ciegamente al mundo. Para Ricardo los hombres no son nada, el producto todo. En el capítulo 26 de la traducción francesa se dice (65):

el contrario, no es nada del hombre. (Pecqueur, *Théor. soc.,* etc., páginas 411-412).

El elemento materia, que nada puede para la creación de la riqueza sin el otro elemento, el trabajo, recibe la virtud mágica de hacerse fecundo para ellos, como si hubieran aportado con su propio esfuerzo este elemento indispensable *(ibid.,* l. c.). Suponiendo que el trabajo cotidiano de un obrero le aporte por término medio 400 francos al año y que esta suma baste a un adulto para una vida simple, el propietario de 2.000 francos de rentas, aparcerías o alquileres, fuerza, pues, a cinco hombres a trabajar para él, 100.000 francos de renta representan el trabajo de 250 hombres y un millón el trabajo de 2.500 individuos (luego 300 millones –Luis Felipe– el trabajo de 750.000 obreros). *(Ibid.,* págs. 412-413).

Los propietarios han recibido de la ley humana el derecho de usar y abusar, es decir, de hacer lo que quieran de la materia de todo trabajo..., la ley no los obliga en absoluto a proporcionar siempre y oportunamente trabajo a los no propietarios ni a pagarles siempre un salario suficiente, etc. (Pág. 413, l. c.).

Libertad total en cuanto a la naturaleza, la cantidad, la calidad y la oportunidad de la producción, al uso y consumo de las riquezas, a la disposición sobre la materia del trabajo. Cada cual es libre de intercambiar sus bienes como le parezca, sin otra consideración que su propio interés individual. (Pág. 413, l. c.).

La competencia no expresa más que el cambio voluntario que a su vez es la consecuencia directa y próxima del derecho individual de usar y abusar de los instrumentos de producción. Estos tres momentos económicos, que no forman más que uno: el derecho de usar y abusar, la libertad de cambio y la competencia arbitraria, entrañan las siguientes consecuencias: cada cual produce lo que quiere, como quiere y donde quiere; produce bien o mal, demasiado o no lo bastante, demasiado pronto o demasiado tarde, demasiado caro o demasiado

Il serait tout-à-fait indifférent pour une persone qui sur un capital de 20.000£ ferait 2.000£ par an de profit, que son capital employât cent hommes ou mille... L'intérêt réel d'une nation n'est-il pas le même? Pourvu que son revenu net et réel, et que ses fermages et profits soient les mêmes, qu'importe qu'elle se compose de dix ou de douze millions d'individus? (T. II, páginas 194-195).

En vérité, –dice M. de Sismondi (t. II, pág. 331)–, *il ne reste plus qu'à désirer que le roi, demeuré tout seul dans l'île, en tournant constamment une manivelle, fasse accomplir, par des automates, tout l'ouvrage de l'Angleterre?*[12].

Le maître qui achete le travail de l'ouvrier, a un prix si bas, qu'il suffit à peine aux besoins les plus pressants, n'est respon-

barato; cada cual ignora si venderá, cómo venderá, cuándo venderá, dónde venderá y a quién venderá; y lo mismo sucede respecto a las compras [XIII]. El productor ignora las necesidades y los recursos, las demandas y las ofertas. Vende cuando quiere, cuando puede, donde quiere, a quien quiere y al precio que quiere. Y compra en la misma forma. En todo ello es siempre juguete del azar, esclavo de la ley del más fuerte, del menos apremiado, del más rico... Mientras que en un lugar hay escasez de un bien, en otro hay exceso y despilfarro. Mientras un productor vende mucho o muy caro y con un beneficio enorme, otro no vende nada o vende a pérdida... La oferta desconoce la demanda y la demanda ignora la oferta. Se produce sobre la base de un gusto, de una moda que se manifiesta entre los consumidores, pero cuando llega el momento de entregar la mercancía, el capricho ha pasado y se ha dirigido a otro tipo de producto..., consecuencia infalible es la permanencia e infalibilidad de las quiebras, los cálculos falsos, las ruinas súbitas y las fortunas improvisadas; las crisis comerciales, los paros, los abarrotamientos y escaseces periódicas, la inestabilidad y el envilecimiento de salarios y beneficios, la pérdida o el despilfarro enorme de riquezas, tiempo y esfuerzos en la arena de una encarnizada competencia. (Págs. 414-416, l. c.).

sable ni de l'insuffisance des salaires, ni de la trop longue durée du travail: il subit lui-même la loi qu'il impose... ce n'est pas tant des hommes que vient la misère, que de la puissance des choses. (Buret, 1. c., 82)*.

En Inglaterra hay muchos lugares cuyos habitantes carecen de capitales para un cultivo completo de la tierra. La lana de las provincias orientales[13] de Escocia, en gran parte, ha de hacer un largo camino por tierra, por malos caminos, para ser elaborada en el condado de York, porque en el lugar de su producción faltan capitales para la manufactura. Hay en Inglaterra muchas ciudades industriales pequeñas, a cuyos habitantes les falta capital suficiente para el transporte de su producción industrial a mercados alejados en donde ésta encuentra consumidores y demanda. Los comerciantes allí son [XIV] sólo agentes de otros comerciantes más ricos que viven en algunas ciudades comerciales. (Smith, t. II, págs. 381-382).

* Para una persona que sobre un capital de 20.000£ hiciese un beneficio anual de 2.000£, sería totalmente indiferente que su capital emplease cien hombres o mil... ¿No es el mismo el interés real de una nación? Con tal de que su ingreso neto real y que sus rentas y ganancias sean las mismas, ¿qué importa que esté integrada por diez o por doce millones de individuos? (T. II, págs. 194-195).
En realidad –dice el señor De Sismondi–, sólo queda desear que el rey, completamente solo en la isla, dando vueltas constantemente a una manivela, haga realizar mediante autómatas todo el trabajo de Inglaterra.
El dueño que compra el trabajo del obrero a un precio tan bajo que apenas basta para las necesidades más urgentes no es responsable ni de la insuficiencia de los salarios ni de la larga duración del trabajo: él mismo sufre la ley que impone..., no es tanto de los hombres como de las fuerzas de las cosas de donde procede la miseria. (Buret, 1. c., pág 82).

Pour augmenter la valeur du produit annuel de la terre et du travail, il n'y a pas d'autres moyens que d'augmenter, quant au nombre, les ouvriers productifs, ou d'augmenter, quant à la paissance, la faculté productive des ouvriers précédemment employés. Dans l'un et dans l'autre cas il faut presque toujours un surcroît de capital. (Smith, t. II, pág. 338)*.

Así como la *acumulación* del capital, según el orden natural de las cosas, debe preceder a la división del trabajo, de la misma manera la subdivisión de éste sólo puede progresar en la medida en que el capital haya ido acumulándose previamente. La cantidad de materiales que el mismo número de personas se encuentra en condiciones de manufacturar aumenta en la misma medida en que el trabajo se subdivide cada vez más, y como la tarea de cada tejedor va haciéndose gradualmente más sencilla, se inventa un conjunto de nuevas máquinas para facilitar y abreviar aquellas operaciones. Así, cuanto más adelanta la división del trabajo, para proporcionar un empleo constante al mismo número de operarios ha de acumularse previamente igual provisión de víveres y una cantidad de materiales, instrumentos y herramientas mucho mayor del que era menester en una situación menos avanzada. El número de obreros en cada una de las ramas del trabajo aumenta generalmente con la división del trabajo en ese sector, o más bien, es ese aumento de número el que la pone en situación de clasificar a los obreros de esta forma. (Smith, t. II, págs. 193-194).

---

* Para aumentar el valor del producto anual de la tierra y del trabajo no hay otros medios que aumentar *el número de los obreros productivos,* o aumentar, en su potencia, la *capacidad productiva de los obreros* ya empleados. En uno y otro caso hace falta casi siempre un aumento de capital. (Smith, t. II, pág. 338).

Así como el trabajo no puede alcanzar esta gran extensión de las fuerzas productivas sin una previa acumulación de capitales, de igual suerte dicha acumulación trae consigo tales adelantos. El capitalista desea naturalmente colocarlo de tal modo que éste produzca la mayor cantidad de obra posible. Procura, por tanto, que la distribución de operaciones entre sus obreros sea la más conveniente, y les provee, al mismo tiempo, de las mejores máquinas que pueda inventar o le sea posible adquirir. Sus medios para triunfar en ambos campos [XV] guardan proporción con la magnitud de su capital o con el número de personas a quienes pueden dar trabajo. Por consiguiente, no sólo aumenta el volumen de actividad en los países con el crecimiento *del capital* que en ella se emplea, sino que, como consecuencia de este aumento, un mismo volumen industrial produce mucha mayor cantidad de obra. (Smith, t. II, págs. 194-195).

Luego *superproducción*.

Combinaciones más amplias de las fuerzas productivas... en la industria y el comercio mediante la unificación de fuerzas humanas y naturales más abundantes y diversas para empresas en mayor escala. También aquí y allá unión más estrecha de las principales ramas de la producción entre sí. Así, grandes fabricantes tratarán de conseguir grandes fincas para no tener que adquirir de terceras manos al menos una parte de las materias primas necesarias a su industria; o unirán con sus empresas industriales un comercio, no sólo para ocuparse de sus propias manufacturas, sino también para la compra de productos de otro tipo y para su venta a sus obreros. En Inglaterra, en donde dueños individuales de fábricas están a veces a la cabeza de 10 ó 12.000 obreros... no son ya raras tales uniones de distintas ramas de la producción bajo una inteligencia directora, de tales pequeños Estados o provincias en un Estado. Así, en época reciente, los propietarios de minas de *Birmingham* asumen todo el proceso de fabricación del hierro que antes estaba dividido entre diferentes empresarios y propietarios. Véase «El distrito minero de Birmingham» *(Deutsche Vierteljahrsschrift,* 3, 1838)[14]. Por último, vemos en las grandes empresas por acciones, que tan abundantes se han hecho, amplias combinaciones del poder monetario de muchos participantes con los conocimientos y habilidades científicas y técnicas de otros, a los que está confiada la ejecución del trabajo. De esta forma les es posible a los capitalistas emplear sus ahorros de forma más diversificada e incluso emplearlos simultáneamente en la producción agrícola, industrial y comercial, con lo cual su interés se hace al mismo tiempo más variado [XVI], se suavizan y se amalgaman las oposiciones entre los intereses de la agricultura, la industria y el comercio. Pero incluso esta más fácil posibilidad de hacer provechosos el capital de las más diversas formas ha de aumentar la oposición entre las clases pudientes y no pudientes. (Schulz, l. c., págs. 40-41).

Increíble beneficio que obtienen los arrendadores de viviendas de la miseria. El alquiler está en proporción inversa de la miseria industrial.

Igualmente, ganancias extraídas de los vicios de los proletarios arruinados (prostitución, embriaguez, *prêteur sur gages*)*. La acumulación de capitales crece y la com-

---

* Prestamista sobre prendas.

petencia entre ellos disminuye al reunirse en una sola mano el capital y la propiedad de la tierra, igualmente al hacerse el capital, por su magnitud, capaz de combinar distintas ramas de la producción.

Indiferencia frente a los hombres. Los 20 billetes de lotería de Smith[15]. *Revenu net et brut* de Say*[16].

Renta de la tierra

[I] *El derecho de los terratenientes* tiene su origen en el robo (Say, t. I, pág. 136, nota 2). Los terratenientes, como todos los hombres, gustan de cosechar donde no han sembrado y piden una renta incluso por el producto natural de la tierra (Smith, t. I, pág. 99).

> Podría imaginarse que la renta de la tierra no es otra cosa sino el beneficio del capital que el propietario empleó en mejorar el suelo. Hay casos en que la renta de la tierra puede, en parte, ser esto... pero el propietario exige 1) una renta aun por la tierra que no ha experimentado mejoras, lo que puede considerarse como interés o beneficio de los costos de mejora es, por lo general, sólo una adición a esta renta originaria. 2) Por otra parte esas mejoras no siempre se hacen con el capital del dueño, sino que, en ocasiones, proceden del capital del colono, pese a lo cual, cuando se trata de renovar el arrendamiento, el propietario pide ordinariamente un aumento de la renta, como si todas estas mejoras se hubieran hecho por su cuenta. 3) A veces también exige una

---

* Renta neta y bruta.

renta por terrenos que no son susceptibles de mejorar por la mano del hombre. (Smith, t. I, págs. 300-301).

Smith cita como ejemplo del último caso el salicor, un tipo de alga que, al quemarse, da una sal alcalina con la que puede hacerse jabón, cristal, etc. Crece en la Gran Bretaña, especialmente en Escocia, en distintos lugares, pero sólo en rocas que están situadas bajo la marea alta y son cubiertas dos veces al día por las olas, y cuyo producto, por tanto, no ha sido jamás aumentado por la industria humana. Sin embargo, el propietario de los terrenos en donde crece este tipo de plantas exige una renta igual que si fuesen tierras cultivables. En las proximidades de la isla de Shetland es el mar extraordinariamente rico. Una gran parte de sus habitantes vive [II] de la pesca. Pero para extraer un beneficio de los productos del mar hay que tener una vivienda en la tierra vecina.

La renta de la tierra está en proporción no de lo que el arrendatario puede hacer con la tierra, sino de lo que puede hacer juntamente con la tierra y el mar. (Smith, tomo I, págs. 301-302).

La renta de la tierra puede considerarse como producto de la *fuerza natural* cuyo aprovechamiento arrienda el propietario al arrendatario. Este producto es mayor o menor según sea mayor o menor el volumen de esta fuerza, o en otros términos, según el volumen de la fertilidad natural o artificial de la tierra. Es la obra de la naturaleza la que resta después de haber deducido o compensado todo cuanto puede considerarse como obra del hombre. (Smith, t. II, págs. 377-378).

En consecuencia, la *renta de la tierra*, considerada como un precio que se paga por su uso, es naturalmente un *precio de monopolio*. No guarda proporción con las mejoras que el propietario pudiera haber hecho en ella o con aquello que ha de tomar para no perder, sino más bien con lo que el arrendatario puede, de alguna forma, dar sin perder. (Smith, t. I, pág. 302).

De las tres clases productivas la de los terratenientes es la única a la que su renta no cuesta trabajo ni desvelos, sino que la percibe de una manera por así decir espontánea, independientemente de cualquier plan o proyecto al respecto. (Smith, t. II, pág. 161).

Se nos ha dicho ya que la cuantía de la renta de la tierra depende de la *fertilidad* proporcional del suelo.
Otro factor de su determinación es la *situación*.

La renta varía de acuerdo con la fertilidad de la tierra, cualquiera que sea su producto, y de acuerdo con la localización, sea cualquiera la fertilidad. (Smith, t. I, pág. 306).

Cuando las tierras, minas y pesquerías son de igual fertilidad, su producto será proporcional al montante de los capitales en ellas empleados y a la forma [III] más o menos habilidosa de este empleo. Cuando los capitales son iguales e igualmente bien aplicados, el producto es proporcionado a la fecundidad natural de las tierras y pesquerías. (T. II, pág. 210).

Estas frases de Smith son importantes porque, dados iguales costos de producción e igual volumen, reducen las rentas de la tierra a la mayor o menor fertilidad de la misma. Luego prueban claramente la equivocación de los conceptos en la Economía Política, que transforma la fertilidad de la tierra en una propiedad del terrateniente.

Pero observemos ahora la renta de la tierra, tal como se configura en el tráfico real.

La renta de la tierra es establecida mediante la *lucha entre arrendatario y terrateniente*. En la Economía Política constantemente nos encontramos como fundamento de la organización social la hostil oposición de intereses; la lucha, la guerra. Veamos ahora cómo se sitúan, el uno respecto al otro, terrateniente y arrendatario.

Al estipularse las cláusulas del arrendamiento, el propietario trata de no dejar al colono sino aquello que es necesario para mantener el capital que proporciona la simiente, paga el trabajo, compra y mantiene el ganado, conjuntamente con los otros instrumentos de labor, y además, los beneficios ordinarios del capital destinado a la labranza en la región. Manifiestamente esto es lo menos con que puede contentarse un colono para no perder; el propietario, por su parte, raras veces piensa en entregarle algo más. Todo lo que resta del producto, o de su precio, por encima de esa porción, cualquiera que sea su naturaleza, procura reservárselo el propietario como renta de su tierra, y es evidentemente la renta más elevada que el colono se halla en condiciones de pagar, habida cuenta de las condiciones de la tierra [IV]. Ese remanente es lo que se puede considerar siempre como renta natural de la tierra, o la renta a que naturalmente se suelen arrendar la mayor parte de las tierras. (Smith, tomo I, págs. 299-300).

Los terratenientes –dice Say– ejercen una especie de monopolio frente a los colonos. La demanda de su mercancía, la tierra y el suelo, puede extenderse incesantemente; pero la cantidad de su mercancía sólo se extiende hasta un cierto punto... El trato que se concluye entre terratenientes y colonos es siempre lo más ventajoso posible para los primeros... además de la ventaja que saca de la naturaleza de las cosas, consigue otra de su posición, su mayor patrimonio, crédito, consideración; ya sólo el primero lo capacita para ser el único en beneficiarse de las circunstancias de la tierra y el suelo. La apertura de un canal, de un camino, el progreso de la población y del bienestar de un distrito, elevan siempre el precio de los arrendamientos. Es cierto que el colono mismo puede mejorar el terreno a sus expensas, pero él sólo se aprovecha de este capital durante la duración de su arrendamiento, a cuya conclusión pasa al propietario; a partir de ese momento es éste quien obtiene los intereses, sin haber hecho los adelantos, pues la renta se eleva entonces proporcionalmente. (Say, t. II, páginas 142-143).

La renta, considerada como el precio que se paga por el uso de la tierra, es, naturalmente, el precio más elevado que el colono se halla en condiciones de pagar en las circunstancias en que la tierra se encuentra. (Smith, t. I, pág. 299).

La renta de un predio situado en la superficie monta generalmente a un tercio del producto total, y es, por lo común, una renta fija e independiente de las variaciones [V] accidentales de la cosecha (Smith, t. I, pág. 351).

Rara vez es menor esta renta a la cuarta parte del producto total. (*Ibid.,* t. II, pág. 378).

No por todas las mercancías puede pagarse renta. Por ejemplo, en ciertas regiones no se paga por las piedras renta alguna.

En términos generales, únicamente se pueden llevar al mercado aquellas partes del producto de la tierra cuyo precio corriente alcanza para reponer el capital necesario para el transporte de los bienes, juntamente con sus beneficios ordinarios. Si el precio corriente sobrepasa ese nivel, el excedente irá a parar naturalmente a la tierra. Si no ocurre así, aun cuando el producto pueda ser llevado al mercado, no rendirá una renta al propietario. Depende de la demanda que el precio alcance o no. (Smith, t. I, págs. 302-303).

La renta entra, pues, en la composición *del precio de las mercancías* de una *manera totalmente diferente* a la de los salarios o los beneficios. *Los salarios o beneficios altos o bajos* son la causa de los precios elevados o módicos; la renta alta o baja es la *consecuencia* del precio. (Smith, t. I, pág. 303).

Entre los *productos* que siempre proporcionan una *renta* están los *alimentos*.

Como el hombre, a semejanza de todas las demás especies animales, se multiplica en proporción a los medios de subsistencia, siempre existe demanda, mayor o menor, de productos alimenticios. En toda circunstancia los alimentos pueden comprar o disponer de una cantidad mayor o menor de trabajo [VI] y nunca faltarán personas dispuestas a hacer lo necesario para conseguirlos. La cantidad de trabajo que se puede comprar con los alimentos no es siempre *igual* a la cantidad de trabajadores que con ellos podrían subsistir si se distribuyesen de la manera más económica; esta desigualdad deriva de los salarios elevados que a veces es preciso pagar a los trabajadores. En todo caso, pueden siempre comprar tanta cantidad de trabajo como puedan sostener, según la tasa que comúnmente perciba esta especie de trabajo en la comarca. La tierra, en casi todas las circunstancias, produce una mayor cantidad de alimentos de la necesaria para mantener el trabajo que se requiere para poner dichos alimentos[17] en el mercado. El sobrante es siempre más de lo que sería necesario para reponer el capital que emplea este trabajo, además de sus beneficios. De tal suerte, queda siempre algo en concepto de renta para el propietario. (Smith, t. I, págs. 305-306).

No solamente es el alimento el origen primero de la renta, sino que si otra porción del producto de la tierra viniera, en lo sucesivo, a producir una renta, este incremento de valor de la renta derivaría del acrecentamiento de capacidad para producir alimentos que ha alcanzado el trabajo mediante el cultivo y las mejoras hechas en las tierras. (Smith, t. I, pág. 345).

El alimento de los hombres alcanza siempre para el pago de la renta. (T. I, pág. 337).

Los países se pueblan no de una manera proporcional al número de habitantes que pueden vestir y alojar con sus producciones, sino en proporción al número de los que puedan alimentar. (Smith, t. I, pág. 342).

Después del alimento, las dos *(sic)* mayores necesidades del hombre son el vestido, la vivienda y la calefacción. Producen casi siempre una renta, pero no necesariamente. *(Ibid.,* t. I, pág. 338).

[VIII] Veamos ahora cómo explota el terrateniente todas las ventajas de la sociedad.

1) La renta se incrementa con la población. (Smith, tomo I, 335).
2) Hemos escuchado ya de Say cómo se eleva la renta con los ferrocarriles, etc., con la mejora, seguridad y multiplicación de las comunicaciones.
3) Toda mejoría en el estado de la sociedad tiende de una manera *directa e indirecta* a elevar la renta de la tierra, a incrementar la riqueza real del propietario o, lo que es lo mismo, su capacidad para comprar el trabajo de otra persona o el producto de su esfuerzo... La extensión del cultivo y las mejoras ejecutadas contribuyen a ese aumento de una manera directa, puesto que la participación del terrateniente en el producto aumenta necesariamente cuando éste crece... El alza en el precio real de aquellas especies de productos primarios, por ejemplo el alza en el precio del ganado, tiende también directamente a aumentar la renta de la tierra y en una proporción todavía más alta. Con el valor real del producto no sólo aumenta necesariamente el valor real de la parte correspondiente al propietario, es decir, el poder real que esta parte le confiere sobre el trabajo ajeno, sino que con dicho valor aumenta también la proporción de esta parte en relación al producto total. Este producto, después de haber aumentado su precio real, no requiere para su obtención

mayor trabajo que antes. Y tampoco será necesario un mayor trabajo para reponer el capital empleado en ese trabajo conjuntamente con los beneficios ordinarios del mismo. Por consiguiente, en relación al producto total ha de ser ahora mucho mayor que antes la proporción que le corresponderá al dueño de la tierra. (Smith, tomo II, págs. 157-159).

[IX] La mayor demanda de materias primas y, con ella, el alza del valor, puede proceder parcialmente del incremento de la población y del incremento de sus necesidades. Pero cada nuevo incremento, cada nueva aplicación que la manufactura hace de la materia prima hasta entonces poco o nada utilizada, aumenta la renta. Así, por ejemplo, la renta de las minas de carbón se ha elevado enormemente con los ferrocarriles, buques de vapor, etcétera.

Además de esta ventaja que el terrateniente extrae de la manufactura, de los descubrimientos, del trabajo, vamos a ver en seguida otra.

4) Todos cuantos adelantos se registran en la fuerza productiva del trabajo, que tienden directamente a reducir el precio real de la manufactura, tienden a elevar de modo indirecto la renta real de la tierra. El propietario cambia la parte del producto primario que sobrepasa su propio consumo –o, lo que es lo mismo, el precio correspondiente a esa parte– por el producto ya manufacturado; pero todo lo que reduzca el precio real de éste eleva el de aquél. Una cantidad igual del primero llegará a convertirse en una mayor proporción del último, y el señor de la tierra se encontrará en condiciones de comprar una mayor cantidad de las cosas que

desea y que contribuyen a su mayor comodidad, ornato o lujo. (Smith, t. II, pág. 159).

En este momento, a partir del hecho de que el terrateniente explota todas las ventajas de la sociedad [X], Smith concluye (t. II, pág. 161) que el interés del terrateniente es siempre idéntico al interés de la sociedad, lo cual es una estupidez. En la Economía Política, bajo el dominio de la propiedad privada, el interés que cada uno tiene en la sociedad está justamente en proporción inversa del interés que la sociedad tiene en él, del mismo modo que el interés del usurero en el derrochador no es, en modo alguno, idéntico al interés del derrochador.

Citemos sólo de pasada la codicia monopolista del terrateniente frente a la tierra de países extranjeros, de donde proceden, por ejemplo, las Leyes sobre el trigo[18]. Pasamos por alto aquí, igualmente, la servidumbre medieval, la esclavitud en las colonias, la miseria de campesinos y jornaleros en la Gran Bretaña. Atengámonos a los pronunciamientos de la Economía Política misma.

1) Que el terrateniente esté interesado en el bien de la sociedad quiere decir, según los fundamentos de la Economía Política, que está interesado en su creciente población y producción artificial, en el aumento de sus necesidades, en una palabra, en el crecimiento de la riqueza; y según las consideraciones que hasta ahora hemos hecho, este crecimiento es idéntico con el crecimiento de la miseria y de la esclavitud. La relación creciente de los alquileres con la miseria es un ejemplo del interés del terrateniente en la sociedad, pues con el alquiler aumenta

la renta de la tierra, el interés del suelo sobre el que la casa se levanta.

2) Según los economistas mismos, el interés del terrateniente es el término opuesto hostil al del arrendatario, es decir, al de una parte importante de la sociedad.

[XI] 3) Puesto que el terrateniente puede exigir del arrendatario una renta tanto mayor cuanto menos salarios éste pague, y como el colono rebaja tanto más el salario cuanto más renta exige el propietario, el interés del terrateniente es tan hostil al de los mozos de labranza como el del patrono manufacturero al de sus obreros. Empuja el salario hacia un mínimo, en la misma forma que aquél.

4) Puesto que la baja real en el precio de los productos manufacturados eleva las rentas, el terrateniente tiene un interés directo en la reducción del salario de los obreros manufactureros, en la competencia entre los capitalistas, en la superproducción, en la miseria total de la manufactura.

5) Si, por tanto, el interés del terrateniente, lejos de ser idéntico al interés de la sociedad, está en oposición hostil con el interés de los mozos de labranza, de los obreros manufactureros y de los capitalistas, ni siquiera el interés de un terrateniente en particular es idéntico al de otro a causa de la competencia, que consideraremos ahora.

Ya, en general, la gran propiedad guarda con la pequeña la misma relación que el gran capital con el pequeño. Se dan, sin embargo, circunstancias especiales que acarrean necesariamente la acumulación de la gran propiedad territorial y la absorción por ella de la pequeña.

[XII] 1) En ningún sitio disminuye tanto con la magnitud de los fondos el número relativo de obreros e instrumentos como en la propiedad territorial. Igualmente, en ningún sitio aumenta tanto como en la propiedad territorial, con la magnitud de los fondos, la posibilidad de explotación total, de ahorro en los costos de producción y de adecuada división del trabajo. Por pequeño que un campo de labranza sea, los aperos que hace necesarios, tales como arado, hoz, etc., alcanzan un cierto límite más allá del cual no pueden aminorarse, en tanto que la pequeñez de la propiedad puede ir mucho más allá de estos límites.

2) El gran latifundio acumula a su favor los réditos que el capital del arrendatario ha empleado en la mejora del suelo. La pequeña propiedad territorial ha de emplear su propio capital. Se le escapa, pues, toda esta ganancia.

3) En tanto que toda mejora social aprovecha al gran latifundio, perjudica a la pequeña propiedad territorial, al hacer necesaria para ella cada vez mayor cantidad de dinero contante.

4) Hay que tener en cuenta todavía dos leyes importantes de esta competencia:

α) la renta de las tierras cultivadas para la producción de alimentos humanos regula la renta de la mayor parte de las otras tierras dedicadas al cultivo. (Smith, t. I, pág. 331).

Alimentos tales como el ganado, etc., sólo puede producirlos, en último término, el gran latifundio. Éste regula, pues, la renta de las demás tierras y puede reducirlas a un mínimo.

El pequeño propietario territorial que trabaja por sí mismo se encuentra, respecto del gran terrateniente, en la misma relación que un artesano que posee un instrumento propio respecto del fabricante. La pequeña propiedad territorial se ha convertido en simple instrumento de trabajo [XVI]. La renta de la tierra desaparece para el pequeño terrateniente; sólo le queda, a lo sumo, el interés de su capital y su salario, pues la renta de la tierra puede ser llevada por la competencia hasta no ser más que el interés del capital no invertido por el propietario mismo.

β) Sabemos ya, por lo demás, que a igual fertilidad y a explotación igualmente adecuada de los campos, minas y pesquerías, el producto está en proporción de la magnitud de los capitales. Por consiguiente, triunfo del gran latifundista. Del mismo modo, a igualdad de capitales, en proporción a la fertilidad. Por consiguiente, a capitales iguales, triunfo del propietario del terreno más fértil.

γ) Puede decirse que una mina de cualquier especie es estéril o rica según la cantidad de mineral que se pueda extraer de ella con una cierta cantidad de trabajo sea mayor o menor que la que se podría extraer, con la misma cantidad de trabajo, de la mayor parte de las otras minas de igual clase. (Smith, t. I, págs. 345-346).

... El precio de la mina más rica regula el precio del carbón[19] de todas las otras de los alrededores. Tanto el propietario como el empresario consideran, el uno, que puede obtener una renta mayor, y el otro, un beneficio más alto, vendiendo a un precio un poco inferior al que venden sus vecinos. Éstos se ven muy pronto obligados a vender al mismo precio, aunque pocos estén en condiciones de hacerlo, y aun cuando el continuar bajando el precio les prive de toda su renta y de todos sus beneficios. Algunas minas se abandonan por completo, y otras, al no suministrar renta, únicamente pueden ser explotadas por el propietario. (Smith, t. I, pág. 350).

Las minas de plata de Europa se abandonaron en su mayor parte después que fueron descubiertas las del Perú. ... Esto mismo sucedió a las minas de Cuba y Santo Domingo, y aun a las más antiguas del Perú, desde el descubrimiento de las del Potosí. (T. I, pág. 353).

Exactamente lo mismo que Smith dice aquí es válido, en mayor o menor medida, de la propiedad territorial en general.

δ) Hay que notar que el precio ordinario de la tierra depende siempre de la tasa corriente de interés... Si la renta de la tierra descendiera muy por debajo del interés del dinero, nadie compraría más fincas rústicas y éstas registrarían muy pronto un descenso en su precio corriente. Por el contrario, si la renta de la tierra excediese con mucho de la tasa del interés, todo el mundo compraría fincas y esto restauraría igualmente con rapidez su precio corriente. (T. II, págs. 367-368).

De esta relación de la renta de la tierra con el interés del dinero se desprende que las rentas han de descender cada vez más, de forma que, por último, sólo los más ricos puedan vivir de ellas. Por consiguiente, competencia cada vez mayor entre los terratenientes que no arrienden sus tierras. Ruina de una parte de ellos, reiterada acumulación del gran latifundio.

[XVII] Esta competencia tiene, además, como consecuencia que una gran parte de la propiedad territorial cae en manos de los capitalistas y éstos se convierten así, al mismo tiempo, en terratenientes, del mismo modo que los pequeños terratenientes no son ya más que capitalistas. Igualmente una parte del gran latifundio se convierte en propiedad industrial.

La consecuencia última es, pues, la disolución de la diferencia entre capitalista y terrateniente, de manera tal que, en conjunto, no hay en lo sucesivo más que dos clases de población, la clase obrera y la clase capitalista. Esta comercialización de la propiedad territorial, la transformación de la propiedad de la tierra en una mercancía es el derrocamiento definitivo de la vieja aristocracia y la definitiva instauración de la aristocracia del dinero.

1) No compartimos las sentimentales lágrimas que los románticos vierten por esto. Éstos confunden siempre la abominación que la *comercialización de la tierra* implica, con la consecuencia, totalmente racional, necesaria dentro del sistema de la propiedad privada y deseable, que va contenida en la *comercialización de la propiedad privada de la tierra*. En primer lugar, la propiedad de la tierra de tipo feudal es ya, esencialmente, la tierra comercializada, la tierra extrañada para el hombre y que por eso se le enfrenta bajo la figura de unos pocos grandes señores.

Ya en la propiedad territorial feudal está implícita la dominación de la tierra como un poder extraño sobre los hombres. El siervo de la gleba es un accidente de la tierra. Igualmente, a la tierra pertenece el mayorazgo, el hijo primogénito. La tierra lo hereda. En general, la dominación de la propiedad privada comienza con la propiedad territorial, ésta es su base. Pero en la propiedad territorial del feudalismo el señor *aparece,* al menos, como rey del dominio territorial. Igualmente existe aún la apariencia de una relación entre el poseedor y la tierra más íntima que la de la pura riqueza *material.* La finca se individualiza con su señor, tiene su rango, es, con él, baronía o condado, tiene sus privilegios, su jurisdicción, sus relaciones políticas, etc. Aparece como cuerpo inorgánico de su señor. De aquí el aforismo: *Nulle terre sans maître** en el que se expresa la conexión del señorío y la propiedad territorial. Del mismo modo, la dominación de la propiedad territorial no aparece inmediatamente como dominación del capital puro. La relación en que sus súbditos están con ella es más la relación con la propia patria. Es un estrecho modo de nacionalidad.

[XVIII] Así también, la propiedad territorial feudal da nombre a su señor como un reino a su rey. Su historia familiar, la historia de su casa, etc., todo esto individualiza para él la propiedad territorial y la convierte formalmente en su casa, en una persona. De igual modo, los cultivadores de la propiedad territorial no están con ella en relación de *jornaleros,* sino que, o bien son ellos mismos su propiedad, como los siervos de la gleba, o bien

---

* No hay tierra sin señor.

están con ella en una relación de respeto, sometimiento y deber. La posición del señor para con ellos es inmediatamente política y tiene igualmente una faceta *afectiva*. Costumbres, carácter, etc., varían de una finca a otra y parecen identificarse con la parcela, en tanto que más tarde es sólo la bolsa del hombre y no su carácter, su individualidad, lo que lo relaciona con la finca. Por último, el señor no busca extraer de su propiedad el mayor beneficio posible. Por el contrario, consume lo que allí hay y abandona tranquilamente el cuidado de la producción a los siervos y colonos. Ésta es la condición *aristocrática* de la propiedad territorial que arroja sobre su señor una romántica gloria.

Es necesario que sea superada esta apariencia, que la propiedad territorial, raíz de la propiedad privada, sea totalmente arrebatada al movimiento de ésta y convertida en mercancía, que la dominación del propietario, desprovista de todo matiz político, aparezca como dominación pura de la propiedad privada, del capital, desprovista de todo tinte político; que la relación entre propietario y obrero sea reducida a la relación económica de explotador y explotado, que cese toda relación personal del propietario con su propiedad y la misma se reduzca a la riqueza simplemente material, *de cosas;* que en lugar del matrimonio de honor con la tierra se celebre con ella el matrimonio de conveniencia, y que la tierra, como el hombre, descienda a valor de tráfico. Es necesario que aquello que es la raíz de la propiedad territorial, el sucio egoísmo, aparezca también en su cínica figura. Es necesario que el monopolio reposado se cambie en el monopolio movido e intranquilo, en competencia; que se cambie el inactivo disfrute del sudor y de la sangre ajenos en el ajetreado comercio de ellos. Es necesario, por último, que en esta competencia la propiedad de la tierra, bajo la figura del capital, muestre su dominación tanto sobre la clase obrera, como sobre los propietarios mismos, en cuanto que las leyes del movimiento del capital los arruinan o los elevan. Con esto, en lugar del aforismo medieval *nulle terre sans seigneur* aparece otro refrán: *l'argent n'a pas de Maître**, en el que se expresa la dominación total de la materia muerta sobre los hombres.

[XIX] 2) Las siguientes observaciones pueden ser realizadas en conexión con la controversia sobre dividir o no la propiedad de la tierra.

La *división de la propiedad territorial* niega el *gran monopolio* de la propiedad territorial, lo supera, pero sólo por cuanto *generaliza* este monopolio. No supera el fundamento del monopolio, la propiedad privada. Ataca la existencia del monopolio, pero no su esencia. La consecuencia de ello es que cae víctima de las leyes de la propiedad privada. La división de la propiedad territorial corresponde, en efecto, al movimiento de la competencia en el dominio industrial. Aparte de las desventajas económicas de esta división de aperos y de este aislamiento del trabajo de unos y otros (que hay que distinguir evidentemente de la división del trabajo: el trabajo no está dividido entre muchos, sino que cada uno lleva a cabo para sí el mismo trabajo; es una multiplicación del mismo trabajo), esta división, como aquella competencia, se cambia necesariamente de nuevo en acumulación.

---

* El dinero no tiene señor.

Allí, pues, en donde tiene lugar la división de la propiedad territorial, no queda otra salida sino retornar al monopolio de forma aún más odiosa, o negar, superar, la división de la misma propiedad territorial. Pero esto no es el retorno a la propiedad feudal, sino la superación de la propiedad privada de la tierra y el suelo en general. La primera superación del monopolio es siempre su generalización, la ampliación de su existencia. La superación del monopolio que ha alcanzado su existencia más amplia y comprensiva posible es su aniquilación plena. La asociación aplicada a la tierra y el suelo participa de las ventajas del latifundio desde el punto de vista económico y realiza, por primera vez, la tendencia originaria de la división, es decir, la igualdad, al tiempo que establece la relación afectiva del hombre con la tierra de una manera racional y no mediada por la servidumbre de la gleba, la dominación y una estúpida mística de la propiedad, al dejar de ser la tierra un objeto de tráfico y convertirse de nuevo, mediante el trabajo libre y el libre goce, en una verdadera y personal propiedad del hombre. Una gran ventaja de la división es que su masa, que no puede ya resolverse a caer en la servidumbre, perece ante la propiedad de manera distinta que la de la industria.

Por lo que toca al gran latifundio, sus defensores han identificado de manera sofística las ventajas económicas que la agricultura en gran escala ofrece con el gran latifundio, como si no fuese sólo mediante la superación de la propiedad como estas ventajas alcanzan justamente [XX] su mayor extensión posible, de una parte, y su utilidad social, de la otra. Han atacado, igualmente, el espíritu mercantil de la pequeña propiedad territorial, como si el gran latifundio en su forma feudal no contuviese ya el tráfico de modo latente. Por no decir nada de la forma inglesa moderna, en la que van ligados el feudalismo del propietario de la tierra y el tráfico y la industria del arrendatario.

Así como el gran latifundio puede devolver el reproche de monopolio que la división de la propiedad territorial le hace, pues también la división se basa en el monopolio de la propiedad privada, así también puede la división de la propiedad territorial devolver al latifundio el reproche de la división, pues también en el latifundio reina la división, sólo que en forma rígida y anquilosada. En general, la propiedad privada se apoya siempre sobre la división. Por lo demás, así como la división de la propiedad territorial reconduce al latifundio como riqueza-capital, así también la propiedad territorial feudal tiene que marchar necesariamente hacia la división, o al menos caer en manos de los capitalistas, haga lo que haga.

Pues el latifundio, como sucede en Inglaterra, echa a la inmensa mayoría de la población en brazos de la industria y reduce a sus propios obreros a una miseria total. Engendra y aumenta, pues, el poder de su enemigo, del capital, de la industria, al arrojar al otro lado brazos y toda una actividad del país. Hace a la mayoría del país industrial, esto es, adversaria del latifundio. Así que la industria ha alcanzado un gran poder, como ahora en Inglaterra, arranca poco a poco al latifundio su monopolio frente al extranjero y lo arroja a la competencia con la propiedad territorial extranjera. Bajo el dominio de la industria, el latifundio sólo podría asegurar su magnitud feudal mediante el monopolio frente al extranjero, para protegerse de las leyes generales del comercio, que contradicen su esencia feudal. Una vez arrojado a la competencia, sigue sus leyes como cualquier otra mercancía a ella arrojada. Va fluctuando, creciendo y disminuyendo, volando de unas manos a otras y ninguna ley puede mantenerlo ya en unas pocas manos predestinadas.

[XXI] La consecuencia inmediata es el fraccionamiento en muchas manos, en todo caso caída en el poder de los capitalistas industriales.

Finalmente, el latifundio que de esta forma ha sido mantenido por la fuerza y ha engendrado junto a sí una temible industria, conduce a la crisis aún más rápidamente que la división de la propiedad territorial, junto a la cual el poder de la industria está siempre en segundo rango.

El latifundio, como vemos en Inglaterra, ha perdido ya su carácter feudal y tomado carácter industrial cuando quiere hacer tanto dinero como sea posible. Da al propietario la mayor renta posible, al arrendatario el beneficio del capital más elevado que sea posible. Los trabajadores del campo están así ya reducidos al mínimo y la clase de los arrendatarios representa ya dentro de la propiedad territorial el poder de la industria y del capital. Mediante la competencia con el extranjero, la mayor parte de la renta de la tierra deja de poder constituir un ingreso independiente. Una gran parte de los propietarios debe ocupar el puesto de los arrendatarios, que de este modo se hunden parcialmente en el proletariado. Por otra parte, muchos arrendatarios se apoderan de la propiedad territorial, pues los grandes propietarios, merced a sus cómodos ingresos, se han dedicado en su mayoría a la disipación y son, en la mayor parte de los casos, también incapaces para dirigir la agricultura en gran escala; no poseen ni capital ni capacidad para explotar la tierra y el suelo. Así, pues, una parte de éstos se arruina completamente. Finalmente, el salario reducido al mínimo debe ser aún más reducido para resistir la nueva competencia. Esto conduce entonces necesariamente a la revolución.

La propiedad territorial tenía que desarrollarse en cada una de estas dos formas para vivir en una y otra su necesaria decadencia, del mismo modo que la industria tenía que arruinarse en la forma del monopolio y en la forma de la competencia para aprender a creer en el hombre.

El trabajo enajenado

[XXII] Hemos partido de los presupuestos de la Economía Política. Hemos aceptado su terminología y sus leyes. Damos por supuestas la propiedad privada, la separación del trabajo, capital y tierra, y la de salario, beneficio del capital y renta de la tierra; admitimos la división del trabajo, la competencia, el concepto de valor de cambio, etc. Con la misma Economía Política, con sus mismas palabras, hemos demostrado que el trabajador queda rebajado a mercancía, a la más miserable de todas las mercancías; que la miseria del obrero está en razón inversa de la potencia y magnitud de su producción; que el resultado necesario de la competencia es la acumulación del capital en pocas manos, es decir, la más terrible reconstitución de los monopolios; que, por último, desaparece la diferencia entre capitalistas y terratenientes, entre campesino y obrero fabril, y la sociedad toda ha de quedar dividida en las dos clases de *propietarios* y *obreros* desposeídos.

La Economía Política parte del hecho de la propiedad privada, pero no lo explica. Capta el proceso material de la propiedad privada, que ésta recorre en la realidad, con fórmulas abstractas y generales a las que luego presta valor de *ley*. No *comprende* estas leyes, es decir, no prueba cómo proceden de la esencia de la propiedad privada. La Economía Política no nos proporciona ninguna explicación sobre el fundamento de la división de trabajo y capital, de capital y tierra. Cuando determina, por ejemplo, la relación entre beneficio del capital y salario acepta como fundamento último el interés del capitalista, en otras palabras, parte de aquello que debería explicar. Otro tanto ocurre con la competencia, explicada siempre por circunstancias externas. En qué medida estas circunstancias externas y aparentemente casuales son sólo expresión de un desarrollo necesario, es algo sobre lo que la Economía Política nada nos dice. Hemos visto cómo para ella hasta el intercambio mismo aparece como un hecho ocasional. Las únicas ruedas[20] que la Economía Política pone en movimiento son la *codicia* y la *guerra entre los codiciosos,* la *competencia.*

Justamente porque la Economía Política no comprende la coherencia del movimiento pudo, por ejemplo, oponer la teoría de la competencia a la del monopolio, la de la libre empresa a la de la corporación, la de la división de la tierra a la del gran latifundio, pues competencia, libertad de empresa y división de la tierra fueron comprendidas y estudiadas sólo como consecuencias casuales, deliberadas e impuestas por la fuerza del monopolio, la corporación y la propiedad feudal, y no como sus resultados necesarios, inevitables y naturales.

Nuestra tarea es ahora, por tanto, la de comprender la conexión esencial entre la propiedad privada, la codicia, la separación de trabajo, capital y tierra, la de intercambio y competencia, valor y desvalorización del hombre, monopolio y competencia; tenemos que comprender la conexión de toda esta enajenación con el sistema *monetario*.

No nos coloquemos, como el economista cuando quiere explicar algo, en una imaginaria situación primitiva. Tal situación primitiva no explica nada, simplemente traslada la cuestión a una lejanía nebulosa y grisácea. Supone como hecho, como acontecimiento, lo que debería deducir, esto es, la relación necesaria entre dos cosas, por ejemplo, entre división del trabajo e intercambio. Así es también como la teología explica el origen del mal por el pecado original: dando por supuesto como hecho, como historia, aquello que debe explicar.

Nosotros partimos de un hecho económico, *actual*.

El obrero es más pobre cuanta más riqueza produce, cuanto más crece su producción en potencia y en volumen. El trabajador se convierte en una mercancía tanto más barata cuantas más mercancías produce. La desvalorización del mundo humano crece en razón directa de la valorización del mundo de las cosas. El trabajo no sólo produce mercancías; se produce también a sí mismo y al obrero como *mercancía,* y justamente en la proporción en que produce mercancías en general.

Este hecho, por lo demás, no expresa sino esto: el objeto que el trabajo produce, su producto, se enfrenta a él como un *ser extraño,* como un *poder independiente* del productor. El producto del trabajo es el trabajo que se ha fijado en un objeto, que se ha hecho cosa; el producto es la objetivación del trabajo. La realización del trabajo es su objetivación. Esta realización del trabajo aparece en el estadio de la Economía Política como *desrealización* del trabajador, la objetivación como *pérdida* del *objeto* y servidumbre a él, la apropiación como *extrañamiento,* como enajenación.

Hasta tal punto aparece la realización del trabajo como desrealización del trabajador, que éste es desrealizado hasta llegar a la muerte por inanición. La objetivación aparece hasta tal punto como pérdida del objeto que el trabajador se ve privado de los objetos más necesarios no sólo para la vida, sino incluso para el trabajo. Es más, el trabajo mismo se convierte en un objeto del que el trabajador sólo puede apoderarse con el mayor esfuerzo y las más extraordinarias interrupciones. La apropiación del objeto aparece en tal medida como extrañamiento, que cuantos más objetos produce el trabajador, tantos menos alcanza a poseer y tanto más sujeto queda a la dominación de su producto, es decir, del capital.

Todas estas consecuencias están determinadas por el hecho de que el trabajador se relaciona con el *producto de su trabajo* como un objeto *extraño.* Partiendo de este supuesto, es evidente que cuanto más se vuelca el trabajador en su trabajo, tanto más poderoso es el mundo extraño, objetivo que crea frente a sí y tanto más pobres son él mismo y su mundo interior, tanto menos dueño de sí mismo es. Lo mismo sucede en la religión. Cuanto más pone el hombre en Dios, tanto menos guarda en sí mismo[21]. El trabajador pone su vida en el objeto, pero a partir de entonces ya no le pertenece a él, sino al objeto. Cuanto mayor es la actividad, tanto más carece de objetos el trabajador. Lo que es el producto de su trabajo, no lo es él. Cuanto mayor es, pues, este producto, tanto más insignificante es el trabajador. La enajenación del trabajador en su producto significa no solamente que su trabajo se convierte en un objeto, en una existencia exterior, sino que existe fuera de él, independiente, extraño, que se convierte en un poder independiente frente a él; que la vida que ha prestado al objeto se le enfrenta como cosa extraña y hostil.

[XXIII] Consideraremos ahora más de cerca la *objetivación,* la producción del trabajador, y en ella el *extrañamiento,* la *pérdida* del objeto, de su producto.

El trabajador no puede crear nada sin la *naturaleza,* sin el *mundo exterior sensible.* Ésta es la materia en que su trabajo se realiza, en la que obra, en la que y con la que produce.

Pero así como la naturaleza ofrece al trabajo *medios de vida,* en el sentido de que el trabajo no puede vivir sin objetos sobre los que ejercerse, así, de otro lado, ofrece también *víveres* en sentido estricto, es decir, medios para la subsistencia del *trabajador* mismo.

En consecuencia, cuanto más *se apropia* el trabajador al mundo exterior, la naturaleza sensible, por medio de su trabajo, tanto más se priva de víveres en este doble sentido; en primer lugar, porque el mundo exterior sensible cesa de ser, en creciente medida, un objeto perteneciente a su trabajo, un *medio de vida* de su trabajo; en segundo término, porque este mismo mundo deja de representar, cada vez más pronunciadamente, *víveres* en sentido inmediato, medios para la subsistencia física del trabajador.

El trabajador se convierte en siervo de su objeto en un doble sentido: primeramente porque recibe un *objeto de trabajo,* es decir, porque recibe trabajo; en segundo lugar porque recibe *medios de subsistencia.* Es decir, en primer término porque puede existir como *trabajador,* en segundo término porque puede existir como *sujeto físico.* El colmo de esta servidumbre es que ya sólo en cuanto *trabajador* puede mantenerse como sujeto físico y que sólo como *sujeto físico* es ya trabajador.

(La enajenación del trabajador en su objeto se expresa, según las leyes económicas, de la siguiente forma: cuanto más produce el trabajador, tanto menos ha de consumir; cuanto más valores crea, tanto más sin valor, tanto más indigno es él; cuanto más elaborado su producto, tanto más deforme el trabajador; cuanto más civilizado su objeto, tanto más bárbaro el trabajador; cuanto más rico espiritualmente se hace el trabajo, tanto más desespiritualizado y ligado a la naturaleza queda el trabajador.)

La Economía Política oculta la enajenación esencial del trabajo porque no considera la relación inmediata entre el trabajador (el trabajo) y la producción.

Ciertamente el trabajo produce maravillas para los ricos, pero produce privaciones para el trabajador. Produce palacios, pero para el trabajador chozas. Produce belleza, pero deformidades para el trabajador. Sustituye el trabajo por máquinas, pero arroja una parte de los trabajadores a un trabajo bárbaro, y convierte en máquinas a la otra parte. Produce espíritu, pero origina estupidez y cretinismo para el trabajador.

La relación inmediata del trabajo y su producto es la relación del trabajador y el objeto de su producción. La relación del acaudalado con el objeto de la producción y con la producción misma es sólo una *consecuencia* de esta primera relación y la confirma. Consideraremos más tarde este otro aspecto.

Cuando preguntamos, por tanto, cuál es la relación esencial del trabajo, preguntamos por la relación entre el *trabajador* y la producción.

Hasta ahora hemos considerado el extrañamiento, la enajenación del trabajador, sólo en un aspecto, concretamente en su *relación con el producto de su trabajo.* Pero el extrañamiento no se muestra sólo en el resultado, sino en el *acto de la producción,* dentro de la *actividad productiva* misma. ¿Cómo podría el trabajador enfrentarse con el producto de su actividad como con algo extraño si en el acto mismo de la producción no se hiciese ya ajeno a sí mismo? El producto no es más que el resumen de la actividad, de la producción. Por tanto, si el producto del trabajo es la enajenación, la producción misma ha de ser la enajenación activa, la enajenación de la actividad; la actividad de la enajenación. En el extrañamiento del producto del trabajo no hace más que resumirse el extrañamiento, la enajenación en la actividad del trabajo mismo.

¿En qué consiste, entonces, la enajenación del trabajo?

Primeramente en que el trabajo es *externo* al trabajador, es decir, no pertenece a su ser; en que en su trabajo, el trabajador no se afirma, sino que se niega; no se siente feliz, sino desgraciado; no desarrolla una libre energía física y espiritual, sino que mortifica su cuerpo y arruina su espíritu. Por eso el trabajador sólo se siente en sí[22] fuera del trabajo, y en el trabajo fuera de sí. Está en lo suyo[23] cuando no trabaja y cuando trabaja no está en lo suyo. Su trabajo no es, así, voluntario, sino forzado, *trabajo forzado*. Por eso no es la satisfacción de una necesidad, sino solamente un *medio* para satisfacer las necesidades fuera del trabajo. Su carácter extraño se evidencia claramente en el hecho de que tan pronto como no existe una coacción física o de cualquier otro tipo se huye del trabajo como de la peste. El trabajo externo, el trabajo en que el hombre se enajena, es un trabajo de autosacrificio, de ascetismo. En último término, para el trabajador se muestra la exterioridad del trabajo en que éste no es suyo, sino de otro, que no le pertenece; en que cuando está en él no se pertenece a sí mismo, sino a otro. Así como en la religión la actividad propia de la fantasía humana, de la mente y del corazón humanos, actúa sobre el individuo independientemente de él, es decir, como una actividad extraña, divina o diabólica, así también la actividad del trabajador no es su propia actividad. Pertenece a otro, es la pérdida de sí mismo.

De esto resulta que el hombre (el trabajador) sólo se siente libre en sus funciones animales, en el comer, beber, engendrar, y todo lo más en aquello que toca a la habitación y al atavío, y en cambio en sus funciones humanas se siente como animal. Lo animal se convierte en lo humano y lo humano en lo animal.

Comer, beber y engendrar, etc., son realmente también auténticas funciones humanas. Pero en la abstracción que las separa del ámbito restante de la actividad humana y las convierte en fin único y último son animales[24].

Hemos considerado el acto de la enajenación de la actividad humana práctica, del trabajo, en dos aspectos: 1) la relación del trabajador con el *producto del trabajo* como con un objeto ajeno y que lo domina. Esta relación es, al mismo tiempo, la relación con el mundo exterior sensible, con los objetos naturales, como con un mundo extraño para él y que se le enfrenta con hostilidad; 2) la relación del trabajo con el *acto de la producción* dentro del *trabajo*. Esta relación es la relación del trabajador con su propia actividad, como con una actividad extraña, que no le pertenece, la acción como pasión, la fuerza como impotencia, la generación como castración, la propia energía física y espiritual del trabajador, su vida personal (pues qué es la vida sino actividad) como una actividad que no le pertenece, independiente de él, dirigida contra él. La *enajenación respecto de sí mismo* como, en el primer caso, la enajenación respecto de la *cosa*.

[XXIV] Aún hemos de extraer de las dos anteriores una tercera determinación del *trabajo enajenado*.

El hombre es un ser genérico no sólo porque en la teoría y en la práctica toma como objeto suyo el género, tanto el suyo propio como el de las demás cosas, sino también, y esto no es más que otra expresión para lo mismo, porque se relaciona consigo mismo como el género actual, viviente, porque se relaciona consigo mismo como un ser *universal* y por eso libre[25].

La vida genérica, tanto en el hombre como en el animal, consiste físicamente, en primer lugar, en que el hombre (como el animal) vive de la naturaleza inorgánica, y cuanto más universal es el hombre que el animal tanto más universal es el ámbito de la naturaleza inorgánica de la que vive. Así como las plantas, los animales, las piedras, el aire, la luz, etc., constituyen teóricamente una parte de la conciencia humana, en parte como objetos de la ciencia natural, en parte como objetos del arte (su naturaleza inorgánica espiritual, los medios de subsistencia espiritual que él ha de preparar para el goce y asimilación), así también constituyen prácticamente una parte de la vida y de la actividad humana. Físicamente el hombre vive sólo de estos productos naturales, aparezcan en forma de alimentación, calefacción, vestido, vivienda, etc. La universalidad del hombre aparece en la práctica justamente en la universalidad que hace de la naturaleza toda su cuerpo inorgánico, tanto por ser 1) un medio de subsistencia inmediato, como por ser 2) la materia, el objeto y el instrumento de su actividad vital. La naturaleza es el *cuerpo inorgánico* del hombre; la naturaleza, en cuanto ella misma, no es cuerpo humano. Que el hombre *vive* de la naturaleza quiere decir que la naturaleza es su cuerpo, con el cual ha de mantenerse en proceso continuo para no morir. Que la vida física y espiritual del hombre está ligada con la naturaleza no tiene otro sentido que el de que la naturaleza está ligada consigo misma, pues el hombre es una parte de la naturaleza.

Como quiera que el trabajo enajenado 1) convierte a la naturaleza en algo ajeno al hombre, 2) lo hace ajeno de sí mismo, de su propia función activa, de su actividad vital, también hace del *género* algo ajeno al hombre; hace que para él la *vida genérica* se convierta en medio de la vida individual. En primer lugar hace extrañas entre sí la vida genérica y la vida individual, en segundo término convierte a la primera, en abstracto, en fin de la última, igualmente en su forma extrañada y abstracta.

Pues, en primer término, el trabajo, la *actividad vital,* la *vida productiva misma,* aparece ante el hombre sólo como un medio para la satisfacción de una necesidad, de la necesidad de mantener la existencia física. La vida productiva es, sin embargo, la vida genérica. Es la vida que crea vida. En la forma de la actividad vital reside el carácter dado de una especie, su carácter genérico, y la actividad libre, consciente, es el carácter genérico del hombre. La vida misma aparece sólo como *medio de vida.*

El animal es inmediatamente uno con su actividad vital. No se distingue de ella. Es *ella.* El hombre hace de su actividad vital misma objeto de su voluntad y de su conciencia. Tiene actividad vital consciente. No es una determinación con la que el hombre se funda inmediatamente. La actividad vital consciente distingue inmediatamente al hombre de la actividad vital animal. Justamente, y sólo por ello, es él un ser genérico. O, dicho de otra forma, sólo es ser consciente, es decir, sólo es su propia vida objeto para él, porque es un ser genérico. Sólo por ello es su actividad libre. El trabajo enajenado invierte la relación, de manera que el hombre, precisamente por ser un ser consciente, hace de su actividad vital, de su esencia, un simple medio para su *existencia.*

La producción práctica de un *mundo objetivo,* la elaboración de la naturaleza inorgánica, es la afirmación del hombre como un ser genérico consciente, es decir, la afirmación de un ser que se relaciona con el género como con su propia esencia o que se relaciona consigo mismo como ser genérico. Es cierto que también el animal produce. Se construye un nido, viviendas, como las abejas, los castores, las hormigas, etc. Pero produce únicamente lo que necesita inmediatamente para sí o para su prole; produce unilateralmente, mientras que el hombre produce universalmente; produce únicamente por mandato de la necesidad física inmediata, mientras que el hombre produce incluso libre de la necesidad física y sólo produce realmente liberado de ella; el animal se produce sólo a sí mismo, mientras que el hombre reproduce la naturaleza entera; el producto del animal pertenece inmediatamente a su cuerpo físico, mientras que el hombre se enfrenta libremente a su producto. El animal forma únicamente según la necesidad y la medida de la especie a la que pertenece, mientras que el hombre sabe producir según la medida de cualquier especie y sabe siempre imponer al objeto la medida que le es inherente; por ello el hombre crea también según las leyes de la belleza.

Por eso precisamente es sólo en la elaboración del mundo objetivo en donde el hombre se afirma realmente como un ser *genérico*. Esta producción es su vida genérica activa. Mediante ella aparece la naturaleza como *su* obra y su realidad. El objeto del trabajo es por eso la *objetivación de la vida genérica del hombre,* pues éste se desdobla no sólo intelectualmente, como en la conciencia, sino activa y realmente, y se contempla a sí mismo en un mundo creado por él. Por esto el trabajo enajenado, al arrancar al hombre el objeto de su producción, le arranca su *vida genérica,* su real objetividad genérica, y transforma su ventaja respecto del animal en desventaja, pues se ve privado de su cuerpo inorgánico, de la naturaleza.

Del mismo modo, al degradar la actividad propia, la actividad libre, a la condición de medio, hace el trabajo enajenado de la vida genérica del hombre un medio para su existencia física.

Mediante la enajenación, la conciencia del hombre que el hombre tiene de su género se transforma, pues, de tal manera que la vida genérica se convierte para él en simple medio.

El trabajo enajenado, por tanto:

3) Hace del *ser genérico del hombre,* tanto de la naturaleza como de sus facultades espirituales genéricas, un ser ajeno para él, un medio de existencia individual. Hace extraños al hombre su propio cuerpo, la naturaleza fuera de él, su esencia espiritual, su *esencia humana.*

4) Una consecuencia inmediata del hecho de estar enajenado el hombre del producto de su trabajo, de su actividad vital, de su ser genérico, es la enajenación *del hombre respecto del hombre.* Si el hombre se enfrenta consigo mismo, se enfrenta también al *otro.* Lo que es válido respecto de la relación del hombre con su trabajo, con el producto de su trabajo y consigo mismo, vale también para la relación del hombre con el otro y con el trabajo y el producto del trabajo del otro.

En general, la afirmación de que el hombre está enajenado de su ser genérico quiere decir que un hombre está enajenado del otro, como cada uno de ellos está enajenado de la esencia humana.

La enajenación del hombre y, en general, toda relación del hombre consigo mismo, sólo encuentra realización y expresión verdaderas en la relación en que el hombre está con el otro.

En la relación del trabajo enajenado, cada hombre considera, pues, a los demás según la medida y la relación en la que él se encuentra consigo mismo en cuanto trabajador.

[XXV] Hemos partido de un hecho económico, el extrañamiento entre el trabajador y su producción. Hemos expuesto el concepto de este hecho: el trabajo *enajenado, extrañado*. Hemos analizado este concepto, es decir, hemos analizado simplemente un hecho económico.

Veamos ahora cómo ha de exponerse y representarse en la realidad el concepto del trabajo enajenado, extrañado.

Si el producto del trabajo me es ajeno, se me enfrenta como un poder extraño, entonces ¿a quién pertenece?

Si mi propia actividad no me pertenece; si es una actividad ajena, forzada, ¿a quién pertenece entonces?

A un ser *otro* que yo.

¿Quién es ese ser?

¿Los dioses? Cierto que en los primeros tiempos la producción principal, por ejemplo, la construcción de templos, etc., en Egipto, India, México, aparece al servicio de los dioses, como también a los dioses pertenece el producto. Pero los dioses por sí solos no fueron nunca los dueños del trabajo. Aún menos de la *naturaleza*. Qué contradictorio sería que cuando más subyuga el hombre a la naturaleza mediante su trabajo, cuando más superfluos vienen a resultar los milagros de los dioses en razón de los milagros de la industria, tuviese que renunciar el hombre, por amor de estos poderes, a la alegría de la producción y al goce del producto.

El ser *extraño* al que pertenecen el trabajo y el producto del trabajo, a cuyo servicio está aquél y para cuyo placer sirve éste, solamente puede ser el *hombre* mismo.

Si el producto del trabajo no pertenece al trabajador, si es frente a él un poder extraño, esto sólo es posible porque pertenece a *otro hombre* que no es el trabajador. Si su actividad es para él dolor, ha de ser *goce* y alegría vital de otro. Ni los dioses, ni la naturaleza, sino sólo el hombre mismo, puede ser este poder extraño sobre los hombres.

Recuérdese la afirmación antes hecha de que la relación del hombre consigo mismo únicamente es para él *objetiva* y *real* a través de su relación con los otros hombres. Si él, pues, se relaciona con el producto de su trabajo, con su trabajo objetivado, como con un objeto poderoso, independiente de él, hostil, *extraño,* se está relacionando con él de forma que otro hombre independiente de él, poderoso, hostil, extraño a él, es el dueño de este objeto. Si él se relaciona con su actividad como con una actividad no libre, se está relacionando con ella como con la actividad al servicio de otro, bajo las órdenes, la compulsión y el yugo de otro.

Toda enajenación del hombre respecto de sí mismo y de la naturaleza aparece en la relación que él presume entre él, la naturaleza y los otros hombres distintos de él. Por eso la autoenajenación religiosa aparece necesariamente en la relación del laico con el sacerdote, o también, puesto que aquí se trata del mundo intelectual, con un mediador, etc. En el mundo práctico, real, el extrañamiento de sí sólo puede manifestarse mediante la relación práctica, real, con los otros hombres. El medio mismo por el que el extrañamiento se opera es un medio práctico. En consecuencia mediante el trabajo enajenado no sólo produce el hombre su relación con el objeto y con el acto de la propia producción como con poderes* que le son extraños y hostiles, sino también la relación en la que los otros hombres se encuentran con su producto y la relación en la que él está con estos otros hombres. De la misma manera que hace de su propia producción su desrealización, su castigo; de su propio producto su pérdida, un producto que no le pertenece, y así también crea el dominio de quien no produce sobre la producción y el producto. Al enajenarse de su propia actividad posesiona al extraño de la actividad que no le es propia.

Hasta ahora hemos considerado la relación sólo desde el lado del trabajador; la consideraremos más tarde también desde el lado del no trabajador.

Así, pues, mediante el *trabajo enajenado* crea el trabajador la relación de este trabajo con un hombre que está fuera del trabajo y le es extraño. La relación del trabajador con el trabajo engendra la relación de éste con el del capitalista o como quiera llamarse al patrono del trabajo. La *propiedad privada* es, pues, el producto, el resultado, la consecuencia necesaria del *trabajo* enajenado, de la relación externa del trabajador con la naturaleza y consigo mismo.

Partiendo de la Economía Política hemos llegado, ciertamente, al concepto del *trabajo enajenado (de la vida*

---

* Sigo aquí el texto de MEGA, que dice *Mächen,* que es el término que emplea también la edición Dietz. En la edición de Hillman se dice, por el contrario, *Menschen* ('hombres').

enajenada) como resultado del *movimiento de la propiedad privada*. Pero el análisis de este concepto muestra que aunque la propiedad privada aparece como fundamento, como causa del trabajo enajenado, es más bien una consecuencia del mismo, del mismo modo que los dioses no son *originariamente* la causa, sino el efecto de la confusión del entendimiento humano. Esta relación se transforma después en una interacción recíproca.

Sólo en el último punto culminante de su desarrollo descubre la propiedad privada de nuevo su secreto, es decir, en primer lugar que es el *producto* del trabajo enajenado, y en segundo término que es el medio por el cual el trabajo se enajena, la *realización de esta enajenación.*

Este desarrollo ilumina al mismo tiempo diversas colisiones no resueltas hasta ahora.

1) La Economía Política parte del trabajo como del alma verdadera de la producción y, sin embargo, no le da nada al trabajo y todo a la propiedad privada. Partiendo de esta contradicción ha fallado Proudhon en favor del trabajo y contra la propiedad privada. Nosotros, sin embargo, comprendemos que esta aparente contradicción es la contradicción del *trabajo enajenado* consigo mismo y que la Economía Política simplemente ha expresado las leyes de este trabajo enajenado.

Comprendemos también por esto que *salario* y *propiedad privada* son idénticos, pues el salario que paga el producto, el objeto del trabajo, el trabajo mismo, es sólo una consecuencia necesaria de la enajenación del trabajo; en el salario el trabajo no aparece como un fin en sí, sino como un servidor del salario. Detallaremos esto más tarde. Limitándonos a extraer ahora algunas consecuencias [XXVI].

Un *alza forzada de los salarios,* prescindiendo de todas las demás dificultades (prescindiendo de que, por tratarse de una anomalía, sólo mediante la fuerza podría ser mantenida), no sería, por tanto, más que una *mejor remuneración de los esclavos,* y no conquistaría, ni para el trabajador, ni para el trabajo su vocación y su dignidad humanas.

Incluso la *igualdad de salarios,* como pide *Proudhon,* no hace más que transformar la relación del trabajador actual con su trabajo en la relación de todos los hombres con el trabajo. La sociedad es comprendida entonces como capitalista abstracto.

El salario es una consecuencia inmediata del trabajo enajenado y el trabajo enajenado es la causa inmediata de la propiedad privada. Al desaparecer un término debe también, por esto, desaparecer el otro.

2) De la relación del trabajo enajenado con la propiedad privada se sigue, además, que la emancipación de la sociedad de la propiedad privada, etc., de la servidumbre, se expresa en la forma política de la *emancipación de los trabajadores,* no como si se tratase sólo de la emancipación de éstos, sino porque su emancipación entraña la emancipación humana general; y esto es así porque toda la servidumbre humana está encerrada en la relación del trabajador con la producción, y todas las relaciones serviles son sólo modificaciones y consecuencias de esta relación.

Así como mediante el *análisis* hemos encontrado el concepto de *propiedad privada* partiendo del concepto de *trabajo enajenado, extrañado,* así también podrán desarrollarse con ayuda de estos dos factores todas las *cate-*

gorías económicas y encontraremos en cada una de estas categorías, por ejemplo, el tráfico, la competencia, el capital, el dinero, solamente una *expresión determinada, desarrollada,* de aquellos primeros fundamentos.

Antes de considerar esta estructuración, sin embargo, tratemos de resolver dos cuestiones.

1) Determinar la *esencia* general de la *propiedad privada,* evidenciada como resultado del trabajo enajenado, en su relación con la *propiedad verdaderamente humana y social.*

2) Hemos aceptado *el extrañamiento del trabajo,* su enajenación, como un hecho y hemos realizado este hecho. Ahora nos preguntamos ¿cómo llega el *hombre a enajenar, a extrañar su trabajo?* ¿Cómo se fundamenta este extrañamiento en la esencia de la evolución humana? Tenemos ya mucho ganado para la solución de este problema al haber *transformado* la cuestión del *origen de la propiedad privada* en la cuestión de la relación del *trabajo enajenado* con el proceso evolutivo de la humanidad. Pues cuando se habla de *propiedad privada* se cree tener que habérselas con una cosa fuera del hombre. Cuando se habla de trabajo nos las tenemos que haber inmediatamente con el hombre mismo. Esta nueva formulación de la pregunta es ya incluso su solución.

Ad. 1) *Esencia general de la propiedad privada y su relación con la propiedad verdaderamente humana.*

El trabajo *enajenado* se nos ha resuelto en dos componentes que se condicionan recíprocamente o que son sólo dos expresiones distintas de una misma relación. La *apropiación* aparece como extrañamiento, como *enajenación* y la *enajenación* como *apropiación,* el *extrañamiento* como la verdadera *naturalización.*

Hemos considerado un aspecto, el trabajo *enajenado* en relación al *trabajador* mismo, es decir, la relación del trabajo enajenado consigo mismo. Como producto, como resultado necesario de esta relación hemos encontrado la *relación de propiedad del no-trabajador* con el *trabajador* y con el *trabajo*. *La propiedad privada* como expresión resumida, material, del trabajo enajenado abarca ambas relaciones, *la relación del trabajador con el trabajo, con el producto de su trabajo y con el no trabajador,* y la *relación del no trabajador con el trabajador y con el producto de su trabajo.*

Si hemos visto, pues, que respecto del trabajador, que mediante el trabajo se *apropia* de la naturaleza, la apropiación aparece como enajenación, la actividad propia como actividad para otro y de otro, la vitalidad como holocausto de la vida, la producción del objeto como pérdida del objeto en favor de un poder *extraño*, consideremos ahora la relación de este hombre extraño al trabajo y al trabajador con el trabajador, el trabajo y su objeto.

Por de pronto[26] hay que observar que todo lo que en el trabajador aparece como *actividad de la enajenación,* aparece en el no trabajador como *estado de la enajenación,* del *extrañamiento.*

En segundo término, que el *comportamiento práctico, real,* del trabajador en la producción y respecto del producto (en cuanto estado de ánimo) aparece en el no trabajador a él enfrentado como comportamiento *teórico.*

[XXVII] *Tercero.* El no trabajador hace contra el trabajador todo lo que éste hace contra sí mismo, pero no hace contra sí lo que hace contra el trabajador[27].

Consideremos más detenidamente estas tres relaciones.

Segundo manuscrito*

[XL] ...Constituye los intereses de su capital. En el trabajador se da, pues, subjetivamente, el hecho de que el capital es el hombre que se ha perdido totalmente a sí mismo, de la misma forma que en el capital se da, objetivamente, el hecho de que el trabajador es el hombre que se ha perdido totalmente a sí mismo. El trabajador tiene, sin embargo, la desgracia de ser un capital *viviente* y, por tanto, *menesteroso*, que en el momento en que no trabaja pierde sus intereses y con ello su existencia. Como capital, el *valor* del trabajo aumenta según la oferta y la demanda, e incluido *físicamente su existencia*, su *vida*, ha sido y es entendida como una oferta de *mercancía* igual a cualquier otra. El trabajador produce el capital, el capi-

---

* El Manuscrito n.º 2 consta de un folio (2 hojas, 4 páginas, numeradas del XL al XLIII). Comienza a la mitad de una frase y constituye manifiestamente sólo el fragmento final de un escrito más amplio.

tal lo produce a él; se produce, pues, a sí mismo, y el hombre, en cuanto *trabajador*, en cuanto mercancía, es el resultado de todo el movimiento. Para el hombre que no es más que *trabajador*, y en cuanto trabajador, sus propiedades humanas sólo existen en la medida en que existen para el capital que le es *extraño*. Pero como ambos son extraños el uno para el otro y se encuentran en una relación indiferente, exterior y casual, esta situación de extrañamiento recíproco ha de aparecer también como *real*. Tan pronto, pues, como al capital se le ocurre –ocurrencia arbitraria o necesaria– dejar de existir para el trabajador, deja éste de existir para sí; no tiene *ningún* trabajo, por tanto, *ningún* salario, y dado que él no tiene existencia *como hombre*, sino *como trabajador*, puede hacerse sepultar, dejarse morir de hambre, etc. El trabajador sólo existe como trabajador en la medida en que existe *para sí* como capital, y sólo existe como capital en cuanto existe *para él un capital*. La existencia del capital es *su* existencia, su *vida;* el capital determina el contenido de su vida en forma para él indiferente. En consecuencia la Economía Política no conoce al trabajador parado, al hombre de trabajo, en la medida en que se encuentra fuera de esta relación laboral. El pícaro, el sinvergüenza, el pordiosero, el parado, el hombre de trabajo hambriento, miserable y delincuente son *figuras* que no existen *para ella,* sino solamente para otros ojos; para los ojos del médico, del juez, del sepulturero, del alguacil de pobres, etc.; son fantasmas que quedan fuera de su reino. Por eso para ella las necesidades del trabajador se reducen solamente a la *necesidad* de mantenerlo *durante el trabajo* de manera que no se *extinga la raza de los tra-*

bajadores. El salario tiene, por tanto, el mismo sentido que el *mantenimiento,* la *conservación* de cualquier otro instrumento productivo. El mismo sentido que *el consumo de capital* en general, que éste requiere para reproducirse con intereses, como el aceite que las ruedas necesitan para mantenerse en movimiento. El salario del trabajador pertenece así a los *costos* necesarios del capital y del capitalista, y no puede sobrepasar las exigencias de esta necesidad. Es, por tanto, perfectamente lógico que ante el *Amendment Bill* de 1834[1] los fabricantes ingleses detrajeran del salario del trabajador, como parte integrante del mismo, las limosnas públicas que éste recibe por medio del impuesto de pobres.

La producción produce al hombre no sólo como *mercancía, mercancía humana,* hombre determinado como *mercancía;* lo produce, de acuerdo con esta determinación, como un ser *deshumanizado* tanto física como *espiritualmente.* Inmoralidad, deformación, embrutecimiento de trabajadores y capitalistas. Su producto es la mercancía *con conciencia y actividad propias...,* la *mercancía humana.* Gran progreso de Ricardo, Mill, etc., frente a Smith y Say, al declarar la existencia del hombre –la mayor o menor productividad humana de la mercancía– como *indiferente* e incluso *nociva.* La verdadera finalidad de la producción no estará en cuántos hombres puede mantener un capital, sino en cuántos intereses reporta, en la cuantía de las *economías* anuales. Igualmente fue un grande y consecuente progreso de la reciente [XLI] Economía Política inglesa el explicar con plena claridad (al mismo tiempo que eleva el *trabajo* a principio *único* de la Economía Política) la relación *inversa* existente entre el salario y el interés del capital y que el capitalista, por lo regular, *sólo* con la reducción del salario puede ganar y viceversa. La relación *normal* no sería la explotación del consumidor, sino la explotación recíproca de capitalista y trabajador. La relación de la propiedad privada contiene latente en sí la relación de la propiedad privada como *trabajo,* así como la relación de la misma como *capital* y la conexión de estas dos expresiones entre sí. Es, de una parte, la producción de la actividad humana como *trabajo,* es decir, como una actividad totalmente extraña a sí misma, extraña al hombre y a la naturaleza y por ello totalmente extraña a la conciencia y a la manifestación vital; la existencia *abstracta* del hombre como un puro *hombre de trabajo,* que por eso puede diariamente precipitarse de su plena nada en la nada absoluta, en su inexistencia social que es su real inexistencia. Es, por otra parte, la producción del objeto de la actividad humana como *capital,* en el que se ha *extinguido* toda determinación natural y social del objeto y ha perdido la propiedad humana su cualidad natural y social (es decir, ha perdido toda ilusión política y social, no se mezcla con ninguna relación *aparentemente* humana), que también permanece el *mismo* en los más diversos modos de existencia natural y social, y es perfectamente indiferente respecto de su contenido *real.* Esta oposición, llevada a su culminación, es necesariamente la culminación, la cúspide y la decadencia de la relación toda.

Por eso es también una gran hazaña de la reciente Economía Política inglesa haber denunciado la renta de la tierra como la diferencia entre los intereses del peor suelo dedicado a la agricultura y el mejor suelo cultivado, haber aclarado las ilusiones románticas del terrateniente (su presunta importancia social y la identidad de sus intereses con los de la sociedad, que todavía afirma *Adam Smith,* siguiendo a los fisiócratas[2]) y haber anticipado y preparado el movimiento real que transformará al terrateniente en un capitalista totalmente ordinario y prosaico, simplificará y agudizará la contradicción y acelerará así su solución. La *tierra* como *tierra,* la *renta de la tierra* como *renta de la tierra,* han perdido allí su *diferencia estamental* y se han convertido en *capital e interés* que nada significan o, más exactamente, que sólo dinero significan. La *diferencia* entre capital y tierra, entre ganancia y renta de la tierra, así como la de ambas con el salario; la diferencia entre *industria* y *agricultura,* propiedad privada *mueble e inmueble,* es una diferencia *histórica* no fundada en la esencia de las cosas; la *fijación* de un momento de la formación y el nacimiento de la oposición entre capital y trabajo. En la industria, etcétera, en oposición a la propiedad inmobiliaria, sólo se expresa el modo de nacimiento y la oposición en que se ha formado la industria con relación a la agricultura. Esta diferencia sólo subsiste como un tipo *especial* de trabajo, como una diferencia *esencial, importante, vital,* mientras la industria (la vida urbana) se forma *frente* a la propiedad rural (la vida aristocrática feudal) y lleva aún en sí misma el carácter feudal de su contrario en la forma del monopolio, el gremio, la corporación, etc., dentro de cuyas determinaciones el trabajo tiene aún una *aparente* significación social, tiene aún el significado de la comunidad *real,* no ha progresado aún hasta la *indiferencia* respecto del propio contenido, hasta el pleno ser para sí mismo, es decir, hasta la abstracción de todo otro ser, y por ello no llegado aún a capital *liberado.*

[XLII] Pero el desarrollo necesario del trabajo es la *industria* liberada, constituida como tal para sí, y el *capital liberado.* El poder de la industria sobre su contrario se muestra en seguida en el surgimiento de la *agricultura* como una verdadera industria, en tanto que antes ella dejaba el principal trabajo al suelo y a los *esclavos* de este suelo, mediante los cuales éste se cultivaba a sí mismo. Con la transformación del esclavo en un trabajador libre, esto es, en un *asalariado,* se ha transformado el terrateniente en sí en un patrono industrial, en un capitalista; transformación que ocurre, en primer lugar, por intermedio del arrendatario. Pero el *arrendatario* es el representante, el revelado *secreto* del terrateniente; sólo mediante él existe *económicamente,* como propietario privado, pues las rentas de sus tierras sólo existen por la competencia entre los arrendatarios. Esencialmente el terrateniente se ha convertido, por tanto, ya en el *arrendatario,* en un capitalista *ordinario.* Y esto tiene aún que consumarse en la realidad: el capitalista que se dedica a la agricultura, el arrendatario, ha de convertirse en terrateniente o viceversa. El *tráfico industrial* del arrendatario es el del *terrateniente,* pues el ser del primero pone al del segundo.

Como acordándose de su supuesto nacimiento, de su origen, el terrateniente ve en el capitalista a su petulante, liberado y enriquecido esclavo de ayer, y se ve a sí mismo, en cuanto *capitalista,* amenazado por él. El capitalista ve en el terrateniente al inútil, cruel y egoísta señor de ayer, sabe que le estorba en cuanto capitalista; que, sin embargo, le debe a la industria toda su actual importancia social; ve en él una oposición a la industria *libre* y al *libre* capital, independiente de toda determinación natural. Este antagonismo es sumamente amargo y se dice recíprocamente la verdad. Basta con leer los ataques de la propiedad inmueble a la mueble y viceversa para forjarse una gráfica imagen de su recíproca indignidad. El terrateniente hace valer el origen noble de su propiedad, los recuerdos feudales, las reminiscencias, la poesía del recuerdo, su entusiástica naturaleza, su importancia política, etc., y cuando habla el economista dice que *sólo* la agricultura es productiva. Pinta al mismo tiempo a su adversario como un *canalla adinerado,* astuto, venal, mezquino, tramposo, codicioso, capaz de venderlo todo, rebelde, sin corazón y sin espíritu, extraño al ser común que tranquilamente vende por dinero, usurero, alcahuete, servil, intruso, adulador, timador, que engendra, nutre y mima la competencia y con ella el pauperismo, el crimen, la disolución de todos los lazos sociales, sin honor, sin principios, sin poesía, sin nada. (Véase entre otros, al fisiócrata Bergesse, a quien ya fustiga Camille Desmoulins en su periódico *Revolutions de France et de Brabant;* véase Vincke, Lancizolle, Haller, Leo, Kosegarten, y véase también *Sismondi)**. La propiedad mueble,

---

* Véase también el afectado teólogo viejo hegeliano Funke quien, según el señor Leo, contaba con lágrimas en los ojos cómo, al abolirse la servidumbre, un esclavo se negó a dejar de ser *propiedad mobiliaria.* Véanse también las *Fantasías patrióticas* de Justus Moser, que se caracterizan por no abandonar ni un instante el estrecho, pequeño burgués, «casero», *habitual* y limitado horizonte del filisteo y ser, pese a eso, puras fantasías. Esta contradicción es la que las ha hecho tan atractivas para el espíritu alemán. *(Nota de Marx.)*

por su parte, señala las maravillas de la industria y del movimiento; ella es el fruto de la época moderna y su legítimo hijo unigénito. Compadece a su adversario como a un mentecato *no ilustrado* sobre su propio ser (y esto es perfectamente cierto), que quisiera colocar en lugar del moral capital y del trabajo libre, la inmoral fuerza bruta y la servidumbre; lo pinta como un Don Quijote que bajo la apariencia de la *rectitud,* la *honorabilidad,* el *interés general,* la *estabilidad,* oculta la incapacidad de movimiento, la codiciosa búsqueda de placeres, el egoísmo, el interés particular, el torcido propósito; lo denuncia como un taimado *monopolista; ensombrece* sus reminiscencias, su poesía y sus ilusiones con una enumeración histórica y sarcástica de la bajeza, la crueldad, el envilecimiento, la prostitución, la infamia, la anarquía y la rebeldía que tuvieron como talleres los románticos castillos.

[XLIII] La propiedad mobiliaria habría dado al pueblo la libertad política, desatado las trabas de la sociedad civil, unido entre sí los mundos, establecido el humanitario comercio, la moral pura, la amable cultura; en lugar de sus necesidades primarias habría dado al pueblo necesidades civilizadas y los medios de satisfacerlas, en tanto que el terrateniente (ese ocioso y molesto acaparador de trigo) encarece para el pueblo los víveres más elementales y obliga así al capitalista a elevar el salario sin poder elevar la fuerza productiva; con ello estorba la renta anual de la nación, la acumulación de capitales, esto es, la posibilidad de poder proporcionar trabajo al pueblo y riqueza al país. Finalmente la anula totalmente, acarrea una decadencia general y explota avaramente *to-*

das las ventajas de la civilización moderna, sin hacer lo más mínimo por ella e incluso sin despojarse de sus prejuicios feudales. Basta, por último, con que mire a su *arrendatario* (él, para quien la agricultura y la tierra misma sólo existen como una fuente de dinero que se la ha regalado) y diga si él no es un canalla *honrado, fanático* y *astuto* que en corazón y en realidad hace tiempo que pertenece a la *libre* industria y al *dulce* comercio por más que se oponga a ellos y por más que charle de recuerdos históricos y de finalidades morales o políticas. Todo lo que realmente alega en su favor sólo es cierto respecto del *cultivador de la tierra* (del capitalista y de los mozos de labranza), cuyo enemigo es más bien el *terrateniente;* testimonia, pues, contra sí mismo. Sin capital, la propiedad territorial sería materia muerta y sin valor. Su civilizado triunfo es precisamente haber descubierto y situado el trabajo humano en lugar de la cosa inanimada como fuente de la riqueza. (Véase Paul Louis Courier, St. Simon, Canilh, Ricardo, Mill, Mac Culloch, Destutt de Tracy y Michel Chevalier.)

Del curso *real* del proceso de desarrollo (intercalar aquí) se deduce el triunfo necesario del *capitalismo,* es decir, de la propiedad privada ilustrada sobre la no ilustrada, bastarda, sobre el *terrateniente,* de la misma forma que, en general, ha de vencer el movimiento a la inmovilidad, la vileza abierta y consciente de sí misma a la escondida e inconsciente, la *codicia* a la *avidez de placeres,* el egoísmo declarado, incansable y experimentado de la *ilustración,* al egoísmo local, simple, perezoso y fantástico de la *superstición;* como el *dinero* ha de vencer a todas las otras formas de la propiedad privada.

Los Estados, que sospechan algo del peligro de la industria plenamente libre, de la moral plenamente libre y del comercio humanitario, tratan de detener (aunque totalmente en vano) la capitalización de la propiedad de la tierra.

La *propiedad de la tierra,* en su diferencia respecto del capital, es la propiedad privada, el capital, preso aún de los prejuicios *locales* y políticos, que no ha vuelto aún a sí mismo de su vinculación con el mundo, el capital aún *incompleto*. Ha de llegar, en el curso de su *configuración* mundial, a su forma abstracta, es decir, pura.

La relación de la propiedad *privada* es trabajo, capital y la relación entre ambos.

El movimiento que estos elementos han de recorrer es el siguiente:

Primeramente: Unidad inmediata y* *mediata de ambos.*

Capital y trabajo primero aún unidos, luego separados, extrañados, pero exigiéndose y aumentándose recíprocamente como condiciones positivas.

Oposición de ambos, se excluyen recíprocamente; el trabajador sabe que el capitalista es la negación de su existencia y viceversa; cada uno de ellos trata de arrebatar su existencia al otro.

Oposición de cada uno de ellos *consigo* mismo. Capital = trabajo acumulado = trabajo. Como tal descomponiéndose en sí mismo y sus *intereses,* así como éstos a su vez se descomponen en *intereses y beneficios.* Sacrificio total del capitalista. Cae en la clase obrera así como el

---

* En la edición de Hillman se dice: «o», en lugar de «y» que es la palabra que utilizan MEGA, Landshut y Thier.

obrero –aunque sólo excepcionalmente– se hace capitalista. Trabajo como momento del capital, sus *costos*. El salario, pues, sacrificio del capital.

Trabajo se descompone en *sí mismo* y el *salario*. El trabajador mismo un capital, una mercancía. *Colisión de oposiciones recíprocas.*

Tercer manuscrito*

Propiedad privada y trabajo

[I] A la pág. XXXVI.

La *esencia subjetiva* de la propiedad privada, la *propiedad privada* como actividad para sí, como *sujeto,* como *persona,* es el trabajo. Se comprende, pues, que sólo la Economía Política que reconoció como su principio al

---

* El Manuscrito tercero está contenido en un cuaderno formado por 17 folios (34 hojas, 68 páginas las últimas 23 no escritas). La numeración de Marx salta de la pág. XXI a la XXIII y de la XXIV a la XXVI.

Comienza el Manuscrito con dos apéndices a un texto perdido que han sido titulados, respectivamente, por V. Adoratsky «Propiedad privada y trabajo», «Propiedad privada y comunismo». Sigue la crítica de la Filosofía hegeliana y el Prólogo, que hemos colocado al comienzo siguiendo a los editores de la *Marx Engels Gesamte Ausgabe*.

Figuran igualmente en las páginas finales de estos folios unas notas de lectura de la *Fenomenología* de Hegel, recogidas en el Apéndice al T. 3 de la Primera Sección de la *Marx Engels Gesamte Ausgabe*. Se trata de simples resúmenes que no hemos creído necesario incluir.

trabajo –Adam Smith–, que no vio ya en la propiedad privada solamente una *situación* exterior al hombre, ha de ser considerada tanto como un producto de la *energía* y *movimientos* reales de la propiedad privada (a), cuanto como un producto de la *industria* moderna; de la misma forma que la Economía Política, de otra parte, ha acelerado y enaltecido la energía y el desarrollo de esta *industria* y ha hecho de ella un poder de la *conciencia*. Ante esta Economía Política ilustrada, que ha descubierto la *esencia subjetiva* de la riqueza –dentro de la propiedad privada–, aparecen como *adoradores de ídolos,* como *católicos,* los partidarios del sistema dinerario y mercantilista[1], que sólo ven la propiedad privada como una esencia *objetiva* para el hombre. Por eso Engels ha llamado con razón a *Adam Smith* el *Lutero de la Economía*[2]. Así como Lutero reconoció en la religión, en la *fe,* la esencia del *mundo* real y se opuso por ello al paganismo católico; así como él superó la religiosidad *externa,* al hacer de la religiosidad la esencia *íntima* del hombre; así como él negó el sacerdote exterior al laico; así también es superada la riqueza que se encuentra fuera del hombre y es independiente de él –que ha de ser, pues, afirmada y mantenida sólo de un modo exterior–, es decir, es superada ésta su *objetividad* exterior y *sin pensamiento,* al incorporarse la propiedad privada al hombre mismo y reconocerse el hombre mismo como su esencia; así, sin embargo, queda el hombre determinado por la propiedad privada, como en Lutero queda determinado por la Religión. Bajo la apariencia de un reconocimiento del hombre, la Economía Política, cuyo principio es el trabajo, es más bien la consecuente realización de la negación del hombre al no encontrarse ya él mismo en una tensión exterior con la esencia exterior de la propiedad privada, sino haberse convertido él mismo en la tensa esencia de la propiedad privada. Lo que antes era ser *fuera de sí,* enajenación real del hombre, se ha convertido ahora en el acto de la enajenación, en enajenación de sí. Si esa Economía Política comienza, pues, con un reconocimiento aparente del hombre, de su independencia, de su libre actividad, etcétera, al trasladar a la esencia misma del hombre la propiedad privada, no puede ya ser condicionada por las *determinaciones* locales, nacionales, etc., de la *propiedad privada* como *un ser que exista fuera de ella,* es decir, si esa Economía Política desarrolla una energía *cosmopolita,* general, que derriba todo límite y toda atadura, para situarse a sí misma en su lugar como la *única* política, la *única* generalidad, el límite *único,* la *única* atadura, así también ha de arrojar ella en su posterior desarrollo esta *hipocresía* y ha de aparecer en su *total cinismo.* Y esto lo hace (despreocupada de todas las contradicciones en que la enreda esta doctrina) al revelar de forma *más unilateral* y por esto *más aguda y más consecuente,* que el trabajo es la esencia única de la riqueza, probar la *inhumanidad* de las consecuencias de esta doctrina, en oposición a aquella concepción originaria, y dar, por último, el golpe de gracia a aquella última forma de existencia *individual, natural,* independiente del trabajo, de la propiedad privada y fuente de riqueza: *la renta de la tierra,* esta expresión de la propiedad feudal ya totalmente economificada e incapaz por eso de rebeldía contra la Economía Política (Escuela de *Ricardo).* No sólo aumenta el cinismo de la Economía Política relativamente a partir de Smith, pasando por Say, hasta Ricardo, Mill, etc., en la medida en que a estos últimos se les ponen ante los ojos, de manera más desarrollada y llena de contradicciones, las consecuencias de la *Industria;* también positivamente van conscientemente cada vez más lejos que sus predecesores en el extrañamiento respecto del hombre, y esto *únicamente* porque su ciencia se desarrolla de forma más verdadera y consecuente. Al hacer de la propiedad privada en su forma activa sujeto, esto es, al hacer simultáneamente del hombre una esencia, y del hombre como no ser un ser, la contradicción de la realidad se corresponde plenamente con el ser contradictorio que han reconocido como principio. La desgarrada [II] *realidad de la industria* confirma su *principio desgarrado en sí mismo* lejos de refutarlo. Su principio es justamente el principio de este desgarramiento.

La teoría fisiocrática del *Dr. Quesnay* representa el tránsito del mercantilismo a Adam Smith. La *fisiocracia* es, de forma directa, la disolución *económico-política* de la propiedad feudal, pero por esto, de manera igualmente directa, la *transformación económico-política,* la reposición de la misma, con la sola diferencia de que su lenguaje no es ya feudal, sino económico. Toda riqueza se resuelve en *tierra* y *agricultura*. La tierra no es aún capital, es todavía una especial forma de existencia del mismo que debe valer en su naturalidad, especialidad, y a causa de ella, pero la tierra es, sin embargo, un *elemento* natural general, en tanto que el sistema mercantilista no conocía otra existencia de la riqueza que el *metal noble*. El *objeto de la riqueza,* su materia, ha recibido pues al mismo tiempo, la mayor generalidad dentro de los *límites de la natu-*

raleza en la medida en que, como *naturaleza,* es también inmediatamente riqueza objetiva. Y la tierra solamente es para el hombre mediante el trabajo, mediante la agricultura. La esencia subjetiva de la riqueza se traslada, por tanto, al trabajo. Al mismo tiempo, no obstante, la agricultura es el único *trabajo productivo.* Todavía el trabajo no es entendido en su generalidad y abstracción; está ligado aún *como a su materia,* a un *elemento natural* especial; sólo es conocido todavía en una especial *forma de existencia naturalmente determinada.* Por eso no es todavía más que una enajenación del hombre *determinada,* especial, lo mismo que su producto es comprendido aún como una riqueza determinada, mas dependiente de la naturaleza del trabajo mismo. La tierra se reconoce aquí todavía como una existencia natural, independiente del hombre, y no como capital, es decir, no como un momento del trabajo mismo. Más bien aparece el trabajo como momento suyo. Sin embargo, al reducirse el fetichismo de la antigua riqueza exterior, que existía sólo como un objeto, a un elemento natural muy simple, y reconocerse su esencia, aunque sea sólo parcialmente, en su existencia subjetiva bajo una forma especial, está ya iniciado necesariamente el siguiente paso de reconocer *la esencia general* de la riqueza y elevar por ello a principio el trabajo en su forma más absoluta, es decir, abstracta. Se le probaría a la fisiocracia que desde el punto de vista económico, el único justificado, la *agricultura* no es distinta de cualquier otra industria, que la *esencia* de la riqueza no es, pues, un trabajo *determinado,* un trabajo ligado a un elemento especial, una determinada exteriorización del trabajo, sino el *trabajo en general.*

La fisiocracia niega la riqueza *especial*, exterior, puramente objetiva, al declarar que su *esencia* es el trabajo. Pero de momento el trabajo es para ella únicamente la *esencia subjetiva* de la *propiedad territorial* (parte del tipo de propiedad que históricamente aparece como dominante y reconocida); solamente a la propiedad territorial le permite convertirse en *hombre enajenado*. Supera su carácter feudal al declarar como *su esencia* la *industria* (agricultura); pero se comporta negativamente con el mundo de la industria, reconoce la esencia feudal, al declarar que la *agricultura* es la *única* industria.

Se comprende que tan pronto como se capta la *esencia subjetiva* de la industria que se constituye en oposición a la propiedad territorial, es decir, como industria, esta esencia incluye en sí a aquel su contrario. Pues así como la industria abarca a la propiedad territorial superada, así también su esencia *subjetiva* abarca, al mismo tiempo, a la esencia subjetiva *de ésta*.

Del mismo modo que la propiedad territorial es la primera forma de la propiedad privada, del mismo modo que históricamente la industria se le opone inicialmente sólo como una forma especial de propiedad (o, más bien, es el esclavo librado de la propiedad territorial), así también se repite este proceso en la comprensión científica de la esencia *subjetiva* de la propiedad privada, en la comprensión científica del *trabajo;* el trabajo aparece primero únicamente como *trabajo agrícola,* para hacerse después valer como *trabajo* en general.

[III] Toda riqueza se ha convertido en riqueza *industrial*, en *riqueza* del *trabajo,* y la *industria* es el trabajo concluido y pleno del mismo modo que el *sistema fabril* es la esencia perfeccionada de la *industria,* es decir, del trabajo, y el *capital industrial* es la forma objetiva conclusa de la propiedad privada.

Vemos cómo sólo ahora puede perfeccionar la propiedad privada su dominio sobre el hombre y convertirse, en su arma más general, en un poder histórico-universal.

Propiedad privada y comunismo

... a la pág. XXXIX.

Pero la oposición entre *carencia de propiedad y propiedad* es una oposición todavía indiferente, no captada aún en su *relación activa,* en su conexión *interna,* no captada aún como *contradicción,* mientras no se la comprenda como la oposición de *trabajo y capital.* Incluso sin el progresivo movimiento de la propiedad privada que se da, por ejemplo, en la antigua Roma, en Turquía, etc., puede expresarse esta oposición en la *primera* forma. Así no *aparece* aún como puesta por la propiedad privada misma. Pero el trabajo, la esencia subjetiva de la propiedad privada como exclusión de la propiedad, y el capital, el trabajo objetivo como exclusión del trabajo, son la *propiedad privada* como una relación desarrollada hasta la contradicción y por ello una relación enérgica que impulsa a la disolución.

ad ibidem.

La superación del extrañamiento de sí mismo sigue el mismo camino que éste. En primer lugar la *propiedad privada* es contemplada sólo en su aspecto objetivo, pero considerando el trabajo como su esencia. Su forma de existencia es por ello el *capital,* que ha de ser superado «en cuanto tal» (Proudhon). O se toma una *forma especial* de trabajo (el trabajo nivelado, parcelado y, en consecuencia, no libre) como fuente de la *nocividad* de la propiedad privada y de su existencia extraña al hombre (Fourier, quien, de acuerdo con los fisiócratas, considera de nuevo el *trabajo agrícola* como el trabajo por excelencia; Saint Simon, por el contrario, declara que el *trabajo industrial,* como tal, es la esencia y aspira al dominio exclusivo de los industriales y al mejoramiento de la situación de los obreros). El *comunismo,* finalmente, es la expresión *positiva* de la propiedad privada superada; es, en primer lugar, la propiedad privada *general.* Al tomar esta relación en su *generalidad,* el comunismo es:

1) En su primera forma solamente una *generalización* y *conclusión* de la misma, como tal se muestra en una doble forma: de una parte el dominio de la propiedad *material* es tan grande frente a él, que él quiere aniquilar todo lo que no es susceptible de ser poseído por todos como *propiedad privada;* quiere prescindir de forma *violenta* del talento, etc. La *posesión* física inmediata representa para él la finalidad única de la vida y de la existencia; el destino del obrero no es superado, sino extendido a todos los hombres; la relación de la propiedad privada continúa siendo la relación de la comunidad con el mundo de las cosas; finalmente se expresa este movimiento de oponer a la propiedad privada la propiedad general en la forma animal que quiere oponer al matrimonio (que por lo demás es una *forma* de la *propiedad privada exclusiva)* la *comunidad de las mujeres,* en que la

mujer se convierte en propiedad *comunal* y *común*. Puede decirse que esta idea de la *comunidad de mujeres* es el *secreto a voces* de este comunismo todavía totalmente grosero e irreflexivo. Así como la mujer sale del matrimonio para entrar en la prostitución general, así también el mundo todo de la riqueza, es decir, de la esencia objetiva del hombre, sale de la relación del matrimonio exclusivo con el propietario privado para entrar en la relación de la prostitución universal con la comunidad. Este comunismo, al negar por completo la *personalidad* del hombre, es justamente la expresión lógica de la propiedad privada, que es esta negación. La *envidia* general y constituida en poder no es sino la forma escondida en que la *codicia* se establece y, simplemente, se satisface de *otra* manera. La idea de toda propiedad privada en cuanto tal se vuelve, por *lo menos,* contra la propiedad privada más rica como envidia y deseo de nivelación, de manera que son estas pasiones las que integran el ser de la competencia. El comunismo grosero no es más que el remate de esta codicia y de esta nivelación a partir del mínimo *representado*. Tiene una medida *determinada y limitada*. Lo poco que esta superación de la propiedad privada tiene de verdadera apropiación lo prueba justamente la negación abstracta de todo el mundo de la educación y de la civilización, el regreso a la *antinatural* [IV] simplicidad del hombre *pobre* y sin necesidades, que no sólo no ha superado la propiedad privada, sino que ni siquiera ha llegado hasta ella.

La comunidad es sólo una comunidad de *trabajo* y de la igualdad del *salario* que paga el capital común: la *comunidad* como capitalista general. Ambos términos de la relación son elevados a una generalidad *imaginaria:* el trabajo como la determinación en que todos se encuentran situados, el *capital* como la generalidad y el poder reconocidos de la comunidad.

En la relación con la *mujer,* como presa y servidora de la lujuria comunitaria, se expresa la infinita degradación en la que el hombre existe para sí mismo, pues el secreto de esta relación tiene su expresión *inequívoca,* decisiva, *manifiesta,* revelada, en la relación del hombre con la *mujer* y en la forma de concebir la *inmediata* y *natural* relación genérica. La relación inmediata, natural y necesaria del hombre con el hombre, es la *relación* del *hombre* con la mujer. En esta relación *natural* de los géneros, la relación del hombre con la naturaleza es inmediatamente su relación con el hombre, del mismo modo que la relación con el hombre es inmediatamente su relación con la naturaleza, su propia determinación *natural*. En esta relación *se evidencia,* pues, de manera *sensible,* reducida a un *hecho* visible, en qué medida la esencia humana se ha convertido para el hombre en naturaleza o en qué medida la naturaleza se ha convertido en esencia humana del hombre. Con esta relación se puede juzgar el grado de cultura del hombre en su totalidad. Del carácter de esta relación se deduce la medida en que el *hombre* se ha convertido en ser *genérico,* en *hombre,* y se ha comprendido como tal; la relación del hombre con la mujer es la relación *más natural* del hombre con el hombre. En ella se muestra en qué medida la conducta *natural* del hombre se ha hecho *humana* o en qué medida su naturaleza humana se ha hecho para él *naturaleza*. Se muestra también en esta relación la extensión en que la *necesidad* del hombre se ha hecho necesidad *humana*, en qué extensión el *otro* hombre en cuanto hombre se ha convertido para él en necesidad; en qué medida él, en su más individual existencia, es, al mismo tiempo, ser colectivo.

La primera superación positiva de la propiedad privada, el comunismo *grosero*, no es por tanto más que una *forma de mostrarse* la vileza de la propiedad privada que se quiere instaurar como *comunidad positiva*.

2) El comunismo.

α) Aún de naturaleza política, democrática;

β) Con su superación del Estado, pero al mismo tiempo aún con esencia incompleta y afectada por la propiedad privada, es decir, por la enajenación del hombre. En ambas formas el comunismo se conoce ya como reintegración o vuelta a sí del hombre, como superación del extrañamiento de sí del hombre, pero como no ha captado todavía la esencia positiva de la propiedad privada, y menos aún ha comprendido la naturaleza *humana* de la necesidad, está aún prisionero e infectado por ella. Ha comprendido su concepto, pero aún no su esencia.

3) El comunismo como superación *positiva* de la *propiedad privada* en cuanto *autoextrañamiento del hombre,* y por ello como *apropiación* real de la esencia *humana* por y para el hombre; por ello como retorno del hombre para sí en cuanto hombre *social,* es decir, humano; retorno pleno, consciente y efectuado dentro de toda la riqueza de la evolución humana hasta el presente. Este comunismo es, como completo naturalismo = humanismo, como completo humanismo = naturalismo; es la verdadera solución del conflicto entre el hombre y la naturale-

za, entre el hombre y el hombre, la solución definitiva del litigio entre existencia y esencia, entre objetivación y autoafirmación, entre libertad y necesidad, entre individuo y género. Es el enigma resuelto de la historia y sabe que es la solución.

[V] El movimiento entero de la historia es, por ello, tanto su generación *real* –el nacimiento de su existencia empírica– como, para su conciencia pensante, el movimiento *comprendido* y *conocido* de su *devenir*. Mientras tanto, aquel comunismo aún incompleto busca en las figuras históricas opuestas a la propiedad privada, en lo existente, una prueba en su favor, arrancando momentos particulares del movimiento (Cabet, Villegardelle, etcétera, cabalgan especialmente sobre este caballo) y presentándolos como pruebas de su florecimiento histórico pleno, con lo que demuestra que la parte inmensamente mayor de este movimiento contradice sus afirmaciones y que, si ha sido ya una vez, su ser *pasado* contradice precisamente su pretensión a la *esencia*.

Es fácil ver la necesidad de que todo el movimiento revolucionario encuentre su base, tanto empírica como teórica, en el movimiento de la *propiedad privada*, en la Economía.

Esta propiedad privada *material*, inmediatamente *sensible*, es la expresión material y sensible de la vida *humana enajenada*. Su movimiento –la producción y el consumo– es la manifestación *sensible* del movimiento de toda la producción pasada, es decir, de la realización o realidad del hombre. Religión, familia, Estado, derecho, moral, ciencia, arte, etc., no son más que formas *especiales* de la producción y caen bajo su ley general. La superación positiva de la *propiedad privada* como apropiación de la vida *humana es por ello* la superación *positiva* de toda enajenación, esto es, la vuelta del hombre desde la Religión, la familia, el Estado, etc., a su existencia *humana,* es decir, *social.* La enajenación religiosa, como tal, transcurre sólo en el dominio de la *conciencia,* del fuero interno del hombre, pero la enajenación económica pertenece a la vida real; su superación abarca por ello ambos aspectos. Se comprende que el movimiento tome su *primer* comienzo en los distintos pueblos en distinta forma, según que la verdadera vida *reconocida* del pueblo transcurra más en la conciencia o en el mundo exterior, sea más la vida ideal o la vida material. El comunismo empieza en seguida con el ateísmo (Owen), el ateísmo inicialmente está aún muy lejos de ser *comunismo,* porque aquel ateísmo es aún más bien una abstracción*...

La filantropía del ateísmo es, por esto, en primer lugar, solamente una filantropía *filosófica* abstracta, la del comunismo es inmediatamente *real* y directamente tendida hacia la *acción.*

Hemos visto cómo, dado el supuesto de la superación positiva de la propiedad privada, el hombre produce al hombre, a sí mismo y al otro hombre; cómo el objeto, que es la realización inmediata de su individualidad, es al mismo tiempo su propia existencia para el otro hombre, la existencia de éste y la existencia de éste para él. Pero,

---

* La prostitución es sólo una expresión *especial* de la *general* prostitución del *trabajador,* y como la prostitución es una relación en la que no sólo entra el prostituido, sino también el prostituyente –cuya ignominia es aún mayor–, también el capitalista entra en esta categoría. *(Nota de Marx.)*

igualmente, tanto el material del trabajo como el hombre en cuanto sujeto son, al mismo tiempo, resultado y punto de partida del movimiento (en el hecho de que han de ser este *punto de partida* reside justamente la *necesidad* histórica de la propiedad privada). El carácter social es, pues, el carácter general de todo el movimiento; así como es la sociedad misma la que produce al *hombre* en cuanto *hombre,* así también es *producida* por él. La actividad y el goce* son también sociales, tanto en su *modo de existencia*** como en su contenido; *actividad social* y *goce* social*. La esencia *humana* de la naturaleza no existe más que para el hombre *social,* pues sólo así existe para él como *vínculo* con el hombre, como existencia suya para el otro y existencia del otro para él, como elemento vital de la realidad humana; sólo así existe como *fundamento* de su propia existencia *humana.* Sólo entonces se convierte para él su existencia *natural* en su existencia *humana,* la naturaleza en hombre. La *sociedad* es, pues, la plena unidad esencial del hombre con la naturaleza, la verdadera resurrección de la naturaleza, el naturalismo realizado del hombre y el realizado humanismo de la naturaleza.

[VI] La actividad social y el goce* social no existen, ni mucho menos, en la forma *única* de una actividad *inmediatamente* comunitaria y de un goce* inmediatamen-

---

* En MEGA y en las ediciones de Landshut y Thier se dice *Geist* 'espíritu', en tanto que en la de Dietz y en la de Hillman se ha leído *Genuss* 'goce', que parece más apropiado.
** En MEGA, y en las ediciones de Landshut y Thier, *Entstehungweise* 'modo de aparición' en Dietz y Hilmann, *Existenzweise* 'modo de *existencia*'.

te *comunitario,* aunque la actividad *comunitaria* y el goce* *comunitario,* es decir, la actividad y el goce* que se exteriorizan y afirman inmediatamente en *real sociedad* con otros hombres, se realizarán dondequiera que aquella expresión *inmediata* de la sociabilidad se funde en la esencia de su ser y se adecue a su naturaleza.

Pero incluso cuando yo sólo actúo *científicamente,* etc., en una actividad que yo mismo no puedo llevar a cabo en comunidad inmediata con otros, también soy *social,* porque actúo en cuanto *hombre.* No sólo el material de mi actividad (como el idioma, merced al que opera el pensador) me es dado como producto social, sino que mi *propia* existencia es actividad social, porque lo que yo hago lo hago para la sociedad y con conciencia de ser un ente social.

Mi conciencia *general* es sólo la forma *teórica* de aquello cuya forma viva es la comunidad *real,* el ser social, en tanto que hoy en día la conciencia *general* es una abstracción de la vida real y como tal se le enfrenta. De aquí también que la *actividad* de mi conciencia general, como tal, es mi existencia *teórica* como ser social.

Hay que evitar ante todo el hacer de nuevo de la «sociedad» una abstracción frente al individuo. El individuo *es el ser social.* Su exteriorización vital (aunque no aparezca en la forma inmediata de una exteriorización vital comunitaria, cumplida en unión de otros) es así una exteriorización y afirmación de la *vida social.* La vida individual y la vida genérica del hombre no son *distintas,* por más que, necesariamente, el modo de existencia de la vida individual sea un modo más *particular* o más *general* de la vida genérica, o sea la vida genérica una vida individual más *particular* o *general.*

Como *conciencia genérica* afirma el hombre su real *vida social* y no hace más que repetir en el pensamiento su existencia real, así como, a la inversa, el ser genérico se afirma en la conciencia genérica y es para sí, en su generalidad, como ser pensante.

El hombre así, por más que sea un individuo particular (y justamente es su particularidad la que hace de él un individuo y un ser social *individual* real), es, en la misma medida, la *totalidad,* la totalidad ideal, la existencia subjetiva de la sociedad pensada y sentida para sí, del mismo modo que también en la realidad existe como intuición y goce* de la existencia social y como una totalidad de exteriorización vital humana.

Pensar y ser están, pues, *diferenciados* y, al mismo tiempo, en *unidad* el uno con el otro.

La *muerte* parece ser una dura victoria del género sobre el individuo y contradecir la unidad de ambos; pero el individuo determinado es sólo un *ser genérico determinado* y, en cuanto tal, mortal.

4) Comoquiera que la *propiedad privada* es sólo la expresión sensible del hecho de que el hombre se hace *objetivo* para sí y, al mismo tiempo, se convierte más bien en un objeto extraño e inhumano, del hecho de que su exteriorización vital es su enajenación vital y su realización su desrealización, una realidad *extraña,* la superación positiva de la propiedad privada, es decir, la apropiación *sensible* por y para el hombre de la esen-

---

* En MEGA y en las ediciones de Landshut y Thier se dice *Geist* ('espíritu'), en tanto que en la de Dietz y en la de Hillman se ha leído *Genuss* ('goce'), que parece más apropiado.

cia y de la vida humanas, de las obras humanas, no ha de ser concebida sólo en el sentido del *goce inmediato,* exclusivo, en el sentido de la *posesión,* del *tener.* El hombre se apropia su esencia universal de forma universal, es decir, como hombre total. Cada una de sus relaciones *humanas* con el mundo (ver, oír, oler, gustar, sentir, pensar, observar, percibir, desear, actuar, amar), en resumen, todos los órganos de su individualidad, como los órganos que son inmediatamente comunitarios en su forma [VII], son, en su comportamiento *objetivo,* en su *comportamiento hacia el objeto,* la apropiación de éste. La apropiación de la *realidad* humana, su comportamiento hacia el objeto, es la *afirmación de la realidad humana;* es, por esto, tan polifacética como múltiples son las *determinaciones esenciales* y las *actividades* del hombre; es la eficacia humana y el *sufrimiento* del hombre, pues el sufrimiento, humanamente entendido, es un goce propio del hombre.

La propiedad privada nos ha hecho tan estúpidos y unilaterales que un objeto sólo es *nuestro* cuando lo tenemos, cuando existe para nosotros como capital o cuando es inmediatamente poseído, comido, bebido, vestido, habitado, en resumen, *utilizado* por nosotros. Aunque la propiedad privada concibe, a su vez, todas esas realizaciones inmediatas de la posesión sólo como *medios de vida* y la vida a la que sirven como medios es *la vida de la propiedad,* el trabajo y la capitalización.

En lugar de *todos* los sentidos físicos y espirituales ha aparecido así la simple enajenación de *todos* estos sentidos, el sentido del *tener.* El ser humano tenía que ser reducido a esta absoluta pobreza para que pudiera alumbrar su riqueza interior (sobre la categoría del *tener*, véase Hess, en los *Einnundzwanzig Bogen*)³.

La superación de la propiedad privada es por ello la *emancipación* plena de todos los sentidos y cualidades humanos; pero es esta emancipación precisamente porque todos estos sentidos y cualidades se han hecho *humanos*, tanto en sentido objetivo como subjetivo. El ojo se ha hecho un ojo *humano*, así como su *objeto* se ha hecho un objeto social, *humano*, creado por el hombre para el hombre. Los sentidos se han hecho así inmediatamente *teóricos* en su práctica. Se relacionan con la cosa por amor de la cosa, pero la cosa misma es una relación *humana objetiva* para sí y para el hombre y viceversa*. Necesidad y goce han perdido con ello su naturaleza *egoísta* y la naturaleza ha perdido su pura *utilidad*, al convertirse la utilidad en utilidad *humana*.

Igualmente, los sentidos y el goce de los otros hombres se han convertido en mi *propia* apropiación. Además de estos órganos inmediatos se constituyen así órganos *sociales*, en la *forma* de la sociedad; así, por ejemplo, la actividad inmediatamente en sociedad con otros, etc., se convierte en un órgano de mi *manifestación vital* y un modo de apropiación de la vida *humana*.

Es evidente que el ojo *humano* goza de modo distinto que el ojo bruto, no humano, que el *oído* humano goza de manera distinta que el bruto, etc.⁴.

Como hemos visto, únicamente cuando el objeto es para el hombre objeto *humano* u hombre objetivo deja

---

* Sólo puedo relacionarme en la práctica de un modo humano con la cosa cuando la cosa se relaciona humanamente con el hombre. *(Nota de Marx.)*

de perderse el hombre en su objeto. Esto sólo es posible cuando el objeto se convierte para él en objeto *social* y él mismo se convierte en ser social y la sociedad, a través de este objeto, se convierte para él en ser.

Así, al hacerse para el hombre en sociedad la realidad objetiva realidad de las fuerzas humanas esenciales, realidad humana y, por ello, realidad de sus propias fuerzas esenciales, se hacen para él todos los *objetos objetivación* de sí mismo, objetos que afirman y realizan su individualidad, objetos *suyos*, esto es, *él mismo* se hace objeto. El *modo* en que se hagan suyos depende de la *naturaleza del objeto* y de la naturaleza de la *fuerza esencial a ella* correspondiente, pues justamente la *certeza* de esta relación configura el modo determinado, *real,* de la afirmación. Un objeto es distinto para el *ojo* que para el *oído* y el objeto del ojo es distinto que el del *oído*. La peculiaridad de cada fuerza esencial es precisamente su *ser peculiar,* luego también el modo peculiar de su objetivación, de su *ser objetivo real,* de su ser *vivo*. Por esto el hombre se afirma en el mundo objetivo no sólo en pensamiento [VIII], sino con *todos* los sentidos.

De otro modo, y subjetivamente considerado, así como sólo la música despierta el sentido musical del hombre, así como la más bella música no tiene sentido *alguno* para el oído no musical, no es objeto, porque mi objeto sólo puede ser la afirmación de una de mis fuerzas esenciales, es decir, sólo es para mí en la medida en que mi fuerza es para él como capacidad subjetiva, porque el sentido del objeto para mí (solamente tiene un sentido a él correspondiente) llega justamente hasta donde llega *mi* sentido, así también son los *sentidos* del hombre social distintos de los del no social. Sólo a través de la riqueza objetivamente desarrollada del ser humano es, en parte cultivada, en parte creada, la riqueza de la sensibilidad *humana* subjetiva, un oído musical, un ojo para la belleza de la forma. En resumen, sólo así se cultivan o se crean *sentidos* capaces de goces humanos, sentidos que se afirman como fuerzas esenciales *humanas*. Pues no sólo los cinco sentidos, sino también los llamados sentidos espirituales, los sentidos prácticos (voluntad, amor, etc.), en una palabra, el sentido *humano,* la humanidad de los sentidos, se constituyen únicamente mediante la existencia de *su* objeto, mediante la naturaleza *humanizada*. La formación de los cinco sentidos es un trabajo de toda la historia universal hasta nuestros días. *El sentido* que es presa de la grosera necesidad práctica tiene sólo un sentido *limitado*. Para el hombre que muere de hambre no existe la forma humana de la comida, sino únicamente su existencia abstracta de comida; ésta bien podría presentarse en su forma más grosera, y sería imposible decir entonces en qué se distingue esta actividad para alimentarse de la actividad *animal* para alimentarse. El hombre necesitado, cargado de preocupaciones, no tiene sentido para el más bello espectáculo. El traficante en minerales no ve más que su valor comercial, no su belleza o la naturaleza peculiar del mineral, no tiene sentido mineralógico. La objetivación de la esencia humana, tanto en sentido teórico como en sentido práctico, es, pues, necesaria tanto para hacer *humano* el *sentido* del hombre como para crear el *sentido humano* correspondiente a la riqueza plena de la esencia humana y natural.

Así como la sociedad en formación encuentra a través del movimiento de la *propiedad privada,* de su riqueza y su miseria —o de su riqueza y su miseria espiritual y material— todo el material para esta *formación, así* la sociedad constituida produce, como su realidad durable, al hombre en esta plena riqueza de su ser, al hombre *rica* y profundamente *dotado de todos los sentidos.*

Se ve, pues, cómo solamente en el estado social subjetivismo y objetivismo, espiritualismo y materialismo, actividad y pasividad, dejan de ser contrarios y pierden con ello su existencia como tales contrarios; se ve cómo la solución de las mismas oposiciones *teóricas* sólo es posible de modo práctico, sólo es posible mediante la energía práctica del hombre y que, por ello, esta solución no es, en modo alguno, tarea exclusiva del conocimiento, sino una verdadera tarea vital que la *Filosofía* no pudo resolver precisamente porque la entendía únicamente como tarea teórica.

Se ve cómo la historia de la industria y la existencia, que se ha hecho *objetiva,* de la industria, son el *libro abierto* de las *fuerzas humanas esenciales,* la *psicología* humana abierta a los sentidos, que no había sido concebida hasta ahora en su conexión con la *esencia* del hombre, sino sólo en una relación externa de utilidad, porque, moviéndose dentro del extrañamiento, sólo se sabía captar como realidad de las fuerzas humanas esenciales y como *acción humana genérica* la existencia general del hombre, la Religión o la Historia en su esencia general y abstracta, como Política, Arte, Literatura, etc. [IX]. En la *industria material ordinaria* (que puede concebirse como parte de aquel movimiento general, del mismo modo que puede concebirse a éste como una parte especial de la industria, pues hasta ahora toda actividad humana era trabajo, es decir, industria, actividad extrañada de sí misma) tenemos ante nosotros, bajo la forma de *objetos sensibles, extraños y útiles,* bajo la forma de la enajenación, las *fuerzas esenciales objetivadas* del hombre. Una *psicología* para la que permanece cerrado este libro, es decir, justamente la parte más sensiblemente actual y accesible de la Historia, no puede convertirse en una ciencia *real* con verdadero contenido. ¿Qué puede pensarse de una ciencia que *orgullosamente* hace abstracción de esta gran parte del trabajo humano y no se siente inadecuada en tanto que este extenso caudal del obrar humano no le dice otra cosa que lo que puede, si acaso decirse en una sola palabra: «*necesidad*», «*vulgar necesidad*»?

Las *ciencias naturales* han desarrollado una enorme actividad y se han adueñado de un material que aumenta sin cesar. La filosofía, sin embargo, ha permanecido tan extraña para ellas como ellas para la filosofía. La momentánea unión fue sólo una *fantástica ilusión.* Existía la voluntad, pero faltaban los medios. La misma historiografía sólo de pasada se ocupa de las ciencias naturales en cuanto factor de ilustración, de utilidad, de grandes descubrimientos particulares. Pero en la medida en que, mediante la industria, la Ciencia natural se ha introducido *prácticamente* en la vida humana, la ha transformado y ha preparado la emancipación humana, tenía que completar inmediatamente la deshumanización. La industria es la relación histórica *real* de la naturaleza (y, por ello, de la Ciencia natural) con el hombre; por eso, al concebirla como desvelación *esotérica* de las *fuerzas* humanas *esenciales*, se comprende también la esencia humana de la naturaleza o la esencia *natural* del hombre; con ello pierde la Ciencia natural su orientación abstracta, material, o mejor idealista, y se convierte en base de la ciencia *humana*, del mismo modo que se ha convertido ya (aunque en forma enajenada) en base de la vida humana real. Dar una base a la vida y otra a la *ciencia* es, pues, de antemano, una mentira. La naturaleza que se desarrolla en la historia humana (en el acto de nacimiento de la sociedad humana) es la *verdadera* naturaleza del hombre; de ahí que la naturaleza tal como, aunque en forma enajenada, se desarrolla en la industria, sea la verdadera naturaleza *antropológica*.

La sensibilidad (véase Feuerbach) debe ser la base de toda ciencia. Sólo cuando parte de ella en la doble forma de conciencia *sensible* y de necesidad *sensible*, es decir, sólo cuando parte de la naturaleza, es la Ciencia *verdadera* Ciencia. La Historia toda es la historia preparatoria de la conversión del «hombre» en objeto de la conciencia *sensible* y de la necesidad del «hombre en cuanto hombre» en necesidad. La Historia misma es una parte *real* de la *Historia natural*, de la conversión de la naturaleza en hombre. Algún día la Ciencia natural se incorporará la Ciencia del hombre, del mismo modo que la Ciencia del hombre se incorporará la Ciencia natural; habrá una sola Ciencia.

[X] El *hombre* es el objeto inmediato de la Ciencia natural; pues la naturaleza *sensible* inmediata para el hombre es inmediatamente la sensibilidad humana (una expresión idéntica) en la forma del *otro* hombre sensiblemente presente para él; pues su propia sensibilidad sólo a través del *otro* existe para él como sensibilidad humana. Pero la *naturaleza* es el objeto inmediato de la *Ciencia del hombre*. El primer objeto del hombre –el hombre– es naturaleza, sensibilidad, y las especiales fuerzas esenciales sensibles del ser humano sólo en la Ciencia del mundo natural pueden encontrar su autoconocimiento, del mismo modo que sólo en los objetos *naturales* pueden encontrar su realización objetiva. El elemento del pensar mismo, el elemento de la exteriorización vital del pensamiento, el *lenguaje,* es naturaleza sensible. La realidad *social* de la naturaleza y la Ciencia natural *humana* o *Ciencia natural del hombre* son expresiones idénticas.

Se ve cómo en lugar de la *riqueza* y la *miseria* de la Economía Política aparece el *hombre rico* y la rica necesidad *humana*. El hombre rico es, al mismo tiempo, el hombre *necesitado* de una totalidad de exteriorización vital humana. El hombre en el que su propia realización existe como necesidad interna, como *urgencia*. No *sólo* la riqueza, también la pobreza del hombre, recibe igualmente en una perspectiva socialista un significado *humano* y, por eso, social. La pobreza es el vínculo pasivo que hace sentir al hombre como necesidad la mayor riqueza, el *otro* hombre. La dominación en mí del ser objetivo, la explosión sensible de mi actividad esencial, es la *pasión* que, con ello, se convierte aquí en la *actividad* de mi ser.

5) Un ser sólo se considera independiente en cuanto es dueño de sí y sólo es dueño de sí en cuanto se debe a sí mismo su *existencia*. Un hombre que vive por gracia de otro se considera a sí mismo un ser dependiente.

Vivo, sin embargo, totalmente por gracia de otro cuando le debo no sólo el mantenimiento de mi vida, sino que él además ha *creado* mi vida, es la *fuente* de mi vida; y mi vida tiene necesariamente fuera de ella el fundamento cuando no es mi propia creación. La *creación* es, por ello, una representación muy difícilmente eliminable de la conciencia del pueblo. El ser por sí mismo de la naturaleza y del hombre le resulta inconcebible porque contradice todos los *hechos tangibles* de la vida práctica.

La *creación de la tierra* ha recibido un potente golpe por parte de la Geognosia, es decir, de la ciencia que explica la constitución de la tierra, su desarrollo, como un proceso, como autogénesis. La *generatio aequivoca* es la única refutación práctica de la teoría de la creación.

Ahora bien, es realmente fácil decirle al individuo aislado lo que ya Aristóteles dice: Has sido engendrado por tu padre y tu madre, es decir, ha sido el coito de dos seres humanos, un acto genérico de los hombres, lo que en ti ha producido al hombre. Ves, pues, que incluso físicamente el hombre debe al hombre su existencia. Por esto no debes fijarte tan sólo en *un* aspecto, el progreso *infinito;* y preguntar sucesivamente: ¿Quién engendró a mi padre? ¿Quién engendró a su abuelo?, etc. Debes fijarte también en el *movimiento circular,* sensiblemente visible en aquel progreso, en el cual el *hombre* se repite a sí mismo en la procreación, es decir, el hombre se mantiene siempre como sujeto. Tú contestarás, sin embargo: le concedo este movimiento circular, concédeme tú el progreso que me empuja cada vez más lejos, hasta que pregunto, ¿quién ha engendrado el primer hombre y la naturaleza en general? Sólo puedo responder: tu pregunta misma es un producto de la abstracción. Pregúntate cómo has llegado a esa pregunta: pregúntate si tu pregunta no proviene de un punto de vista al que no puedo responder porque es absurdo. Pregúntate si ese progreso existe como tal para un pensamiento racional. Cuando preguntas por la creación del hombre y de la naturaleza haces abstracción del hombre y de la naturaleza. Los supones como *no existentes* y quieres que te los pruebe como *existentes*. Ahora te digo, prescinde de tu abstracción y así prescindirás de tu pregunta, o si quieres aferrarte a tu abstracción, sé consecuente, y si aunque pensando al hombre y a la naturaleza como *no existente* [XI] piensas, piénsate a ti mismo como no existente, pues tú también eres naturaleza y hombre. No pienses, no me preguntes, pues en cuanto piensas y preguntas pierde todo sentido tu *abstracción* del ser de la naturaleza y el hombre. ¿O eres tan egoísta que supones todo como nada y quieres ser sólo tú?

Puedes replicarme: no supongo la nada de la naturaleza, etc.: te pregunto por su *acto de nacimiento,* como pregunto al anatomista por la formación de los huesos, etc.

Sin embargo, como para el hombre socialista *toda la llamada historia universal* no es otra cosa que la producción del hombre por el trabajo humano, el devenir de la naturaleza para el hombre tiene así la prueba evidente irrefutable, de su *nacimiento* de sí mismo, de su *proceso de originación*. Al haberse hecho evidente de una manera práctica y sensible la *esencialidad* del hombre en la naturaleza* al

---

* MEGA, Dietz y Thier dicen *des Menschen und der Natur* (del hombre y de la naturaleza); Hilmann, *in der Natur,* que es la versión que seguimos.

haberse evidenciado, práctica y sensiblemente, el hombre para el hombre como existencia de la naturaleza y la naturaleza para el hombre como existencia del hombre, se ha hecho prácticamente imposible la pregunta por un ser *extraño,* por un ser situado por encima de la naturaleza y del hombre (una pregunta que encierra el reconocimiento de la no esencialidad de la naturaleza y del hombre). El *ateísmo,* en cuanto negación de esta carencia de esencialidad, carece ya totalmente de sentido, pues el ateísmo es una *negación* de Dios y afirma, mediante esta negación, la *existencia del hombre;* pero el socialismo, en cuanto socialismo, no necesita ya de tal mediación; él comienza con la *conciencia sensible, teórica y práctica,* del hombre y la naturaleza como *esencia.* Es *autoconciencia positiva* del hombre, no mediada ya por la superación de la Religión, del mismo modo que la vida real es la realidad positiva del hombre no mediada ya por la superación de la propiedad privada, el *comunismo.* El comunismo es la posición como negación de la negación, y por eso el momento real necesario, en la evolución histórica inmediata, de la emancipación y recuperación humana. El *comunismo* es la forma necesaria y el principio dinámico del próximo futuro, pero el comunismo en sí no es la finalidad del desarrollo humano, la forma de la sociedad humana.

Necesidad, producción y división del trabajo

[XIV] Hemos visto qué significación tiene, en el supuesto del socialismo, la *riqueza* de las necesidades humanas, y por ello también un *nuevo modo de producción* y un nuevo *objeto* de la misma. Nueva afirmación de la fuerza esencial *humana* y nuevo enriquecimiento de la esencia *humana*. Dentro de la propiedad privada el significado inverso. Cada individuo especula sobre el modo de crear en el otro una *nueva* necesidad para obligarlo a un nuevo sacrificio, para sumirlo en una nueva dependencia, para desviarlo hacia una nueva forma del *placer* y con ello de la ruina económica. Cada cual trata de crear una fuerza esencial extraña sobre el otro, para encontrar así satisfacción a su propia necesidad egoísta. Con la masa de objetos crece, pues, el reino de los seres ajenos a los que el hombre está sometido y cada nuevo producto es una nueva *potencia* del recíproco engaño y la recíproca explotación. El hombre, en cuanto hombre se hace más pobre, necesita más del *dinero* para adueñarse del ser enemigo, y el poder de su dinero disminuye en relación inversa a la masa de la producción, es decir, su menesterosidad crece cuando el *poder* del dinero aumenta. La necesidad de dinero es así la verdadera necesidad producida por la Economía Política y la única necesidad que ella produce. La *cantidad* de dinero es cada vez más su única propiedad *importante*. Así como él reduce todo ser a su abstracción, así se reduce él en su propio movimiento a ser *cuantitativo*. La desmesura y el exceso es su verdadera medida.

Incluso subjetivamente esto se muestra, en parte, en el hecho de que el aumento de la producción y de las necesidades se convierte en el esclavo *ingenioso* y siempre *calculador* de caprichos inhumanos, refinados, antinaturales e *imaginarios*. La propiedad privada no sabe hacer de la necesidad bruta necesidad *humana;* su *idealismo* es la *fantasía,* la *arbitrariedad,* el *antojo.* Ningún eunuco adula más bajamente a su déspota o trata con más infames medios de estimular su agotada capacidad de placer para granjearse más monedas, para hacer salir las llaves de oro del bolsillo de sus prójimos cristianamente amados. (Cada producto es un reclamo con el que se quiere ganar el ser de los otros, su dinero; toda necesidad real o posible es una debilidad que arrastrará las moscas a la miel, la explotación general de la esencia comunitaria del hombre. Así como toda imperfección del hombre es un vínculo con los cielos, un flanco por el que su corazón es accesible al sacerdote, todo apuro es una ocasión para aparecer del modo más amable ante el prójimo y decirle: querido amigo, te doy lo que necesitas, pero ya conoces la *conditio sine qua non,* ya sabes con qué tinta te me tienes que obligar; te despojo al tiempo que te proporciono un placer.) El productor se aviene a los más abyectos caprichos del hombre, hace de celestina entre él y su necesidad, le despierta apetitos morbosos y acecha toda debilidad para exigirle después la propina por estos buenos oficios.

Esta enajenación se muestra parcialmente al producir el refinamiento de las necesidades y de sus medios de una parte, mientras produce bestial salvajismo, plena, brutal y abstracta simplicidad de las necesidades de la otra; o mejor, simplemente se hace renacer en un sentido opuesto. Incluso la necesidad del aire libre deja de ser en el obrero una necesidad; el hombre retorna a la caverna, envenenada ahora por la mefítica pestilencia de la civilización y que habita sólo en *precario,* como un poder ajeno que puede escapársele cualquier día, del que puede ser arrojado cualquier día si no paga [XV]. Tiene que pagar por esta casa mortuoria. La *luminosa* morada que Prometeo señala, según Esquilo, como uno de los grandes regalos con los que convierte a las fieras en hombres, deja de existir para el obrero. La luz, el aire, etcétera, la más simple limpieza *animal,* deja de ser una necesidad para el hombre. La *basura,* esta corrupción y podredumbre del hombre, la cloaca de la civilización (esto hay que entenderlo literalmente) se convierte para él en un *elemento vital.* La dejadez totalmente *antinatural,* la naturaleza podrida, se convierten en su *elemento vital.* Ninguno de sus sentidos continúa existiendo, no ya en su forma humana, pero ni siquiera en forma *inhumana,* ni siquiera en forma animal. Retornan las más burdas *formas* (e *instrumentos)* del trabajo humano como la calandria de los esclavos romanos, convertida en modo de producción y de existencia de muchos obreros ingleses. No sólo no tiene el hombre ninguna necesidad humana, es que incluso las necesidades *animales* desaparecen. El irlandés no conoce ya otra necesidad que la de *comer,* y para ser exactos, la de *comer patatas,* y para ser más exactos aún sólo la de comer *patatas enmohecidas,* las de peor calidad. Pero Inglaterra y Francia tienen en cada ciudad industrial una *pequeña* Irlanda. El salvaje, el animal, tienen la necesidad de la caza, del movimiento, etc., de la compañía. La simplificación de la máquina, del trabajo, se aprovecha para convertir en obrero al hombre que está aún formándose, al hombre aún no formado, al *niño,* así como se ha convertido al obrero en un niño totalmente abandonado. La máquina se acomoda a la *debilidad* del hombre para convertir al hombre *débil* en máquina.

El economista (y el capitalista; en general hablamos siempre de los hombres de negocio *empíricos* cuando nos referimos a los economistas, que son su manifestación y existencia *científicas*) prueba cómo la multiplicación de las necesidades y de los medios engendra la carencia de necesidades y de medios:

1.º) Al reducir la necesidad del obrero al más miserable e imprescindible mantenimiento de la vida física y su actividad al más abstracto movimiento mecánico, el economista afirma que el hombre no tiene ninguna otra necesidad, ni respecto de la actividad, ni respecto del placer, pues también proclama esta vida como vida y existencia humanas.

2.º) Al emplear la más *mezquina* existencia como medida (como medida general, porque es válida para la masa de los hombres), hace del obrero un ser sin sentidos y sin necesidades, del mismo modo que hace de su actividad una pura abstracción de toda actividad. Por esto todo *lujo* del obrero le resulta censurable y todo lo que excede de la más abstracta necesidad (sea como goce pasivo o como exteriorización vital) le parece un lujo. La Economía Política, esa ciencia de la *riqueza,* es así también al mismo tiempo la ciencia de la renuncia, de la privación del *ahorro* y llega realmente a *ahorrar* al hombre la *necesidad* del aire puro o del *movimiento* físico. Esta ciencia de la industria maravillosa es al mismo tiempo la ciencia del *ascetismo,* y su verdadero ideal es el avaro *ascético,* pero *usurero,* y el esclavo *ascético,* pero *productivo*. Su ideal moral es el *obrero* que lleva a la caja de ahorro una parte de su salario e incluso ha encontrado un *arte* servil para ésta su idea favorita. Se ha llevado esto al teatro en forma sentimental. Por esto la Economía, pese a su mundana y placentera apariencia, es una verdadera ciencia moral, la más moral de las ciencias. La autorrenuncia, la renuncia a la vida y a toda humana necesidad es su dogma fundamental. Cuanto menos comas y bebas, cuantos menos licores compres, cuanto menos vayas al teatro, al baile, a la taberna, cuanto menos pienses, ames, teorices, cantes, pintes, esgrimas, etc., tanto más *ahorras,* tanto *mayor* se hace tu tesoro al que ni polillas ni herrumbre devoran, tu *capital.* Cuanto menos *eres,* cuanto menos exteriorizas tu vida, tanto más *tienes,* tanto mayor es tu vida *enajenada* y tanto más almacenas de tu esencia... Todo [XVI] lo que el economista te quita en vida y en humanidad te lo restituyen en *dinero* y *riqueza,* y todo lo que no puedes lo puede tu dinero. Él puede comer y beber, ir al teatro y al baile; conoce el arte, la sabiduría, las rarezas históricas, el poder político; puede viajar; *puede* hacerte dueño de todo esto, puede comprar todo esto, es la verdadera *opulencia.* Pero siendo todo esto, el dinero no puede más que crearse a sí mismo, comprarse a sí mismo, pues todo lo demás es siervo suyo y cuando se tiene al señor se tiene al siervo y no se le necesita. Todas las pasiones y toda actividad deben, pues, disolverse en la *avaricia.* El obrero sólo debe tener lo suficiente para querer vivir y sólo debe querer vivir para tener.

Verdad es que en el campo de la Economía Política surge ahora una controversia. Un sector (Lauderdale, Malthus, etc.) recomienda el *lujo* y execra el ahorro; el otro (Say, Ricardo, etc.) recomienda el ahorro y execra el lujo. Pero el primero confiesa que quiere el lujo para producir el *trabajo,* es decir, el ahorro absoluto, y el segundo confiesa que recomienda el ahorro para producir la *riqueza,* es decir, el lujo. El primer grupo tiene la romántica ilusión de que la avaricia sola no debe determinar el consumo de los ricos y contradice sus propias leyes al presentar el *despilfarro* inmediatamente como un medio de enriquecimiento. Por esto el grupo opuesto le demuestra de modo muy serio y circunstanciado que mediante el despilfarro disminuyó y no aumentó mi *caudal*. Este segundo grupo cae en la hipocresía de no confesar que precisamente el capricho y el humor determinan la producción; olvida la «necesidad refinada»; olvida que sin consumo no se producirá; olvida que mediante la competencia la producción sólo ha de hacerse más universal, más lujosa; olvida que para él el uso determina el valor de la cosa y que la moda determina el uso; desea ver producido sólo «lo útil», pero olvida que la producción de demasiadas cosas útiles produce demasiada población inútil. Ambos grupos olvidan que despilfarro y ahorro, lujo y abstinencia, riqueza y pobreza son iguales.

Y no sólo debes privarte en tus sentidos inmediatos, como comer, etc.; también la participación en intereses generales (compasión, confianza, etc.), todo esto debes ahorrártelo si quieres ser económico y no quieres morir de ilusiones.

Todo lo tuyo tienes que hacerlo *venal,* es decir, útil. Si pregunto al economista, ¿obedezco a las leyes económicas si consigo dinero de la entrega, de la prostitución de mi cuerpo al placer ajeno? (Los obreros fabriles en Francia llaman a la prostitución de sus hijas y esposas la enésima hora de trabajo, lo cual es literalmente cierto.) ¿No actúo de modo económico al vender a mi amigo a los marroquíes? (y el tráfico de seres humanos como comercio de conscriptos, etc., tiene lugar en todos los países civilizados), el economista me contestará: no operas en contra de mis leyes, pero mira lo que dicen la señora Moral y la señora Religión; mi Moral y mi Religión económica no tienen nada que reprocharte. Pero ¿a quién tengo que creer ahora, a la Economía Política o a la moral? La moral de la Economía Política es el *lucro,* el trabajo y el ahorro, la sobriedad; pero la Economía Política me promete satisfacer mis necesidades. La Economía Política de la moral es la riqueza con buena conciencia, con virtud, etc. Pero ¿cómo puedo ser virtuoso si no soy? ¿Cómo puedo tener buena conciencia si no tengo conciencia de nada? El hecho de que cada esfera me mida con una medida distinta y opuesta a las demás, con una medida la moral, con otra distinta la Economía Política, se basa en la esencia de la enajenación, porque cada una de estas esferas es una determinada enajenación del hombre y [XVII] contempla un determinado círculo de la actividad esencial enajenada; cada una de ellas se relaciona de forma enajenada con la otra enajenación. El señor Michel Chevalier reprocha así a Ricardo que hace abstracción de la moral. Ricardo, sin embargo, deja a la Economía Política hablar su propio lenguaje; si ésta no habla moralmente, la culpa no es de Ricardo. M. Chevalier hace abstracción de la Economía Política en cuanto moraliza, pero real y necesariamente hace abstracción de la moral en cuanto cultiva la Economía Política. La relación de la Economía Política con la moral cuando no es arbitraria, ocasional, y por ello trivial y acientífica, cuando no es una *apariencia* engañosa, cuando se la considera como *esencial,* no puede ser sino la relación de las leyes económicas con la moral. ¿Qué puede hacer Ricardo si esta relación no existe o si lo que existe es más bien lo contrario? Por lo demás, también la oposición entre Economía Política y moral es sólo una *apariencia* y no tal oposición. La Economía Política se limita a expresar *a su manera* las leyes morales.

La ausencia de necesidades como principio de la Economía Política resplandece sobre todo en su *teoría de la población*. Hay *demasiados* hombres. Incluso la existencia de los hombres es un puro lujo y si el obrero es *«moral»* (Mill propone alabanzas públicas para aquellos que se muestren continentes en las relaciones sexuales y una pública reprimenda para quienes pequen contra esta esterilidad del matrimonio. ¿No es esta doctrina ética del ascetismo?) será *ahorrativo* en la fecundación. La producción del hombre aparece como calamidad pública.

El sentido que la producción tiene en lo que respecta a los ricos se muestra *abiertamente* en el sentido que para los pobres tiene; hacia arriba, su exteriorización es siempre refinada, encubierta, ambigua, apariencia; hacia abajo, grosera, directa, franca, esencial. La *grosera* necesidad del trabajador es una fuente de lucro mayor que la necesidad *refinada* del rico. Las viviendas subterráneas de Londres le rinden a sus arrendadores más que los palacios, es decir, en lo que a ellos concierne son una *mayor riqueza;* hablando en términos de Economía Política son, pues, una mayor riqueza *social*.

Y así como la industria especula sobre el refinamiento de las necesidades, así también especula sobre su *tosque-*

dad, sobre su artificialmente producida tosquedad, cuyo verdadero goce es el *autoaturdimiento,* esta *aparente* satisfacción de las necesidades, esta civilización *dentro* de la grosera barbarie de la necesidad; las tascas inglesas son por eso representaciones *simbólicas* de la propiedad privada. Su *lujo* muestra la verdadera relación del lujo y la riqueza industriales con el hombre. Por esto son, con razón, los únicos esparcimientos dominicales del pueblo que la policía inglesa trata al menos con suavidad.

Hemos visto ya cómo el economista[5] establece de diversas formas la unidad de trabajo y capital:

1.º) El capital es *trabajo acumulado.*

2.º) La determinación del capital dentro de la producción, en parte la reproducción del capital con beneficio, en parte el capital como materia prima (materia del trabajo), en parte como *instrumento que trabaja* por sí mismo –la máquina es el capital establecido inmediatamente como idéntico al obrero– es el trabajo *productivo.*

3.º) El obrero es un capital.

4.º) El salario forma parte de los costos del capital.

5.º) En lo que al obrero respecta, el trabajo es la reproducción de su capital vital.

6.º) En lo que al capitalista toca, es un factor de la actividad de su capital.

Finalmente,

7.º) el economista supone la unidad original de ambos como unidad del capitalista y el obrero, ésta es la paradisíaca situación originaria. El que estos dos momentos se arrojen el uno contra el otro como dos personas es, para el economista, un acontecimiento *casual* y que por eso sólo externamente puede explicarse (véase Mill).

Las naciones que están aún cegadas por el brillo de los metales preciosos, y por ello adoran todavía el fetiche del dinero metálico, no son aún las naciones dinerarias perfectas. Oposición de Francia e Inglaterra. En el *fetichismo,* por ejemplo, se muestra hasta qué punto es la solución de los enigmas teóricos una tarea de la práctica, una tarea mediada por la práctica, hasta qué punto la verdadera práctica es la condición de una teoría positiva y real. La conciencia sensible del fetichista es distinta de la del griego porque su existencia sensible también es distinta. La enemistad abstracta entre sensibilidad y espíritu es necesaria en tanto que el sentido humano para la naturaleza, el sentido humano de la naturaleza y, por tanto, también el sentido *natural* del *hombre,* no ha sido todavía producido por el propio trabajo del hombre.

La *igualdad* no es otra cosa que la traducción francesa, es decir, política, del alemán *ich* = yo. La igualdad como *fundamento* del comunismo es su fundamentación política y es lo mismo que cuando el alemán lo funda en la concepción del hombre como *autoconciencia universal.* Se comprende que la superación de la enajenación parte siempre de la forma de enajenación que constituye la potencia *dominante:* en Alemania, la *autoconciencia;* en Francia, la *igualdad,* a causa de la política; en Inglaterra, la necesidad *práctica,* material, real, que sólo se mide a sí misma. Desde este punto de vista hay que criticar y apreciar a Proudhon.

Si caracterizamos aún el *comunismo* mismo (porque es negación de la negación, apropiación de la esencia humana que se media a sí misma a través de la negación de la propiedad privada, por ello todavía no como la posición *verdadera,* que parte de sí misma, sino más bien como la posición que parte de la propiedad privada)*.

... (extrañamiento de la vida humana permanece y continúa siendo tanto mayor extrañamiento cuanto más conciencia de él como tal se tiene) puede ser realizado, así sólo mediante el comunismo puesto en práctica puede realizarse. Para superar la propiedad privada basta el comunismo pensado, para superar la propiedad privada real se requiere una acción comunista *real*. La historia la aportará y aquel movimiento, que ya conocemos en *pensamiento* como un movimiento que se supera a sí mismo, atravesará en la realidad un proceso muy duro y muy extenso. Debemos considerar, sin embargo, como un verdadero y real progreso el que nosotros hayamos conseguido de antemano conciencia tanto de la limitación como de la finalidad del movimiento histórico; y una conciencia que lo sobrepasa.

Cuando los *obreros* comunistas se asocian, su finalidad es inicialmente la doctrina, la propaganda, etc. Pero al mismo tiempo adquieren con ello una nueva necesidad, la necesidad de la sociedad, y lo que parecía medio se ha convertido en fin. Se puede contemplar este movimiento práctico en sus más brillantes resultados cuando se ven reunidos a los obreros socialistas franceses. No necesitan ya medios de unión o pretextos de reunión como el fumar, el beber, el comer, etc. La sociedad, la asociación, la charla, que a su vez tienen la sociedad como fin, les bas-

---

* En este lugar el manuscrito aparece roto y sólo son legibles algunas palabras sueltas, restos de seis líneas cuyo sentido es imposible reconstruir.

tan. Entre ellos la fraternidad de los hombres no es una frase, sino una verdad, y la nobleza del hombre brilla en los rostros endurecidos por el trabajo.

[XX] Cuando la Economía Política afirma que la demanda y la oferta se equilibran mutuamente, está al mismo tiempo olvidando que, según su propia afirmación, la oferta de *hombres* (teoría de la población) excede siempre de la demanda, que, por tanto, en el resultado esencial de toda la producción (la existencia del hombre) encuentra su más decisiva expresión la desproporción entre oferta y demanda. En qué medida es el dinero, que aparece como medio, el verdadero *poder* y el único *fin;* en qué medida *el* medio en general, que me hace ser, que hace mío el ser objetivo ajeno, es un *fin en sí...,* es cosa que puede verse en el hecho de cómo la propiedad de la tierra (allí donde la tierra es la fuente de la vida), el caballo y la espada (en donde ellos son el *verdadero medio de vida)* son reconocidos como los verdaderos poderes políticos de la vida. En la Edad Media se emancipa un estamento tan pronto como tiene derecho a portar la *espada.* Entre los pueblos nómadas es el *caballo* el que hace libre, partícipe en la comunidad.

Hemos dicho antes que el hombre retorna a la *caverna,* etc., pero en una forma enajenada, hostil. El salvaje en su caverna (este elemento natural que se le ofrece espontáneamente para su goce y protección) no se siente extraño, o, mejor dicho, se siente tan a gusto como un *pez* en el agua. Pero la cueva del pobre es una vivienda hostil que «se resiste como una potencia extraña, que no se le entrega hasta que él no le entrega a ella su sangre y su sudor», que él no puede considerar como un hogar en donde, finalmente, pudiera decir: aquí estoy en casa, en donde él se encuentra más bien en una casa *extraña,* en la casa de *otro* que continuamente lo acecha y que lo expulsa si no paga el alquiler. Igualmente, desde el punto de vista de la calidad, ve su casa como lo opuesto a la vivienda humana situada en el *más allá,* en el cielo de la riqueza.

La enajenación aparece tanto en el hecho de que *mi* medio de vida es de *otro,* que *mi* deseo es la posesión inaccesible de *otro,* como en el hecho de que cada cosa es *otra* que ella misma, que mi actividad es *otra cosa,* que, por último (y esto es válido también para el capitalista), domina en general el *poder inhumano.* La determinación de la riqueza derrochadora, inactiva y entregada sólo al goce, cuyo beneficiario actúa, de una parte como un individuo solamente *efímero,* vano, travieso, que considera el trabajo de esclavo ajeno, el *sudor* y la *sangre* de los hombres, como presa de sus apetitos y que por ello considera al hombre mismo (también a sí mismo) como un ser sacrificado y nulo (el desprecio del hombre aparece así, en parte como arrogancia, en parte como la infame ilusión de que su desenfrenada prodigalidad y su incesante e improductivo consumo condicionan el *trabajo* y, por ello, la *subsistencia* de los demás), conoce la realización de las *fuerzas* humanas *esenciales* sólo como realización de su desorden, de sus *humores,* de sus caprichos arbitrarios y bizarros. Sin embargo, esta riqueza que, por otra parte, se considera a sí misma como un puro medio, una cosa digna sólo de aniquilación, que es al mismo tiempo esclavo y señor, generosa y mezquina, caprichosa, vanidosa, petulante, refinada, culta e ingeniosa, esta riqueza no ha experimentado aún en sí misma la *riqueza* como un *poder totalmente extraño;* no ve en ella todavía más que su propio poder, y no la riqueza, sino el placer*.

[XXI] ... y a la brillante ilusión sobre la esencia de la riqueza cegada por la apariencia sensible, se enfrenta el industrial *trabajador, sobrio, económico, prosaico,* bien ilustrado sobre la esencia de la riqueza que al crear a su [del derrochador F. R.] ansia de placeres un campo más ancho, al cantarle alabanzas con su producción (sus productos son justamente abyectos cumplidos a los apetitos del derrochador) sabe apropiarse de la única manera útil del poder que a aquél se le escapa. Si inicialmente la riqueza industrial parece resultado de la riqueza fantástica, derrochadora, su dinámica propia desplaza también de una manera activa a esta última. La baja del *interés del dinero* es, en efecto, resultado y necesaria consecuencia de movimiento industrial. Los medios del rentista derrochador disminuyen, en consecuencia, diariamente, en proporción *inversa* del aumento de los medios y los ardides del placer. Está obligado así, o bien a devorar su capital, es decir, a perecer, o bien a convertirse él mismo en capitalista industrial... Por otra parte, la *renta de la tierra* sube, ciertamente, de modo continuo merced a la marcha del movimiento industrial, pero, como ya hemos visto, llega necesariamente un momento en el que la propiedad de la tierra debe caer, como cualquier otra propiedad, en la categoría del capital que se reproduce con beneficio, y esto es, sin duda, el resultado del mismo movimiento industrial. El terrateniente derrochador debe así, o bien

---

* De nuevo en este punto está desgarrado e ilegible el manuscrito en un espacio que debían ocupar tres o cuatro líneas.

devorar su capital, es decir, perecer, o bien convertirse en arrendatario de su propia tierra, en industrial agricultor.

La disminución del interés del dinero (que Proudhon considera como la supresión del capital y como tendencia hacia la socialización del capital) es por ello más bien solamente un síntoma del triunfo del capital trabajador sobre la riqueza derrochadora, es decir, de la transformación de toda propiedad privada en capital industrial; el triunfo absoluto de la propiedad privada sobre *todas* las cualidades *aparentemente* humanas de la misma y la subyugación plena del propietario privado a la esencia de la propiedad privada, al *trabajo*. Por lo demás, también el capitalista industrial goza. Él no retorna en modo alguno a la antinatural simplicidad de la necesidad, pero su placer es sólo cosa secundaria, desahogo, placer subordinado a la producción y, por ello, *calculado,* incluso *económico,* pues el capitalista carga su placer a los costos del capital y por esto aquél debe costarle sólo una cantidad tal que sea restituida por la reproducción del capital con el beneficio. El placer queda subordinado al capital y el individuo que goza subordinado al que capitaliza, en tanto que antes sucedía lo contrario. La disminución de los intereses no es así un síntoma de la supresión del capital sino en la medida en que es un síntoma de su dominación plena, de su enajenación que se está planificando y, por ello, apresurando su superación. Ésta es, en general, la única forma en que lo existente afirma a su contrario.

La querella de los economistas en torno al lujo y el ahorro no es, por tanto, sino la querella de aquella parte de la Economía Política que ha penetrado la esencia de la riqueza con aquella otra que está aún lastrada de recuerdos románticos y antiindustriales. Ninguna de las dos partes sabe, sin embargo, reducir el objeto de la disputa a su sencilla expresión y, en consecuencia, nunca acabará la una con la otra.

La *renta de la tierra* ha sido, además, demolida como renta de la tierra, pues en oposición al argumento de los fisiócratas de que el terrateniente es el único productor verdadero, la Economía Política moderna ha demostrado que el terrateniente, en cuanto tal, es más bien el único rentista totalmente improductivo. La agricultura sería asunto del capitalista, que daría este uso a su capital cuando pudiese esperar de ella el beneficio acostumbrado. La argumentación de los fisiócratas (que la propiedad de la tierra como sola propiedad productiva es la única que tiene que pagar impuestos al Estado y, por tanto, también la única que tiene que acordarlos y que tomar parte en la gestión del Estado) se muda así en la afirmación inversa de que el impuesto sobre la renta de la tierra es el único impuesto sobre un ingreso improductivo y por esto el único impuesto que no es nocivo para la producción nacional. Se comprende que, así entendido, el privilegio político del terrateniente no se deduce ya de su carácter de principal fuente impositiva.

Todo lo que Proudhon capta como movimiento del trabajo contra el capital no es más que el movimiento del trabajo en su determinación de capital, de capital industrial, contra el capital que no se consume *como* capital, es decir, industrialmente. Y este movimiento sigue su victorioso camino, es decir, el camino de la *victoria* del capital *industrial*. Se ve también que sólo cuando se capta el *trabajo* como esencia de la propiedad privada puede penetrarse el movimiento económico como tal en su determinación real.

La *sociedad*, como aparece para los economistas, es la *sociedad civil*, en la que cada individuo es un conjunto de necesidades y sólo existe para el otro [XXXV], como el otro sólo existe para él, en la medida en que se convierten en medio el uno para el otro. El economista (del mismo modo que la política en sus *Derechos del Hombre*) reduce todo al hombre, es decir, al individuo, del que borra toda determinación para esquematizarlo como capitalista o como obrero.

La *división del trabajo* es la expresión económica del *carácter social del trabajo* dentro de la enajenación. O bien, puesto que el *trabajo* no es sino una expresión de la actividad humana dentro de la enajenación, de la exteriorización vital como enajenación vital. Así también la *división del trabajo* no es otra cosa que el establecimiento *extrañado, enajenado*, de la actividad humana como una *actividad genérica real* o como *actividad del hombre en cuanto ser genérico*.

Sobre la *esencia* de la *división del trabajo* (que naturalmente tenía que ser considerada como un motor fundamental en la producción de riqueza en cuanto se reconocía el *trabajo* como la *esencia de la propiedad privada*), es decir, sobre esta *forma enajenada* y *extrañada* de la *actividad humana como actividad genérica*, son los economistas muy oscuros y contradictorios.

Adam Smith:

La *división del trabajo* no debe su origen a la humana sabiduría. Es la consecuencia necesaria, lenta y gradual de la propensión al intercambio y a la negociación de unos productos por otros. Esta tendencia al intercambio es verosímilmente una consecuencia necesaria del uso de la razón y de la palabra. Es común a todos los hombres y no se da en ningún animal. En cuanto se hace adulto, el animal vive de su propio esfuerzo. El hombre necesita constantemente del apoyo de los demás, que sería vano esperar de su simple benevolencia. Es mucho más seguro dirigirse a su interés personal y convencerlos de que les beneficia a ellos mismos hacer lo que de ellos se espera. Cuando nos dirigimos a los demás no lo hacemos a su *humanidad,* sino a su *egoísmo;* nunca les hablamos de *nuestras necesidades,* sino de *su conveniencia.* Como quiera que es a través del cambio, el comercio, la negociación, como recibimos la mayor parte de los buenos servicios que recíprocamente necesitamos, es esta propensión a la *negociación* la que ha dado origen a la *división del trabajo.* Así, por ejemplo, en una tribu de cazadores o pastores hay alguno que hace arcos y flechas con más rapidez y habilidad que los demás. Frecuentemente cambia a sus compañeros ganado y caza por los instrumentos que él construye, y rápidamente se da cuenta de que por este medio consigue más cantidad de esos productos que cuando es él mismo el que va a cazar. Con un cálculo interesado, hace, en consecuencia, de la fabricación de arcos, etc. su ocupación principal. La diferencia de *talentos naturales* entre los individuos no es tanto la *causa* como el *efecto* de la división del trabajo.

... Sin la disposición de los hombres al comercio y el intercambio cada cual se vería obligado a satisfacer por sí mismo todas las necesidades y comodidades de la vida. Cada cual hubiese tenido que realizar la *misma tarea* y no se hubiese producido esa gran *diferencia de ocupaciones* que es la única que puede engendrar la gran diferencia de talentos. Y así como es esa propensión al intercambio la que engendra la diversidad de talentos entre los hombres, es también esa propensión la que hace útil tal diversidad. Muchas razas animales, aun siendo todas de la misma especie, han recibido de la naturaleza una diversidad de caracteres mucho más grande y más evidente que la que puede encontrarse entre los hombres no civilizados. Por naturaleza no existe entre un filósofo y un cargador ni la mitad de la diferencia que hay entre un mastín y un galgo, entre un galgo y un podenco o entre cualquiera de éstos y un perro pastor. Pese a ello, estas distintas razas, aun perteneciendo todas a la misma especie, apenas tienen utilidad las unas para las otras. El mastín no puede aprovechar la ventaja de su fuerza para servirse de la ligereza del galgo, etc. Los efectos de estos distintos talentos o grados de inteligencia no pueden ser puestos en común porque falta la capacidad o la propensión al cambio, y no pueden, por tanto, aportar nada a la *ventaja* o *comodidad común* de la especie... Cada animal debe alimentarse y protegerse a sí mismo, con absoluta independencia de los demás no puede obtener la más mínima ventaja de la diversidad de talentos que la naturaleza ha distribuido entre sus semejantes. Por el contrario, entre los hombres los más diversos talentos se resultan útiles unos a otros porque, mediante esa propensión general al comercio y el intercambio, los *distintos productos* de los diversos tipos de actividad pueden ser puestos, por así decir, en una masa común a la que cada cual puede ir a comprar una parte de la industria de los demás de acuerdo con sus necesidades. Como es esa *propensión al in-*

tercambio la que da su origen a la *división del trabajo*, la *extensión* de esta *división* estará siempre limitada por la *extensión de la capacidad de intercambiar* o, dicho en otras palabras, por la *extensión del mercado*. Si el mercado es muy pequeño, nadie se animará a dedicarse por entero a una sola ocupación ante el temor de no poder intercambiar aquella parte de su producción que excede de sus necesidades por el excedente de la producción de otro que él desearía adquirir...

En una situación de *mayor progreso:*

Todo hombre vive del cambio y se convierte en una especie de *comerciante* y la sociedad misma es realmente una *sociedad mercantil*.

(Véase Destutt de Tracy: La sociedad es una serie de intercambios recíprocos, en el *comercio* está la esencia toda de la sociedad...) La acumulación de capitales crece con la división del trabajo y viceversa.
Hasta aquí Adam Smith[6].

Si cada familia produjera la totalidad de los objetos de su consumo, podría la sociedad marchar así aunque no se hiciese intercambio alguno; *sin ser fundamental,* el intercambio es indispensable en el avanzado estadio de nuestra sociedad, la división del trabajo es un hábil empleo de las fuerzas del hombre que acrece, en consecuencia, los productos de la sociedad, su poder y sus placeres, pero reduce, aminora la capacidad de cada hombre tomado individualmente. La producción no puede tener lugar sin intercambio.

Así habla J. B. Say[7].

Las fuerzas inherentes al hombre son su inteligencia y su aptitud física para el trabajo; las que se derivan del estado social consisten en la capacidad de *dividir el trabajo* y de *repartir entre los distintos hombres los diversos trabajos* y en la facultad de intercambiar los *servicios recíprocos* y los productos que constituyen este medio. El motivo por el que un hombre consagra a otro sus servicios es el egoísmo, el hombre exige una recompensa por los servicios prestados a otro. La existencia del derecho exclusivo de propiedad es, pues, indispensable para que pueda establecerse el intercambio entre los hombres. Influencia recíproca de la división de la industria sobre el intercambio y del intercambio sobre esta división. «Intercambio y división del trabajo se condicionan recíprocamente.»

Así Sharbek[8].
Mill expone el intercambio desarrollado, el *comercio,* como *consecuencia* de la división del *trabajo.*

La actividad del hombre puede reducirse a elementos muy simples. Él no puede, en efecto, hacer otra cosa que producir movimiento; puede mover las cosas para alejarlas [XXXVII] o aproximarlas entre sí; las propiedades de la materia hacen el resto. En el empleo del trabajo y de las máquinas ocurre con frecuencia que se pueden aumentar los efectos mediante una oportuna división de las operaciones que se oponen y la unificación de todas aquellas que, de algún modo, pueden favorecerse recíprocamente. Como, en general, los hombres no pueden ejecutar muchas operaciones distintas con la misma habilidad y velocidad, como la costumbre les da esa capacidad para la realización de un pequeño número, siempre es ventajoso limitar en lo posible el número de operaciones encomendadas a cada individuo. Para la división del trabajo y la repartición de la fuerza de los hombres de la manera más ventajosa es necesario operar en una multitud de casos en gran escala o, en otros términos, producir las riquezas en masa. Esta ventaja es el motivo que origina las grandes manufacturas, un pequeño número de las cuales, establecidas en condiciones ventajosas, aprovisionan frecuentemente con los objetos por ellas producidos no uno solo, sino varios países en las cantidades que ellos requieren.

Así Mill[9].

Toda la Economía Política moderna está de acuerdo, sin embargo, en que división del trabajo y riqueza de la producción, división del trabajo y acumulación del capital se condicionan recíprocamente, así como en el hecho de que sólo la propiedad privada *liberada,* entregada a sí misma, puede producir la más útil y más amplia división del trabajo.

La exposición de Adam Smith se puede resumir así: la división del trabajo da a éste una infinita capacidad de producción. Se origina en la *propensión* al intercambio y al *comercio,* una propensión específicamente humana que verosímilmente no es casual, sino que está condicionada por el uso de la razón y del lenguaje. El motivo del que cambia no es la *humanidad,* sino el *egoísmo.* La diversidad de los talentos humanos es más el efecto que la causa de la división del trabajo, es decir, del intercambio.

También es sólo este último el que hace útil aquella diversidad. Las propiedades particulares de las distintas razas de una especie animal son por naturaleza más distintas que la diversidad de dones y actividades humanas. Pero como los animales no pueden *intercambiar*, no le aprovecha a ningún individuo animal la diferente propiedad de un animal de la misma especie, pero de distinta raza. Los animales no pueden adicionar las diversas propiedades de su especie; no pueden aportar nada al provecho y al bienestar *común* de su especie. Otra cosa sucede con el *hombre*, en el cual los más dispares talentos y formas de actividad se benefician recíprocamente *porque* pueden reunir sus *diversos* productos en una masa común de la que todos pueden comprar. Como la división del trabajo brota de la propensión al *intercambio*, crece y está limitada por la *extensión* del *intercambio*, del *mercado*. En el estado avanzado todo hombre es *comerciante*, la sociedad es una *sociedad mercantil*. Say considera el *intercambio* como casual y no fundamental. La sociedad podría subsistir sin él. Se hace indispensable en el estado avanzado de la sociedad. No obstante, *sin él* no puede tener lugar la *producción*. La división del trabajo es un *cómodo y útil* medio, un hábil empleo de las fuerzas humanas para el desarrollo de la sociedad, pero disminuye la *capacidad de cada hombre individualmente considerado*. La última observación es un progreso de Say.

Skarbek distingue las fuerzas *individuales, inherentes al hombre* (inteligencia y disposición física para el trabajo), de las fuerzas derivadas de la sociedad *(intercambio y división del trabajo)* que se condicionan mutuamente.

Pero el presupuesto necesario del intercambio es la *propiedad privada*. Skarbek expresa aquí en forma objetiva lo mismo que Smith, Say, Ricardo, etc., dicen cuando señalan el *egoísmo,* el *interés privado,* como fundamento del intercambio, o el comercio como la forma *esencial* y *adecuada* del intercambio.

Mill presenta el *comercio* como consecuencia de la *división del trabajo*. La actividad humana se reduce para él a un *movimiento mecánico*. División del trabajo y empleo de máquinas fomentan la riqueza de la producción. Se debe confiar a cada hombre un conjunto de actividades tan pequeño como sea posible. Por su parte, división del trabajo y empleo de máquinas condicionan la producción de la riqueza en masa y, por tanto, del producto. Éste es el fundamento de las grandes manufacturas.

[XXXVIII] El examen de la *división del trabajo* y del intercambio es del mayor interés porque son las expresiones manifiestamente *enajenadas* de la *actividad y la fuerza esencial* humana en cuanto actividad y fuerza esencial *adecuadas al género.*

Decir que la *división del trabajo* y el *intercambio* descansan sobre la *propiedad privada* no es sino afirmar que el *trabajo* es la esencia de la propiedad privada; una afirmación que el economista no puede probar y que nosotros vamos a probar por él. Justamente aquí, en el hecho de que *división del trabajo* e *intercambio* son configuraciones de la propiedad privada, reside la doble prueba, tanto de que, por una parte, la vida *humana* necesitaba de la *propiedad privada* para su realización, como de que, de otra parte, ahora necesita la supresión y superación de la propiedad privada.

División del trabajo e *intercambio* son los dos fenómenos que hacen que el economista presuma del carácter social de su ciencia y, al mismo tiempo, exprese inconscientemente la contradicción de esta ciencia: la fundamentación de la sociedad mediante el interés particular antisocial.

Los momentos que tenemos que considerar son: en primer lugar, la *propensión al intercambio* (cuyo fundamento se encuentra en el egoísmo) es considerada como fundamento o efecto recíproco de la división del trabajo. Say considera el intercambio como no *fundamental* para la esencia de la sociedad. La riqueza, la producción, se explican por la división del trabajo y el intercambio. Se concede el empobrecimiento y la degradación de la actividad individual por obra de la división del trabajo. Se reconoce que la división del trabajo y el intercambio son productores de la gran *diversidad de los talentos humanos,* una diversidad que, a su vez, se hace útil gracias a aquéllos. Skarbek divide las fuerzas de producción o fuerzas productivas del hombre en dos partes: 1) Las individuales e inherentes a él, su inteligencia y su especial disposición o capacidad de trabajo; 2) las *derivadas* de la sociedad (no del individuo real), la división del trabajo y el intercambio. Además, la división del trabajo está limitada por el *mercado*. El trabajo humano es simple *movimiento mecánico;* lo principal lo hacen las propiedades materiales de los objetos.

A un individuo se le debe atribuir la menor cantidad posible de funciones. Fraccionamiento del trabajo y concentración del capital, la inanidad de la producción individual y la producción de la riqueza en masas. Concepción de la propiedad privada libre en la división del trabajo.

Dinero

[XLI] Si las *sensaciones,* pasiones, etc., del hombre son no sólo determinaciones antropológicas en sentido estricto, sino verdaderamente afirmaciones *ontológicas* del ser (naturaleza) y si sólo se afirman realmente por el hecho de que su *objeto* es *sensible* para ellas, entonces es claro:

1) Que el modo de su afirmación no es en absoluto uno y el mismo, sino que, más bien, el diverso modo de la afirmación constituye la peculiaridad de su existencia, de su vida; el modo en que el objeto es para ellas el modo peculiar de su *goce*.

2) Allí en donde la afirmación sensible es supresión directa del objeto en su forma independiente (comer, beber, elaborar el objeto, etc.), es ésta la afirmación del objeto.

3) En cuanto el hombre es *humano,* en cuanto es *humana* su sensación, etc., la afirmación del objeto por otro es igualmente su propio goce.

4) Sólo mediante la industria desarrollada, esto es, por la mediación de la propiedad privada, se constituye la esencia ontológica de la pasión humana, tanto en su totalidad como en su humanidad; la misma ciencia del hombre es, pues, un producto de la autoafirmación práctica del hombre.

5) El sentido de la propiedad privada –desembarazada de su enajenación– es la *existencia* de los *objetos esen-*

ciales para el hombre, tanto como objeto de goce cuanto como objeto de actividad.

El *dinero,* en cuanto posee la propiedad de comprarlo todo, en cuanto posee la propiedad de apropiarse de todos los objetos es, pues, el objeto por excelencia. La universalidad de su *cualidad* es la omnipotencia de su esencia; vale, pues, como ser omnipotente..., el dinero es el *alcahuete* entre la necesidad y el objeto, entre la vida y los medios de vida del hombre. Pero *lo que* me sirve de mediador para mi vida, me sirve de mediador también para la existencia de los otros hombres para mí. Eso es para mí el *otro* hombre.

> ¡Qué diablo! ¡Claro que manos y pies,
> y cabeza y trasero son tuyos!
> Pero todo esto que yo tranquilamente gozo,
> ¿es por eso menos mío?
> Si puedo pagar seis potros,
> ¿no son sus fuerzas mías?
> Los conduzco y soy todo un señor
> Como si tuviese veinticuatro patas.
>
> (Goethe: *Fausto*-Mefistófeles)[10].

Shakespeare, en el *Timón de Atenas:*

¡Oro!, ¡oro maravilloso, brillante, precioso! ¡No, oh dioses, no soy hombre que haga plegarias inconsecuentes! (Simples raíces, oh cielos purísimos!) Un poco de él puede volver lo blanco, negro; lo feo, hermoso; lo falso, verdadero; lo bajo, noble; lo viejo, joven; lo cobarde, valiente (¡oh dioses! ¿Por qué?) Esto va a arrancar de vuestro lado a vuestros sacerdotes y a vuestros sirvientes; va a retirar la almohada de debajo de la cabeza del hombre más robusto; este amarillo esclavo va a atar y desatar lazos sagrados, bendecir a los malditos, hacer adorable la lepra blanca, dar plaza a los ladrones y hacerlos sentarse entre los senadores, con títulos, genuflexiones y alabanzas; él es el que hace que se vuelva a casar la viuda marchita y el que perfuma y embalsama como un día de abril a aquella que revolvería el estómago al hospital y a las mismas úlceras. Vamos, fango condenado, puta común de todo el género humano que siembras la disensión entre la multitud de las naciones, voy a hacerte ultrajar según tu naturaleza.

Y después:

¡Oh, tú, dulce regicida, amable agente de divorcio entre el hijo y el padre! ¡Brillante corruptor del más puro lecho de himeneo! ¡Marte valiente! ¡Galán siempre joven, fresco, amado y delicado, cuyo esplendor funde la nieve sagrada que descansa sobre el seno de Diana! *Dios visible* que sueldas juntas las cosas de la Naturaleza absolutamente contrarias y las obligas a que se abracen; tú, que sabes hablar todas las lenguas [XLII] para todos los designios. ¡Oh, tú, piedra de toque de los corazones, piensa que el hombre, tu esclavo, se rebela, y por la virtud que en ti reside, haz que nazcan entre ellos querellas que los *destruyan,* a fin de que las bestias puedan tener el imperio del mundo...![11].

Shakespeare pinta muy acertadamente la esencia del *dinero.* Para entenderlo, comencemos primero con la explicación del pasaje goethiano.

Lo que mediante el *dinero* es para mí, lo que puedo pagar, es decir, lo que el dinero puede comprar, eso *soy yo,* el poseedor del dinero mismo. Mi fuerza es tan grande como lo sea la fuerza del dinero. Las cualidades del dinero son mis –de su poseedor– cualidades y fuerzas esenciales. Lo que *soy* y lo que *puedo* no están determinados en modo alguno por mi individualidad. *Soy* feo, pero puedo comprarme la mujer *más bella*. Luego no soy *feo,* pues el efecto de la fealdad, su fuerza ahuyentadora, es aniquilada por el dinero. Según mi individualidad soy *tullido,* pero el dinero me procura veinticuatro pies, luego no soy tullido; soy un hombre malo, sin honor, sin conciencia y sin ingenio, pero se honra al dinero, luego también a su poseedor. El dinero es el bien supremo, luego es bueno su poseedor; el dinero me evita, además, la molestia de ser deshonesto, luego se presume que soy honesto; soy *estúpido,* pero el dinero es el *verdadero espíritu* de todas las cosas, ¿cómo podría carecer de ingenio su poseedor? Él puede, por lo demás, comprarse gentes ingeniosas, ¿y no es quien tiene poder sobre las personas inteligentes más talentoso que el talentoso? ¿Es que no poseo yo, que mediante el dinero puedo *todo* lo que el corazón humano ansía, todos los poderes humanos? ¿Acaso no transforma mi dinero todas mis carencias en su contrario?

Si el *dinero* es el vínculo que me liga a la vida *humana,* que liga a la sociedad, que me liga con la naturaleza y con el hombre, ¿no es el dinero el vínculo de todos los *vínculos?* ¿No puede él atar y desatar todas las ataduras? ¿No es también por esto el medio general de separación? Es la verdadera *moneda divisoria,* así como el verdadero *medio de unión*, la fuerza *galvanoquímica* de la sociedad.

Shakespeare destaca especialmente dos propiedades en el dinero:

1.º) Es la divinidad visible, la transmutación de todas las propiedades humanas y naturales en su contrario, la confusión e inversión universal de todas las cosas; hermana las imposibilidades.

2.º) Es la puta universal, el universal alcahuete de los hombres y de los pueblos.

La inversión y confusión de todas las cualidades humanas y naturales, la conjugación de las imposibilidades; la fuerza *divina* del dinero radica en su *esencia* en tanto que esencia genérica extrañada, enajenante y autoenajenante del hombre. Es el *poder* enajenado de la *humanidad*.

Lo que como *hombre* no puedo, lo que no pueden mis fuerzas individuales, lo puedo mediante el *dinero*. El dinero convierte así cada una de estas fuerzas esenciales en lo que en sí no son, es decir, en su *contrario*. Si ansío un manjar o quiero tomar la posta porque no soy suficientemente fuerte para hacer el camino a pie, el dinero me procura el manjar y la posta, es decir, transustancia mis deseos, que son meras representaciones; los traduce de su existencia pensada, representada, querida, a su existencia *sensible, real;* de la representación a la vida, del ser representado al ser real. El dinero es, al hacer esta mediación, la *verdadera* fuerza *creadora*.

Es cierto que la *demanda* existe también para aquel que no tiene dinero alguno, pero su demanda es un puro ente de ficción que no tiene sobre mí, sobre un tercero, sobre los otros [XLIII], ningún efecto, ninguna existencia; que, por tanto, sigue siendo para mí mismo *irreal sin objeto*. La diferencia entre la demanda efectiva basada en el dinero y la demanda sin efecto basada en mi necesidad, mi pasión, mi deseo, etc., es la diferencia entre el *ser* y el *pensar,* entre la pura representación *que existe* en mí y la representación tal como es para mí en tanto que *objeto real* fuera de mí. Si no tengo dinero alguno para viajar, no tengo ninguna *necesidad* (esto es, ninguna necesidad real y realizable) de viajar. Si tengo *vocación* para estudiar, pero no dinero para ello, no tengo ninguna vocación (esto es, *ninguna* vocación *efectiva, verdadera)* para estudiar. Por el contrario, si realmente *no* tengo vocación *alguna* para estudiar, pero tengo la voluntad y el dinero, tengo para ello una *efectiva* vocación. El *dinero* en cuanto *medio* y *poder* universales (exteriores, no derivados del hombre en cuanto hombre ni de la sociedad humana en cuanto sociedad) para hacer de la *representación realidad* y de *la realidad una pura representación,* transforma igualmente las *reales fuerzas esenciales humanas y naturales* en puras representaciones abstractas y por ello en *imperfecciones,* en dolorosas quimeras, así como, por otra parte, transforma las *imperfecciones y quimeras reales,* las fuerzas esenciales realmente impotentes, que sólo existen en la imaginación del individuo, en *fuerzas esenciales reales y poder real.* Según esta determinación, es el dinero la inversión universal de las *individualidades,* que transforma en su contrario, y a cuyas propiedades agrega propiedades contradictorias.

Como tal potencia *inversora,* el dinero actúa también contra el individuo y contra los vínculos sociales, etc., que se dicen esenciales. Transforma la fidelidad en infidelidad, el amor en odio, el odio en amor, la virtud en vicio, el vicio en virtud, el siervo en señor, el señor en siervo, la estupidez en entendimiento, el entendimiento en estupidez.

Como el dinero, en cuanto concepto existente y activo del valor, confunde y cambia todas las cosas, es la *confusión* y el *trueque* universal de todo, es decir, el mundo invertido, la confusión y el trueque de todas las cualidades naturales y humanas.

Aunque sea cobarde, es valiente quien puede comprar la valentía. Como el dinero no se cambia por una cualidad determinada, ni por una cosa o una fuerza esencial humana determinadas, sino por la totalidad del mundo objetivo natural y humano, desde el punto de vista de su poseedor puede cambiar cualquier propiedad por cualquier otra propiedad y cualquier otro objeto, incluso los contradictorios. Es la fraternización de las imposibilidades; obliga a besarse a aquello que se contradice.

Si suponemos al *hombre* como *hombre* y a su relación con el mundo como una relación humana, sólo se puede cambiar amor por amor, confianza por confianza, etc. Si se quiere gozar del arte hasta ser un hombre artísticamente educado; si se quiere ejercer influjo sobre otro hombre, hay que ser un hombre que actúe sobre los otros de modo realmente estimulante e incitante. Cada una de las relaciones con el hombre –y con la naturaleza– ha de ser una exteriorización determinada de la vida *individual real* que se corresponda con el objeto de la voluntad. Si amas sin despertar amor, esto es, si tu amor, en cuanto amor, no produce amor recíproco, si mediante una *exteriorización vital* como hombre amante no te conviertes en *hombre amado,* tu amor es impotente, una desgracia.

Crítica de la dialéctica hegeliana y de la filosofía de Hegel en general

[XI] Este punto es quizá el lugar donde, para entendimiento y justificación de lo dicho, conviene hacer algunas indicaciones; tanto sobre la dialéctica hegeliana en general como especialmente sobre su exposición en la Fenomenología y en la Lógica y, finalmente, sobre la relación con Hegel del moderno movimiento crítico.

La preocupación de la moderna crítica alemana por el contenido del viejo mundo era tan fuerte, estaba tan absorta en su asunto, que mantuvo una actitud totalmente acrítica respecto del método de criticar y una plena inconsciencia respecto de la siguiente cuestión *parcialmente formal,* pero realmente *esencial:* ¿en qué situación nos encontramos ahora frente a la dialéctica hegeliana? La inconsciencia sobre la relación de la crítica moderna con la filosofía hegeliana en general y con la dialéctica en particular era tan grande, que críticos como Strauss y Bruno Bauer (el primero completamente, el segundo en sus *Sinópticos,* en los que, frente to Strauss, coloca la «autoconciencia» del hombre abstracto en lugar de la sustancia de la «naturaleza abstracta»[12] e incluso en el *Cristianismo descubierto*) están, al menos en potencia, totalmente presos de la lógica hegeliana. Así, por ejemplo, se dice en el *Cristianismo descubierto:*

Como si la autoconciencia, al poner el mundo, la diferencia, no se produjera a sí misma al producir su objeto, pues ella suprime de nuevo la diferencia de lo producido con ella misma, pues ella sólo en la producción y el movimiento es ella misma; como si no tuviera en este movimiento su finalidad[13],

etc., o bien:

Ellos (los materialistas franceses) no han podido ver aún que el movimiento del universo sólo como movimiento de la autoconciencia se ha hecho real para sí y ha llegado a la unidad consigo mismo.[14]

Expresiones que ni siquiera en la terminología muestran una diferencia respecto de la concepción hegeliana, sino que más bien la repiten literalmente.

[XII] Hasta qué punto era escasa en el acto de la crítica (Bauer, *Los sinópticos*) la conciencia de su relación con la dialéctica hegeliana, hasta qué punto esta conciencia no aumentó incluso después del acto de la crítica material, es cosa que prueba Bauer cuando en su *Buena causa de la libertad* rechaza la indiscreta pregunta del señor Gruppe: «¿Qué hay de la lógica?», remitiéndola a los críticos futuros[15].

Pero incluso ahora, después de que Feuerbach (tanto en sus «Tesis de los *Anekdota*» como, detalladamente, en la *Filosofía del futuro*) ha demolido el núcleo de la vieja dialéctica y la vieja filosofía; después de que, por el contrario, aquella crítica que no había sido capaz de realizar el hecho, lo vio consumado y se proclamó crítica pura, decisiva, absoluta, llegada a claridad consigo misma; después de que, en su orgullo espiritualista, redujo el movimiento histórico todo a la relación del mundo (que frente a ella cae bajo la categoría de «masa») con ella misma y ha disuelto todas las contradicciones dogmáticas en la *única* contradicción dogmática de su propia agudeza con la estupidez del mundo, del Cristo crítico con la Humanidad como el «montón»[16], después de haber probado, día tras día y hora tras hora, su propia excelencia frente a la estupidez de la masa; después de que, por último, ha anunciado el *juicio final* crítico, proclamando que se acerca el día en que toda la decadente humanidad se agrupará ante ella y será por ella dividida en grupos, recibiendo cada montón su *testimonium paupertatis*[17]; después de haber hecho imprimir su superioridad sobre los sentimientos humanos y sobre el mundo, sobre el cual, tronando en su orgullosa soledad, sólo deja caer, de tiempo en tiempo, la risa de los dioses olímpicos desde sus sarcásticos labios; después de todas estas divertidas carantoñas del idealismo (del neohegelianismo) que expira en la forma de la crítica, éste no ha expresado ni siquiera la sospecha de tener que explicarse críticamente con su madre, la dialéctica hegeliana, así como tampoco ha sabido dar una indicación crítica sobre la dialéctica de Feuerbach. Una actitud totalmente acrítica para consigo mismo.

Feuerbach es el único que tiene respecto de la dialéctica hegeliana una actitud *seria, crítica,* y el único que ha hecho verdaderos descubrimientos en este terreno. En general es el verdadero vencedor de la vieja filosofía. Lo grande de la aportación y la discreta sencillez con que Feuerbach la da al mundo están en sorprendente contraste con el comportamiento contrario.

La gran hazaña de Feuerbach es:

1) La prueba de que la Filosofía no es sino la Religión puesta en ideas y desarrollada discursivamente; que es, por tanto, tan condenable como aquélla y no representa sino otra forma, otro modo de existencia de la enajenación del ser humano[18].

2) La fundación del *verdadero materialismo* y de la *ciencia real*, en cuanto que Feuerbach hace igualmente de la relación social «del hombre al hombre» el principio fundamental de la teoría[19].

3) En cuanto contrapuso a la negación de la negación, que afirma ser lo positivo absoluto, lo positivo que descansa sobre él mismo y se fundamenta positivamente a sí mismo[20].

Feuerbach explica la dialéctica hegeliana (fundamentando con ello el punto de partida de lo positivo, de lo sensiblemente cierto) del siguiente modo:

Hegel parte de la enajenación (lógicamente de lo infinito, de lo universal abstracto) de la sustancia, de la abstracción absoluta y fijada; esto es, dicho en términos populares, parte de la Religión y de la Teología.

Segundo. Supera lo infinito, pone lo verdadero, lo sensible, lo real, lo finito, lo particular (Filosofía, superación de la Religión y de la Teología).

Tercero. Supera de nuevo lo positivo, restablece nuevamente la abstracción, lo infinito; restablecimiento de la Religión y de la Teología.

Feuerbach concibe la negación de la negación *sólo* como contradicción de la Filosofía consigo misma; como la Filosofía que afirma la Teología (trascendencia, etc.) después de haberla negado; que la afirma en oposición a sí misma[21].

La posición o autoafirmación y autoconfirmación que está implícita en la negación de la negación es concebida como una posición no segura aún de sí misma, lastrada por ello de su contrario, dudosa de sí misma y por ello necesitada de prueba, que no se prueba, pues, a sí misma mediante su existencia; como una posición inconfesada [XIII] y a la que, por ello, se le contrapone, directa e inmediatamente, la posición sensorialmente cierta, fundamentada en sí misma*.

Pero en cuanto que Hegel ha concebido la negación de la negación, de acuerdo con el aspecto positivo en ella implícito, como lo verdadero y único positivo y, de acuerdo con el aspecto negativo también implícito, como el único acto verdadero y acto de autoafirmación de todo ser, sólo ha encontrado la expresión *abstracta, lógica, especulativa* para el movimiento de la Historia, que no es aún historia *real* del hombre como sujeto presupuesto, sino sólo *acto genérico* del hombre, *historia del nacimiento* del hombre. Explicaremos tanto la forma abstracta como la diferencia que este movimiento tiene en Hegel en oposición a la moderna crítica del mismo proceso en *La Esencia del Cristianismo,* de Feuerbach; o más bien, explicaremos la forma crítica de este movimiento que en Hegel es aún acrítico.

Una ojeada al sistema hegeliano. Hay que comenzar con la *Fenomenología* hegeliana, fuente verdadera y secreto de la Filosofía hegeliana.

---

* Feuerbach concibe aún la negación de la negación, el concepto concreto, como el pensamiento que se supera a sí mismo en el pensamiento y que, en cuanto pensamiento, quiere ser inmediatamente intuición, naturaleza, realidad. *(Nota de Marx.)*

Fenomenología
A) *La autoconciencia*
   I. Conciencia
      α) Certeza sensorial o lo esto y lo *mío*.
      β) La *percepción* o la cosa con sus propiedades y la *ilusión*.
      γ) Fuerza y entendimiento, fenómeno y mundo suprasensible.
   II. *Autoconciencia*. La verdad de la certeza de sí mismo.
      a) Dependencia e independencia de la autoconciencia, señorío y vasallaje.
      b) Libertad de la autoconciencia. Estoicismo, escepticismo, la conciencia desventurada.
   III. *Razón*. Certeza y verdad de la razón.
      a) Razón observadora; observación de la naturaleza y de la autoconciencia.
      b) Realización de la autoconciencia racional mediante ella misma. El goce y la necesidad. La ley del corazón y el delirio de la presunción. La virtud y el curso del mundo.
      c) La individualidad que es real en sí y para sí. El reino animal del espíritu y el fraude o la cosa misma. La razón legisladora. La razón examinadora de leyes.

B) *El espíritu*
   I. El *verdadero* espíritu: la ética.
   II. El espíritu enajenado de sí, la cultura.

III. El espíritu seguro de sí mismo, la moralidad.

C) La Religión
Religión natural, religión estética, religión revelada.

D) *El saber absoluto*

Cómo la *Enciclopedia* de Hegel comienza con la lógica, con el *pensamiento especulativo* puro, y termina con el *saber absoluto*, con el espíritu autoconsciente, que se capta a sí mismo, filosófico, absoluto, es decir, con el espíritu sobrehumano abstracto, la *Enciclopedia* toda no es más que la *esencia desplegada* del espíritu filosófico, su autoobjetivación. El espíritu filosófico no es a su vez sino el enajenado espíritu del mundo que piensa dentro de su autoenajenación, es decir, que se capta a sí mismo en forma abstracta. La *lógica* es el *dinero* del espíritu, el *valor pensado*, especulativo, del hombre y de la naturaleza; su esencia que se ha hecho totalmente indiferente a toda determinación real y es, por tanto, irreal; es el *pensamiento enajenado* que por ello hace abstracción de la naturaleza y del hombre real; el pensamiento *abstracto*. La *exterioridad de este pensamiento abstracto...* La *naturaleza* tal como es para este pensamiento abstracto; ella es exterior a él, la pérdida de sí mismo; y él la capta también externamente, como pensamiento abstracto, pero como pensamiento abstracto enajenado; finalmente, el espíritu, este pensamiento que retorna a su propia cuna, que como espíritu antropológico, fenomenológico, psicológico, moral, artístico-religioso, todavía no vale para sí mismo hasta que, por último, como saber *absoluto,* se encuentra y relaciona[22] consigo mismo en el espíritu ahora absoluto, es decir, abstracto, y recibe su existencia consciente, la existencia que le corresponde, pues su existencia real es la *abstracción.*

Un doble error en Hegel

El primero emerge de la manera más clara en la *Fenomenología,* como cuna de la Filosofía hegeliana. Cuando él concibe, por ejemplo, la riqueza, el poder estatal, etcétera, como esencias enajenadas para el ser *humano,* esto sólo se produce en forma especulativa... Son entidades ideales y por ello simplemente un extrañamiento del pensamiento filosófico puro, es decir, abstracto. Todo el movimiento termina así con el saber absoluto. Es justamente del pensamiento abstracto de donde estos objetos están extrañados y es justamente al pensamiento abstracto al que se enfrentan con su pretensión de realidad. El *filósofo* (una forma abstracta, pues, del hombre enajenado) se erige en *medida* del mundo enajenado. Toda la *historia de la enajenación* y toda la *revocación* de la enajenación no es así sino la *historia de la producción* del pensamiento abstracto, es decir, absoluto (Vid. página XIII)[23] [XVII], del pensamiento lógico especulativo. El *extrañamiento,* que constituye, por tanto, el verdadero interés de esta enajenación y de la supresión de esta enajenación, es la oposición de *en sí y para sí,* de *conciencia* y *autoconciencia,* de *objeto* y *sujeto,* es decir, la oposición, dentro del pensamiento mismo, del pensamiento abstracto y la realidad sensible o lo sensible real. Todas las demás oposiciones y movimientos de estas oposiciones son sólo la *apariencia,* la *envoltura,* la forma *esotérica* de estas oposiciones, las únicas interesantes, que constituyen el *sentido* de las restantes profanas oposiciones. Lo que pasa por esencia establecida del extrañamiento y lo que hay que superar no es el hecho de que el ser humano se *objetive* de forma *humana,* en oposición a sí mismo, sino el que se *objetive* a *diferencia* de y en *oposición* al *pensamiento* abstracto.

[XVIII] La apropiación de las fuerzas esenciales humanas, convertidas en objeto, en objeto enajenado, es pues, en primer lugar, una *apropiación* que se opera sólo en la *conciencia,* en el *pensamiento puro, es decir,* en la *abstracción,* la apropiación de objetos como *pensamientos* y *movimientos* del *pensamiento;* por esto, ya en la *Fenomenología* (pese a su aspecto totalmente negativo y crítico, y pese a la crítica real en ella contenida, que con frecuencia se adelanta mucho al desarrollo posterior) está latente como germen, como potencia, está presente como un misterio, el positivismo acrítico y el igualmente acrítico idealismo de las obras posteriores de Hegel, esa disolución y restauración filosóficas de la empiria existente. *En segundo lugar.* La reivindicación del mundo objetivo para el hombre (por ejemplo, el conocimiento de la conciencia *sensible* no es una conciencia sensible *abstracta,* sino una conciencia sensible *humana;* el conocimiento de que la Religión, la riqueza, etc., son sólo la realidad enajenada de la objetivación *humana,* de las fuerzas esenciales *humanas* nacidas para la acción y, por ello, sólo el *camino* hacia la verdadera realidad *humana),* esta apropiación o la inteligencia de este proceso se presenta así en Hegel de tal modo que la *sensibilidad,* la *Religión,* el poder del Estado, etc., son esencias *espirituales,* pues sólo el *espíritu* es la *verdadera* esencia del hombre, y la verdadera forma del espíritu es el espíritu pensante, el espíritu lógico, especulativo. La *humanidad* de la naturaleza y de la naturaleza producida por la historia, de los productos del hombre, se manifiesta en que ellos son *productos* del espíritu abstracto y, por tanto y en esa misma medida, momentos *espirituales, esencias pensadas.* La *Fenomenología* es la crítica oculta, oscura aun para sí misma y mistificadora; pero en cuanto retiene el *extrañamiento* del hombre (aunque el hombre aparece sólo en la forma del espíritu) se encuentran ocultos en ella todos los elementos de la crítica y con frecuencia *preparados* y *elaborados* de un modo que supera ampliamente el punto de vista hegeliano. La «conciencia desventurada», la «conciencia honrada», la lucha de la «conciencia noble y la conciencia vil», etc., estas secciones sueltas contienen (pero en forma enajenada) los elementos *críticos* de esferas enteras como la Religión, el Estado, la vida civil, etc. Así como la esencia, el objeto, aparece como esencia pensada, así el sujeto es siempre *conciencia* o *autoconciencia;* o mejor, el objeto aparece sólo como conciencia *abstracta,* el hombre sólo como *autoconciencia;* las diversas formas del extrañamiento que allí emergen son, por esto, sólo distintas formas de la conciencia y de la autoconciencia. Como la conciencia abstracta *en sí* (el objeto es concebido como tal) es simplemente un momento de diferenciación de la autoconciencia, así también surge como resultado del movimiento la identidad de la autoconciencia con la conciencia, el saber absoluto, el movimiento del pensamiento abstracto que no va ya hacia fuera, sino sólo dentro de sí mismo; es decir, el resultado es la dialéctica del pensamiento puro.

[XXIII] Lo grandioso de la *Fenomenología* hegeliana y de su resultado final (la dialéctica de la negatividad como principio motor y generador) es, pues, en primer lugar, que Hegel concibe la autogeneración del hombre como un proceso, la objetivación como desobjetivación, como enajenación y como supresión de esta enajenación; que capta la esencia del *trabajo* y concibe el hombre objetivo, verdadero porque real, como resultado de su *propio trabajo*. La relación *real,* activa, del hombre consigo mismo como ser genérico, o su manifestación de sí como un ser genérico general, es decir, como ser humano, sólo es posible merced a que él realmente exterioriza todas sus *fuerzas genéricas* (lo cual, a su vez, sólo es posible por la cooperación de los hombres, como resultado de la historia) y se comporta frente a ellas como frente a objetos (lo que, a su vez, sólo es posible de entrada en la forma del extrañamiento).

Expondremos ahora detalladamente la unilateralidad y los límites de Hegel a la luz del capítulo final de la *Fenomenología,* el saber absoluto: un capítulo que contiene tanto el espíritu condensado de la *Fenomenología,* su relación con la dialéctica especulativa, como la *conciencia* de Hegel sobre ambos y sobre su relación recíproca.

De momento anticiparemos sólo esto: Hegel se coloca en el punto de vista de la Economía Política moderna. Concibe el *trabajo* como la *esencia* del hombre, que se prueba a sí misma; él sólo ve el aspecto positivo del trabajo, no su aspecto negativo. El trabajo es el *devenir para sí del hombre* dentro de la enajenación o como hombre *enajenado*. El único trabajo que Hegel conoce y reconoce es el *abstracto espiritual*. Lo que, en general, constituye la esencia de la Filosofía, la *enajenación del hombre que se conoce*, o la ciencia *enajenada que se piensa*, lo capta Hegel como esencia del trabajo y por eso puede, frente a la Filosofía precedente, reunir sus diversos momentos, presentar su Filosofía como *la* Filosofía. Lo que los otros filósofos hicieron (captar momentos aislados de la naturaleza y de la vida humana como momentos de la autoconciencia o, para ser precisos, de la autoconciencia abstracta) lo *sabe* Hegel como el *hacer* de la Filosofía, por eso su ciencia es absoluta.

Pasemos ahora a nuestro tema.

«El saber absoluto».
Capítulo final de la Fenomenología

La cuestión fundamental es que el *objeto* de la *conciencia* no es otra cosa que la *autoconciencia,* o que el objeto no es sino la *autoconciencia objetivada,* la autoconciencia como objeto (poner al hombre = autoconciencia).

Importa, pues, superar el *objeto de la conciencia*. La objetividad como tal es una relación enajenada del hombre, una relación que no corresponde a la *esencia humana,* a la autoconciencia. La *reapropiación* de la esencia objetiva del hombre, generada como extraña bajo la determinación del extrañamiento, no tiene, pues, solamente la significación de suprimir el extrañamiento, sino también la *objetividad;* es decir, el hombre pasa por ser *no objetivo, espiritualista.*

El movimiento de la *superación del objeto de la conciencia* lo describe Hegel del siguiente modo:

El *objeto* no se muestra únicamente (ésta es, según Hegel, la concepción *unilateral* –que capta una sola cara– de aquel movimiento) como retornando al sí mismo. El hombre es puesto como igual al *sí mismo.* Pero el sí mismo no es sino el hombre *abstractamente* concebido y generado mediante la abstracción. El hombre *es* mismeidad. Su ojo, su oído, etc., son *mismeidad;* cada una de sus fuerzas esenciales tiene en él la propiedad de la *mismeidad*[24]. Pero por eso es completamente falso decir: la autoconciencia tiene ojos, oídos, fuerzas esenciales. La autoconciencia es más bien una cualidad de la naturaleza humana, del ojo humano, etc., no la naturaleza humana de la [XXIV] *autoconciencia.*

El sí mismo abstraído y fijado para sí es el hombre como *egoísta abstracto,* el *egoísmo* en su pura abstracción elevado hasta el pensamiento (volveremos más tarde sobre esto).

La *esencia humana,* el *hombre,* equivale para Hegel a *autoconciencia.* Todo extrañamiento de la esencia humana no es *nada* más que *extrañamiento de la autoconciencia.* El extrañamiento de la conciencia no es considerado como *expresión* (expresión que se refleja en el saber y el pensar) del extrañamiento *real* de la humana esencia. El extrañamiento *verdadero,* que se manifiesta como real, no es, por el contrario, según su *más íntima* y escondida esencia (que sólo la Filosofía saca a la luz) otra cosa que el *fenómeno* del extrañamiento de la esencia humana real, de la *autoconciencia*. Por eso la ciencia que comprende esto se llama *Fenomenología*. Toda reapropiación de la esencia objetiva enajenada aparece así como una incorporación en la autoconciencia; el hombre que se apodera de su esencia real no es sino la autoconciencia que se apodera de la esencia objetiva; el retorno del objeto al sí mismo es, por tanto, la reapropiación del objeto. Expresada de *forma universal,* la *superación del objeto* de la *autoconciencia* es:

1) Que el objeto en cuanto tal se presenta a la conciencia como evanescente. 2) Que es la enajenación de la autoconciencia la que pone la coseidad. 3) Que esta enajenación no sólo tiene significado *positivo,* sino también *negativo.* 4) Que no lo tiene sólo *para nosotros* o en sí, sino también para ella. 5) *Para ella* [la autoconciencia] lo negativo del objeto o su autosupresión tiene significado *positivo,* o lo que es lo mismo, ella *conoce* esta negatividad del mismo porque ella se enajena a sí misma, pues en esta enajenación ella *se* pone como objeto o pone al objeto como sí misma en virtud de la inseparable unidad del *ser para sí.* 6) De otra parte, está igualmente presente este otro momento, a saber: que ella [la autoconciencia] ha superado y retomado en sí misma esta enajenación y esta objetividad, es decir, en *su* ser otro *como tal* está *junto a sí.* 7) Éste es el movimiento de la conciencia y ésta es, por ella, la totalidad de sus momentos. 8) Ella [la autoconciencia] tiene que comportarse con el objeto según la totalidad de sus determinaciones y tiene que haberlo captado, así, según cada una de ellas. Esta totalidad de sus determinaciones lo hace *en sí esencia espiritual* y para

la conciencia se hace esto verdad por la aprehensión de cada una de ellas [las determinaciones] en particular como el sí *mismo* o por el antes mencionado comportamiento espiritual hacia ellas.

Ad. 1) El que el objeto como tal se presente ante la conciencia como evanescente es el antes mencionado *retorno del objeto al sí mismo*.

Ad. 2) La enajenación *de la autoconciencia* pone la *coseidad*. Puesto que el hombre = autoconciencia, su esencia objetiva enajenada, o la *coseidad* (lo que para él es *objeto*, y sólo es verdaderamente objeto para él aquello que le es objeto esencial, es decir, aquello que es su esencia *objetiva*. Ahora bien, puesto que no se hace sujeto al *hombre real* como tal y, por tanto, tampoco a la naturaleza –el hombre es la *naturaleza humana*– sino sólo a la abstracción del hombre, a la autoconciencia, la coseidad sólo puede ser la autoconciencia enajenada), equivale a la *autoconciencia* enajenada y la *coseidad* es puesta por esta enajenación. Es completamente natural que un ser vivo, natural, dotado y provisto de fuerzas esenciales objetivas, es decir, materiales, tenga *objetos reales, naturales,* de su ser, así como que su autoenajenación sea el establecimiento de un mundo real, objetivo, pero bajo la forma de la *exterioridad,* es decir, no perteneciente a su ser y dominándolo. No hay nada inconcebible o misterioso en ello. Más bien sería misterioso lo contrario. Pero igualmente claro es que una *autoconciencia,* es decir, su enajenación, sólo puede poner la *coseidad,* es decir, una cosa abstracta, una cosa de la abstracción y no una cosa *real*. Es además [XXVI] también claro que la coseidad, por tanto, no es nada *independiente, esencial,* frente a la autoconciencia, sino una simple creación, algo *puesto* por ella, y lo puesto, en lugar de afirmarse a sí mismo, es sólo una afirmación del acto de poner, que por un momento fija su energía como el producto y, *en apariencia* –pero sólo por un momento– le asigna un ser independiente, real.

Cuando el *hombre* real, corpóreo, en pie sobre la tierra firme y aspirando y exhalando todas las fuerzas naturales, *pone* sus fuerzas *esenciales* reales y objetivas como objetos extraños mediante su enajenación, el acto de *poner* no es el sujeto; es la *subjetividad* de fuerzas esenciales *objetivas* cuya acción, por ello, ha de ser también *objetiva*. El ser objetivo actúa objetivamente y no actuaría objetivamente si lo objetivo no estuviese implícito en su determinación esencial. *Sólo* crea, *sólo* pone *objetos porque* él [el ser objetivo] está puesto por objetos, porque es de por sí naturaleza. En el acto del poner no cae, pues, de su «actividad pura» en una creación del *objeto,* sino que su producto *objetivo* confirma simplemente su *objetiva* actividad, su actividad como actividad de un ser natural y objetivo.

Vemos aquí cómo el naturalismo realizado, o humanismo, se distingue tanto del idealismo como del materialismo y es, al mismo tiempo, la verdad unificadora de ambos. Vemos, también, cómo sólo el naturalismo es capaz de comprender el acto de la historia universal.

El *hombre* es inmediatamente *ser natural.* Como ser natural, y como ser natural vivo, está, de una parte, dotado de *fuerzas naturales,* de *fuerzas vitales,* es un ser natural *activo;* estas fuerzas existen en él como talentos y capacidades, como *impulsos;* de otra parte, como ser natural, corpóreo, sensible, objetivo, es, como el animal y la planta, un ser *paciente,* condicionado y limitado; esto es, los *objetos* de sus impulsos existen fuera de él, en cuanto *objetos* independientes de él, pero estos objetos son *objetos* de su *necesidad*, indispensables y esenciales para el ejercicio y afirmación de sus fuerzas esenciales. El que el hombre sea un ser *corpóreo,* con fuerzas naturales, vivo, real, sensible, objetivo, significa que tiene como objeto de su ser, de su exteriorización vital, *objetos reales, sensibles,* o que sólo en objetos reales, sensibles, puede *exteriorizar* su vida. *Ser* objetivo natural, sensible, es lo mismo que tener fuera de sí objeto, naturaleza, sentido, o que ser para un tercero objeto, naturaleza, sentido. El *hambre* es una *necesidad* natural; necesita, pues, una *naturaleza* fuera de sí, un *objeto* fuera de sí, para satisfacerse, para calmarse. El hambre es la necesidad objetiva que un cuerpo tiene de un *objeto* que está fuera de él y es indispensable para su integración y exteriorización esencial. El sol es el *objeto* de la planta, un objeto indispensable para ella, confirmador de su vida, así como la planta es objeto del sol, como *exteriorización* de la fuerza vivificadora del sol, de la fuerza esencial *objetiva* del sol[25].

Un ser que no tiene su naturaleza fuera de sí no es un ser *natural,* no participa del ser de la naturaleza. Un ser que no tiene ningún objeto fuera de sí no es un ser objeto. Un ser que no es, a su vez, objeto para un tercer ser no tiene ningún ser como *objeto* suyo, es decir, no se comporta objetivamente, su ser no es objetivo.

[XXVII] Un ser no objetivo es un *no ser,* un absurdo. Suponed un ser que ni es él mismo objeto ni tiene un objeto. Tal ser sería, en primer lugar, el *único* ser, no existiría ningún ser fuera de él, existiría único y solo. Pues tan pronto hay objetos fuera de mí, tan pronto no estoy solo, soy un *otro, otra realidad* que el objeto fuera de mí. Para este tercer objeto yo soy, pues, *otra realidad* que él, es decir, soy *su* objeto. Un ser que no es objeto de otro ser supone, pues, que no existe *ningún* ser objetivo. Tan pronto como yo tengo un objeto, este objeto me tiene a mí como objeto. Pero un ser *no objetivo* es un ser irracional, no sensible, sólo pensado, es decir, sólo imaginado, un ente de abstracción. Ser *sensible,* es decir, ser real, es ser objeto de los sentidos, ser objeto *sensible,* en consecuencia, tener objetos sensibles fuera de sí, tener objetos de su sensibilidad. Ser sensible es ser *paciente*[26].

El hombre como ser objetivo sensible es por eso un ser *paciente,* y por ser un ser que siente su pasión un ser *apasionado*. La pasión es la fuerza esencial del hombre que tiende enérgicamente hacia su objeto.

El hombre, sin embargo, no es sólo ser natural, sino ser natural *humano,* es decir, un ser que es para sí, que por ello es *ser genérico,* que en cuanto tal tiene que afirmarse y confirmarse tanto en su ser como en su saber. Ni los objetos *humanos* son, pues, los objetos naturales tal como se ofrecen inmediatamente, ni el sentido *humano,* tal como inmediatamente *es,* tal como es objetivamente, es *sensibilidad* humana, objetividad humana. Ni objetiva ni subjetivamente existe la naturaleza inmediatamente ante el ser *humano* en forma adecuada; y como todo lo natural tiene que *nacer,* también el *hombre* tiene su acto de nacimiento, la *historia,* que, sin embargo, es para él una historia sabida y que, por tanto, como acto de nacimiento con conciencia, es acto de nacimiento que se supera a sí mismo. La historia es la verdadera Historia Natural del hombre (a esto hay que volver).

En tercer lugar, por ser este mismo acto de poner la coseidad sólo una apariencia, un acto que contradice la esencia de la pura actividad, ha de ser a su vez superado y negada la coseidad.

Ad. 3, 4, 5, 6: 3) Esta enajenación de la conciencia no tiene solamente significado *negativo,* sino también *positivo* y, 4) este significado positivo no sólo *para nosotros* o en sí, sino para ella, para la conciencia misma. 5) *Para ella* lo negativo del objeto o la autosuperación de éste tiene un significado *positivo* o, en otros términos, ella conoce esta negatividad del mismo porque ella se enajena a *sí misma,* pues en esta enajenación ella se conoce como objeto o conoce al objeto, merced a la inseparable unidad del ser –para– sí, como sí misma. 6) De otra parte, está aquí implícito simultáneamente el otro momento: que ella, igualmente, ha superado y retomado en sí esta enajenación y objetividad, y que así en su *ser-otro como tal* está junto a sí.

Hemos ya visto que la apropiación del ser objetivo enajenado o la superación de la objetividad bajo la determinación de la enajenación (que ha de progresar desde la extrañeza indiferente hasta el real extrañamiento hostil) tiene para Hegel igualmente, o incluso principalmente, el significado de superar la *objetividad,* porque en el extrañamiento lo chocante para la autoconciencia no es el carácter *determinado* del objeto, sino su carácter objetivo. El objeto es por eso un negativo, algo que se supera a sí mismo, *una negatividad.* Esta negatividad del mismo no tiene para la conciencia un significado negativo sino positivo, pues esa negatividad del objeto es precisamente la *autoconfirmación* de la no-objetividad, de la *abstracción* [XXVIII] de él mismo. Para la *conciencia misma,* la negatividad del objeto tiene un significado positivo porque ella *conoce* esta negatividad, el ser objetivo, como su autoenajenación; porque sabe que sólo es mediante su autoenajenación...

El modo en que la conciencia es y en que algo es para ella es el *saber.* El saber es su único acto. Por esto algo es para ella en la medida en que ella *sabe* este *algo.* Saber es su único comportamiento objetivo. Ahora bien, la autoconciencia sabe la negatividad del objeto, es decir, el no-ser-diferente del objeto respecto de ella, el no-ser del objeto para ella, porque sabe al objeto como su *autoenajenación,* es decir, ella se sabe (el saber como objeto) porque el objeto es sólo la *apariencia* de un objeto, una fantasmagoría mentirosa, pero en su ser no es otra cosa que el saber mismo que se ha opuesto a sí mismo y por eso se ha opuesto una negatividad, algo que no tiene *ninguna* objetividad fuera del saber; o, dicho de otra forma, el saber sabe que al relacionarse con un objeto, simplemente *está fuera* de sí, que se enajena, que *él mismo* sólo *aparece* ante sí como objeto, o que aquello que se le aparece como objeto sólo es él mismo.

De otra parte, dice Hegel, aquí está implícito, al mismo tiempo, este otro momento: que la conciencia ha superado y retomado en sí esta enajenación y esta objetividad y, en consecuencia, en su *ser-otro en cuanto tal está junto a sí.*

En esta disquisición tenemos juntas todas las ilusiones de la especulación.

En primer lugar: La conciencia, la autoconciencia, está en *su ser-otro, en cuanto tal, junto a sí*. Por esto la autoconciencia (o si hacemos abstracción aquí de la abstracción hegeliana y ponemos la autoconciencia del hombre en lugar de la autoconciencia) en su *ser-otro en cuanto tal* está junto a sí. Esto implica, primeramente, que la conciencia (el saber en cuanto saber, el pensar en cuanto pensar) pretende ser lo otro que ella misma, pretende ser sensibilidad, realidad, vida: el pensamiento que se sobrepasa en el pensamiento (Feuerbach). Este aspecto está contenido aquí en la medida en que la conciencia, sólo como conciencia, no se siente repelida por la objetividad extrañada, sino por la *objetividad como tal*.

En segundo lugar, esto implica que el hombre autoconsciente, que ha reconocido y superado como autoenajenación el mundo espiritual (o la existencia espiritual universal de su mundo), lo confirma, sin embargo, nuevamente en esta forma enajenada y la presenta como su verdadera existencia, la restaura, pretende estar junto a sí *en su ser-otro en cuanto tal*. Es decir, tras la superación, por ejemplo, de la Religión, tras haber reconocido la Religión como un producto de la autoenajenación, se encuentra, no obstante, confirmado en la *Religión en cuanto Religión*. Aquí *está* la raíz del *falso* positivismo de Hegel o de su solo aparente criticismo; lo que Feuerbach llama poner, negar y restaurar la Religión o la Teología, pero que hay que concebir de modo más general[27]. La razón está, pues, junto a sí en la sinrazón como sinrazón. El hombre que ha reconocido que en el Derecho, la Política, etc., lleva una vida enajenada, lleva en esta vida enajenada, en cuanto tal, su verdadera vida humana. La autoafirmación, la autoconfirmación en *contradicción* consigo mismo, tanto con el saber como con el ser del objeto, es el verdadero *saber* y la *vida* verdadera.

Así, no puede hablarse más que de una acomodación de Hegel a la Religión, al Estado, etc., pues esta mentira es la mentira de su principio[28].

[XXIX] Si yo sé que la Religión es la autoconciencia enajenada del hombre, sé confirmada en ella no mi autoconciencia, sino mi autoconciencia enajenada. Sé, por consiguiente, que mi yo mismo, la autoconciencia correspondiente a mi esencia, no se confirma en la *Religión,* sino más bien en la Religión *superada, aniquilada.*

Así en Hegel la negación de la negación no es la confirmación de la esencia verdadera mediante la negación del ser aparente, sino la confirmación del ser aparente o del ser extrañado de sí en su negación; o la negación de este ser aparente como un ser objetivo que mora fuera del hombre y es independiente de él, y su transformación en sujeto.

Un papel peculiar juega en ello el *superar,* en el que están anuladas la *negación* y la preservación, la afirmación[29].

Así, por ejemplo, en la *Filosofía del Derecho* de Hegel, el *Derecho Privado* superado es igual a *Moral,* la moral superada igual a *familia,* la familia superada igual a *sociedad civil,* la sociedad civil superada igual a *Estado,* el Estado superado igual a *Historia Universal.* En la *realidad* siguen en pie Derecho privado, moral, familia, sociedad civil, Estado, etc., sólo que se han convertido en *momentos,* en existencias y modos de existir del hombre que carecen de validez aislados, que se disuelven y se engendran recíprocamente, etc. *Momentos del Movimiento.*

En su existencia real, esta su esencia *móvil* está oculta. Sólo en el pensar, en la Filosofía, se hace patente, se revela, y por eso mi verdadera existencia religiosa es mi existencia *filosófica-religiosa,* mi verdadera existencia política es mi existencia *filosófico-jurídica,* mi verdadera existencia natural es mi existencia *filosófico-natural,* mi verdadera existencia artística, la existencia *filosófico-artística,* mi verdadera existencia humana es mi existencia *filosófica.* Del mismo modo, la verdadera existencia de la Religión, el Estado, la naturaleza, el arte, es la *Filosofía* de la Religión, de la naturaleza, del Estado, del arte. Pero si para mí la verdadera existencia de la Religión, etcétera, es únicamente la Filosofía de la Religión, sólo soy verdaderamente religioso como *Filósofo de la Religión* y niego así la religiosidad *real* y el hombre realmente *religioso.* No obstante, al mismo tiempo los *confirmo,* en parte, dentro de mi propia existencia o de la existencia ajena que les opongo, pues ésta es simplemente la expresión *filosófica* de aquéllos, y en parte en su peculiar forma originaria, pues ellos valen para mí como el meramente *aparente* ser otro, como alegorías, como formas, ocultas bajo envolturas sensibles de su verdadera existencia, es decir, de mi existencia filosófica.

Del mismo modo, la *cualidad* superada es igual a *cantidad,* la cantidad superada igual a *medida,* la medida superada igual a *esencia,* la esencia superada igual a *fenómeno,* el fenómeno superado igual a *realidad,* la realidad superada igual a *concepto,* el concepto superado igual a *objetividad,* la objetividad superada igual a *idea absoluta,* la idea absoluta superada igual a *naturaleza,* la naturaleza superada igual a *espíritu subjetivo,* el espíritu subjetivo superado igual a espíritu objetivo, *ético,* el espíritu ético superado igual a *arte,* el arte superado igual a *Religión,* la Religión superada igual a *saber absoluto*[30].

De un lado, este superar es un superar del ser pensado, y así la propiedad privada *pensada* se supera en la *idea* de la moral. Y como el pensamiento imagina ser inmediatamente lo otro que sí mismo, *realidad sensible,* y como, en consecuencia, también su acción vale para él como acción *real sensible,* este superar pensante, que deja intacto su objeto en la realidad, cree haberlo sobrepasado realmente. De otro lado, como el objeto es ahora para él momento de pensamiento, también en su realidad vale para él como confirmación de él mismo, de la autoconciencia, de la abstracción.

[XXX] Por tanto, de una parte, las existencias que Hegel *supera* en la Filosofía no son la Religión, el Estado o la Naturaleza *reales,* sino la Religión misma ya como objeto del saber, es decir, la *dogmática,* y así también la *jurisprudencia,* la *ciencia del Estado,* la *ciencia natural.* De una parte, pues, está en oposición tanto al ser *real* como a la *ciencia* inmediata, no filosófica o al *concepto* no filosófico de este ser. Contradice, por tanto, los conceptos usuales de estas ciencias.

De otra parte el hombre religioso, etc., puede encontrar en Hegel su confirmación final.

Hay que resumir ahora los momentos *positivos* de la dialéctica hegeliana, dentro de la determinación del extrañamiento.

a) El *superar* como movimiento objetivo *que retoma* en sí la enajenación. Es ésta la visión, expresada dentro del extrañamiento, de la apropiación de la esencia objetiva mediante la superación de su extrañamiento, la visión enajenada de la *objetivación real* del hombre, de la apropiación real de su esencia objetiva mediante la aniquilación de la determinación enajenada del mundo objetivo, mediante su superación de su existencia enajenada. Del mismo modo que el ateísmo, en cuanto superación de Dios, es el devenir del humanismo teórico, el comunismo, en cuanto superación de la propiedad privada, es la reivindicación de la vida humana real como propiedad de sí misma, es el devenir del humanismo práctico, o dicho de otra forma, el ateísmo es el humanismo conciliado consigo mismo mediante la superación de la Religión; el comunismo es el humanismo conciliado consigo mismo mediante la superación de la propiedad privada. Sólo mediante la superación de esta mediación (que es, sin embargo, un presupuesto necesario) se llega al humanismo que comienza positivamente a partir de sí mismo, al humanismo *positivo*.

Pero ateísmo y comunismo no son ninguna huida, ninguna abstracción, ninguna pérdida del mundo objetivo engendrado por el hombre, de sus fuerzas esenciales nacidas para la objetividad; no son una indigencia que retorna a la simplicidad antinatural no desarrollada. Son, por el contrario y por primera vez, el devenir real, la realización, hecha real para el hombre, de su esencia, y de su esencia como algo real.

Al captar el sentido *positivo* de la negación referida a sí misma (aunque de nuevo lo haga en forma enajenada) Hegel entiende el extrañamiento, respecto de sí mismo la enajenación esencial, la desobjetivación y desrealización del hombre, como un ganarse a sí mismo, como manifestación esencial, como objetivación, como realización. En resumen, aprehende (dentro de la abstracción) el trabajo como *acto autogenerador* del hombre, el relacionarse consigo mismo como un ser extraño, y su manifestarse como un ser extraño, como *conciencia genérica* y *vida genérica* en devenir.

b) En Hegel (a pesar del absurdo ya señalado, o más bien a consecuencia de él) este acto aparece, sin embargo, en primer lugar, como acto *puramente formal* porque abstracto, porque el ser humano mismo sólo tiene valor como ser *abstracto pensante,* como autoconciencia; en segundo lugar, como la aprehensión es *formal y abstracta,* la superación de la enajenación se convierte en una confirmación de la enajenación o, dicho de otra forma, para Hegel ese movimiento de *autogeneración,* de *autoobjetivación como autoenajenación y autoextrañamiento,* es la *manifestación absoluta de la vida humana* y por eso la definitiva, la que constituye su propia meta y se satisface en sí, la que toca a su esencia.

En su forma abstracta [XXXI], como dialéctica, este movimiento pasa así por la *vida verdaderamente humana,* pero como esta verdadera vida humana es una abstracción, un extrañamiento de la vida humana, esa vida es considerada como *proceso divino,* pero como el proceso divino del hombre; un proceso que recorre la esencia misma del hombre distinta de él, abstracta, pura, absoluta[31].

En tercer lugar: Este proceso ha de tener un portador, un sujeto; pero el sujeto sólo aparece en cuanto resultado; este resultado, el sujeto que se conoce como autoconciencia absoluta, es por tanto el *Dios,* el *espíritu abso-*

luto, la idea que se conoce y se afirma. El hombre real y la naturaleza real se convierten simplemente en predicados, en símbolos de este irreal hombre escondido y de esta naturaleza irreal. Sujeto y predicado tienen así el uno con el otro una relación de inversión absoluta[32] *sujeto-objeto místico* o *subjetividad que trasciende del objeto,* el *sujeto absoluto* como un *proceso,* como *sujeto* que se enajena y vuelve a sí de la enajenación, pero que, al mismo tiempo, la retoma en sí; el sujeto como este proceso; el puro, *incesante* girar dentro de sí.

Primero. Concepción *formal* y *abstracta* del acto de autogeneración o autoobjetivación del hombre.

El objeto enajenado, la realidad esencial enajenada del hombre no son nada más (puesto que Hegel identifica hombre y autoconciencia) que *conciencia,* simplemente la idea del extrañamiento, su expresión *abstracta* y por ello irreal y carente de contenido, la *negación.* Igualmente, la superación de la enajenación no es por tanto nada más que una superación abstracta y carente de contenido de esa vacía abstracción, *la negación de la negación.* La actividad plena de contenido, viva, sensible y concreta de la autoobjetivación se convierte así en su pura abstracción, en *negatividad absoluta;* una abstracción que, a su vez, es fijada como tal y pensada como una actividad independiente, como la actividad por antonomasia. Como esta llamada negatividad no es otra cosa que la forma *abstracta, carente de contenido,* de aquel acto vivo, real, su contenido sólo puede ser un contenido *formal,* generado por la abstracción de todo contenido. Se trata, pues, de las *formas* generales y abstractas *de la abstracción,* propias de todo contenido y, en consecuencia, indiferentes respecto de cualquier contenido y válidas para cualesquiera de ellos; son las formas de pensar, las categorías lógicas desgarradas del espíritu *real* y de la *real* naturaleza. (Más adelante desarrollaremos el contenido *lógico* de la negatividad absoluta.)

Lo positivo, lo que Hegel ha aportado aquí (en su lógica especulativa) es que, al ser los *conceptos determinados,* las *formas fijas* y generales *del pensar,* en su independencia frente a la naturaleza y el espíritu, un resultado necesario del extrañamiento universal del ser humano y, por tanto, del pensamiento humano, Hegel las ha expuesto y resumido como momentos del proceso de abstracción. Por ejemplo, el ser superado es esencia, la esencia superada concepto, el concepto superado... idea absoluta. ¿Pero qué es la idea absoluta? Ella se supera, a su vez, a sí misma si no quiere recorrer de nuevo y desde el principio todo acto de la abstracción y no quiere contentarse con ser una totalidad de abstracciones o la abstracción que se aprehende a sí misma. Pero la abstracción que se aprehende como abstracción se conoce como nada; tiene que abandonarse a sí misma, a la abstracción, y llega así junto a un ser que es justamente su contrario, junto a la *naturaleza.* La lógica toda es la prueba de que el pensamiento abstracto no es nada para sí, de que la idea absoluta de por sí no es nada, que únicamente la naturaleza es algo[33].

[XXXII] La idea absoluta, la *idea abstracta,* que «*considerada* en su unidad consigo es *contemplación*» (Hegel, *Enciclopedia,* 3.ª ed., pág. 222), que

en la absoluta verdad de sí misma *se resuelve a dejar salir* libremente de sí el momento de su particularidad o de la primera determinación y ser-otro, la *idea inmediata* como reflejo suyo; que se resuelve a *hacerse salir de sí misma como* Naturaleza (l. c.),

toda esta idea que se comporta de forma tan extraña y barroca y ha ocasionado a los hegelianos increíbles dolores de cabeza, no es, a fin de cuentas, sino la *abstracción,* es decir, el pensador abstracto. Es la abstracción que, aleccionada por la experiencia e ilustrada sobre su verdad, se resuelve, bajo ciertas condiciones (falsas y todavía también abstractas) a *abandonarse* y a poner su ser-otro, lo particular, lo determinado, en lugar de su ser-junto-a-sí, de su no ser, de su generalidad y su indeterminación. Se resuelve a *dejar salir libremente fuera de sí la Naturaleza,* que escondía en sí sólo como abstracción, como cosa de pensamiento. Es decir, se resuelve a abandonar la abstracción y a contemplar por fin la naturaleza *liberada* de ella. La idea abstracta, que se convierte inmediatamente en *contemplación,* no es en realidad otra cosa que el pensamiento abstracto que renuncia a sí mismo y se resuelve a la *contemplación.* Todo este tránsito de la *Lógica* a la *Filosofía de la Naturaleza* no es sino el tránsito (de tan difícil realización para el pensador abstracto, que por eso lo describe en forma tan extravagante) de la *abstracción* a la contemplación. El sentido *místico* que lleva al filósofo del pensar abstracto al contemplar es el *aburrimiento,* la nostalgia de un contenido.

(El hombre extrañado de sí mismo es también el pensador extrañado de su *esencia,* es decir, de la esencia natural y humana. Sus pensamientos son, por ello, espíritus que viven fuera de la Naturaleza y del hombre. En su *Ló-*

gica, Hegel ha encerrado juntos todos estos espíritus y ha comprendido a cada uno de ellos, en primer lugar, como negación, es decir, como *enajenación* del pensar *humano,* después como negación de la negación, es decir, como superación de esta enajenación, como *verdadera* exteriorización del pensar humano; pero, presa ella misma aun en el extrañamiento, esta negación de la negación es, en parte, la restauración de estos espíritus en el extrañamiento, en parte la fijación en el último acto, el relacionarse-consigo-mismos en la enajenación como existencia verdadera de estos espíritus.) (Es decir, Hegel coloca en lugar de aquella abstracción fija el acto de la abstracción que gira en torno a sí mismo; con esto tiene ya el mérito de haber mostrado la fuente de todos estos conceptos impertinentes, que de acuerdo con el momento de su origen pertenecen a distintas filosofías de haberlos reunido y de haber creado como objeto de la crítica, en lugar de una abstracción determinada, la abstracción consumada en toda su extensión.) (Más tarde veremos por qué Hegel separa el pensamiento del *sujeto;* desde ahora está ya claro, sin embargo, que cuando el hombre no es, tampoco su exteriorización vital puede ser humana y, por tanto, tampoco podía concebirse el pensamiento como exteriorización esencial del hombre como un sujeto humano y natural, con oídos, ojos, etcétera, que vive en la sociedad, en el mundo y en la naturaleza)[34], en parte, y en la medida en que esta abstracción se comprende a sí misma y se aburre infinitamente de sí misma, el abandono del pensamiento abstracto que se mueve sólo en el pensamiento y no tiene ni ojos, ni dientes, ni orejas, ni nada, aparece en Hegel como la decisión de reconocer a la *Naturaleza* como esencia y dedicarse a la contemplación.

[XXXIII] Pero también la *Naturaleza* tomada en abstracto, para sí, fijada en la separación respecto del hombre, no es *nada* para el hombre. Es fácil entender que el pensador abstracto que se ha decidido a la contemplación la contempla abstractamente. Como la naturaleza yacía encerrada por el pensador en la figura, para él mismo escondida y misteriosa, de idea absoluta, de cosa pensada, cuando la ha puesto en libertad sólo ha liberado verdaderamente de sí esta *naturaleza abstracta* (pero ahora con el significado de que ella es el ser-otro del pensamiento, la naturaleza real, contemplada, distinta del pensamiento), sólo ha liberado la naturaleza en cuanto cosa *pensada*. O para hablar un lenguaje humano, el pensador abstracto, en su contemplación de la naturaleza, aprende que los seres que él quería crear de la nada, de la pura abstracción, de la divina dialéctica, como productos puros del trabajo del pensamiento que se mece en sí mismo y no se asoma jamás a la realidad, no son otra cosa que *abstracciones* de *determinaciones naturales*. La naturaleza toda le repite, pues, en forma exterior, sensible, las abstracciones lógicas. Él *analiza* de nuevo unas y otras abstracciones. Su contemplación de la naturaleza es únicamente el acto confirmatorio de su abstracción de la contemplación de la naturaleza, el acto genético, conscientemente repetido por él, de su abstracción. Así es, por ejemplo: el tiempo igual a la negatividad que se relaciona consigo misma (pág. 238, l. c.)[35]. Al devenir superado como existencia corresponde –en forma natural– el movimiento superado como materia. La luz es la forma *natural* de la *reflexión en sí*. El cuerpo como *Luna y cometa* es la forma *natural* de la *oposición* que, según la Lógica, es, de una parte, lo *positivo que descansa sobre sí mismo,* de la otra, lo *negativo* que descansa sobre sí mismo. La tierra es la forma *natural* del *fundamento* lógico como unidad negativa de los opuestos, etc.

La *Naturaleza* como *Naturaleza,* es decir, en cuanto se distingue aun sensiblemente de aquel sentido secreto oculto en ella, la naturaleza separada, distinta de estas abstracciones, es *nada,* una *nada que se confirma como nada, carece de sentido* o tiene sólo el sentido de una exterioridad que ha sido superada.

> En el punto de vista teleológico-finito se encuentra el justo supuesto de que la Naturaleza no tiene en sí misma el fin absoluto. (Pág. 225)[36].

Su fin es la confirmación de la abstracción.

> La Naturaleza se ha revelado como la idea en la *forma* del *ser otro*. Puesto que la idea es, así, lo negativo de sí misma o *exterior a sí misma,* la naturaleza no es exterior sólo frente a esta idea, sino que la *exterioridad* constituye la determinación en la cual ella es en cuanto naturaleza. (Pág. 227)[37].

No hay que entender aquí la *exterioridad* como *sensibilidad que se exterioriza,* abierta a la luz y al hombre sensible. Esta exterioridad hay que tomarla aquí en el sentido de la enajenación, de una falta, de una imperfección que no debía ser. Pues lo verdadero es siempre la idea. La naturaleza es únicamente la *forma* de su *ser-otro.* Y como quiera que el pensamiento abstracto es la esencia, lo que le es exterior es, de acuerdo con su esencia, simplemente un *exterior*. El pensador abstracto reconoce, al mismo tiempo, que la esencia de la Naturaleza es la *sensibilidad,* la exterioridad en oposición al pensamiento que se mece *en sí mismo.* Pero, simultáneamente, expresa esta oposición de tal forma que esta *exterioridad de la Naturaleza,* su *oposición* al pensamiento, es su *defecto;* que en la medida en que la Naturaleza se distingue de la abstracción es una esencia defectuosa [XXXIV]. Una esencia que es defectuosa no sólo para mí, ante mis ojos, una esencia que es defectuosa en sí misma, que tiene fuera de sí algo de lo que ella carece. Es decir, su esencia es algo otro que ella misma. Para el pensador abstracto la naturaleza, por tanto, tiene que superarse a sí misma, pues ya ha sido puesta por él como una esencia potencialmente *superada.*

El espíritu tiene *para nosotros,* como *presupuesto,* la *naturaleza* de la cual es la *verdad* y, por ello, lo *absoluto primero.* En esta verdad ha *desaparecido* la naturaleza y el Espíritu se ha revelado como la Idea llegada a su ser-para sí, de la cual es el *concepto* tanto *objeto* como *sujeto.* Esta identidad es *absoluta negatividad,* porque en la naturaleza tiene el concepto su plena objetividad exterior, pero esta enajenación suya ha sido superada y el concepto se ha hecho en ella idéntico consigo mismo. Así él es esta identidad sólo como retorno de la naturaleza. (Pág. 392)[38]

La *revelación,* que como idea *abstracta* es tránsito inmediato, *devenir* de la naturaleza, es, como revelación del espíritu, que es libre, *establecimiento* de la naturaleza como mundo *suyo;* un establecimiento que como reflexión es al mismo tiempo *presuposición* del mundo como naturaleza independiente. La revelación en el concepto es creación de la naturaleza como ser del espíritu, en la cual él se da la *afirmación* y *verdad* de su *libertad...* Lo *absoluto es el espíritu,* ésta es la definición suprema de lo Absoluto.[39]

Notas

Prólogo

1. Probablemente se refiere aquí Marx a la *Crítica de la Filosofía del derecho de Hegel* (párrafos 261 a 313), que había redactado en el verano de 1843.
2. El párrafo entre corchetes aparece en el manuscrito tachado por Marx con líneas verticales. El «ignorante crítico» a que Marx se refiere es, sin duda, Bruno Bauer, pues a él pertenecen las frases citadas.
3. Se refiere a los *Veintiún pliegos desde Suiza (Einundzwanzig Bogen aus der Schweiz),* editados por Georg Herwegh en Zúrich y Winterthur. El título de esta revista tiene su origen en el reglamento de censura del reino de Prusia que permitía la entrada en el país de las publicaciones hechas en el extranjero siempre que no excedieran de veintiún pliegos. En los veintiún pliegos había publicado M. Hess tres artículos: «Socialismo y comunismo», «La libertad una y entera» y «Filosofía de la acción». Moses Hess es también probablemente el autor de la V parte de la *Ideología alemana*. Su ruptura con Marx, a cuyo pensamiento aportó, entre otras cosas, la categoría de *Entfremdung,* o al menos su uso para la crítica de la economía y la política, se produjo entre 1852 y 1854.
4. Las *Anekdota zur neuesten deutschen Philosophie und Publizistik* comprenden dos volúmenes editados por Arnold Ruge, también en Suiza, en 1843, en los que se recogen los artículos destinados a los *Deutsche Jahrbücher,* editados por el mismo Ruge, que la censura prusiana rechazó.
5. El párrafo entre corchetes aparece en el Manuscrito tachado por Marx con líneas verticales.
6. *Id.*

Primer manuscrito

1. Simple humanidad. Marx se refiere a un pasaje de *La riqueza de las naciones* que aparece en el vol. I, pág. 138 de la edición francesa en 5 volúmenes hecha por Garnier (París, 1802), con arreglo a la cual él cita.
2. Smith, I, 193.
3. Smith, I, 159 y ss.
4. Se refiere naturalmente a A. Smith, quien hace la afirmación que sigue en el vol. I, pág. 129.
5. En sus cuadernos de resúmenes, al comentar la obra de Mc Culloch, Marx insiste sobre el tema diciendo (MEGA, I, 3, pág. 556): «¿Qué prueban, sin embargo, estos *promedios*? Que cada vez se prescinde más del hombre, que cada vez se deja más de lado la vida real y se atiende sólo al movimiento abstracto de la propiedad material e inhumana. Las *cifras de promedio* son insultos formales, injurian a los únicos individuos reales».
6. Verosímilmente se trata de un error de pluma de Marx, pues el término que emplea Schulz, y el que tiene sentido, es el de *Körperskraft* ('fuerza física'), en tanto que Marx escribe *Arbeitskraft* ('fuerza de trabajo').
7. Político liberal inglés (1778-1868), que perteneció al grupo reformista y figuró entre los fundadores de la famosa *Edinburgh Review,* que animaron los discípulos de Bentham. Su llamamiento es paralelo y casi coetáneo al también famoso «Enriqueceos», del francés Guizot.
8. Buret, I, 42.
9. *Ibid.,* pág. 43.
10. *Ibid.,* I, 50. Buret dice sólo: «Resultado de un mercado libre».
11. *Ibid.,* pág. 193, nota.
12. Sismondi, *Nouveaux principes d'économie politique* (París, 1819), t. II.
13. Error de copia de Marx. Smith habla de las «provincias meridionales».
14. Se refiere al estudio de A. von Treskow, *Der bergmannische Distrikt zwischen Birminghan und Wolverhampton* (El distrito minero entre B. y W.), en *Deutsche Vierteljahrsschrift,* Stuttgart-Tübingen, Año I (1838), Cuaderno 3, págs. 47 y ss.
15. Verosímilmente se refiere aquí Marx a las consideraciones de Smith en lib. I, cap. X «Los salarios y beneficios en los distintos empleos de la mano de obra y del capital», parte I «Desigualdades que surgen de la naturaleza de los empleos mismos». *(N. del E.)*

16. Say, *Traité,* vol. II, cap. V.
17. En MEGA se dice «dicho trabajo» *(diese Arbeit),* que es lo que efectivamente escribe Marx. Se trata probablemente, sin embargo, de un error de pluma por «dichos alimentos» *(diese Nahrung),* que es el concepto empleado por Smith, a quien Marx transcribe.
18. Se refiere a las *Corn Acts* inglesas de 1815 que establecían una elevada barrera arancelaria contra las importaciones de trigo a fin de proteger la producción nacional. Fueron derogadas en 1845, gracias a los esfuerzos de la *Anti-Corn-Law League,* que agrupaba los intereses industriales del país, interesados en una reducción en el precio del pan que, al permitir una rebaja de salarios, hacía más competitiva internacionalmente la producción industrial. La contienda en torno a estas leyes constituye un ejemplo clásico del enfrentamiento de los intereses industriales y agrícolas. *(N. del E.)*
19. En MEGA se dice «de la mina», que es lo que efectivamente escribe Marx. Con toda probabilidad se trata de nuevo de un error de copia, pues el texto de Smith es inequívoco. Vid. Smith, Lib. I, Cap. X, parte 2.ª «Productos de la tierra que unas veces permiten pagar renta y otras no». *(N. del E.)*
20. A esta altura aparecen en el manuscrito, escritas al margen y después tachadas, las palabras «motores, los agentes del movimiento», que indudablemente implican mejor que la de «ruedas» la idea que Marx quiere expresar.
21. Marx repite aquí el pensamiento de Feuerbach quien en *La esencia del Cristianismo,* Cap. I, afirma «Cuanto más vacía es la vida, tanto más pleno, tanto más concreto es Dios. El mundo real se vacía cuando la divinidad se llena. Sólo el hombre pobre tiene un Dios rico».
22. Marx no utiliza aquí la expresión *an sich* ('en sí'), que en la terminología hegeliana se opone al *für sich* ('para sí'), sino *bei sich,* que literalmente significa junto a sí, consigo, en casa, libre de toda determinación externa *(N. del T.).*
23. *Zu Hause,* literalmente, en casa.
24. Cf. Feuerbach, *Principios de la Filosofía del futuro,* pág. 53.
25. La idea del hombre como ser genérico que Marx desarrolla aquí, la tenía de Feuerbach, quien la expone principalmente en la introducción y los dos primeros capítulos de *La esencia del Cristianismo.*
26. A esta altura aparece en el margen del manuscrito la siguiente frase que Marx tachó después: «Constituye una tautología la afirmación de que quien se apropia de la naturaleza mediante la naturaleza misma, se la enajena».

27. Esta frase reproduce casi literalmente otra que Hegel escribe en su *Fenomenología del Espíritu* (ed. Hofmeister, pág. 147) en un pasaje correspondiente a la famosa «dialéctica del señor y el siervo» que evidentemente Marx sigue aquí muy de cerca *(N. del E.).*

Segundo manuscrito

1. Con el término de *Amendment Bill* ('Ley de reforma') se refiere aquí Marx a la *New Poor Law* o Nueva Ley de Pobres, de 1834, que modificó la de 1681 liberando a las parroquias de la obligación de mantener a sus pobres y creando las *workhouses* o «casas de trabajo», popularmente llamadas «Bastillas», que Dickens describió en *Oliver Twist*. Comentando la labor de los comisarios que aplicaron estas leyes, Trevelyan *(British History in the 19th century and after,* 2.ª ed., 1960, pág. 250) dice que: «... estaban decididos a que la suerte del pobre fuera claramente peor que la del cultivador independiente. Como, desgraciadamente, no podían mejorar la condición de éste, tuvieron que hacer peor la de aquél». *(N. del E.)*
2. Adeptos de la fisiocracia, teoría económico-social que, a diferencia del mercantilismo, ve en la tierra y la agricultura (y de ahí su nombre) la base fundamental de la riqueza de los pueblos. Los fisiócratas veían en la tierra, no en el trabajo, el origen del valor, y fueron los primeros en elaborar un modelo teórico de producción, intercambio y consumo. Los nombres más destacados de esta escuela, que floreció en Francia en el siglo XVIII, son los de Quesnay, Baudeau, Mercier de la Rivière, Dupont de Némours, Letrosne, Marqués de Mirabeau y Turgot. Sobre los fisiócratas puede verse en castellano el trabajo de García Pelayo «La teoría social de la fisiocracia», en *Moneda y Crédito,* núm. 31 (diciembre 1949). *(N. del E.)*

Tercer manuscrito

1. Con el nombre de mercantilismo o sistema mercantilista se conoce, no tanto un sistema elaborado de teoría económica, como la política económica dominante en los Estados europeos durante los siglos XVI al XVIII, cuya característica fundamental es la de procurar el enriquecimiento del país mediante una balanza exterior positiva que arrojase siempre un saldo favorable en metales preciosos. Sobre el mercantilismo puede verse el excelente libro de

Heckscher (*La época mercantilista: Historia de la organización y las ideas económicas*), cuya versión castellana se publicó en 1943 por el F. C. E. de México. *(N. del E.)*

2. En su «Esbozo de crítica de la Economía Política» (*Umrisse zu einer Kritik der Nationalökonomie*), publicado en 1844 en los *Deutsche-Franzzösische Jahrbücher*. La interpretación del protestantismo que sirve de base a este símil, que es la que Marx expone a continuación, es obra de Feuerbach. *Vid.* por ejemplo, §§ 1 y 2 de la *Filosofía del Futuro* (traducción española de E. Vázquez, Universidad Central de Venezuela, Caracas, 1964). *(N. del E.)*

3. El pasaje de M. Hess a que Marx se refiere dice así: «La propiedad material es el ser-para-sí del espíritu hecho idea fija. Como el hombre no capta su exteriorización mediante el trabajo como su acto libre, como su propia vida, sino como algo materialmente diferente, ha de guardarlo también para sí para no perderse en la infinidad, para llegar a su ser para sí. La propiedad, sin embargo, deja de ser para el espíritu lo que debería ser si lo que se capta y se ase con ambas manos como ser-para-sí del espíritu no es el acto de la creación, sino el resultado, la cosa creada; si lo que se capta como concepto es la sombra, la representación del espíritu, en definitiva, si lo que se capta como su ser-para-sí es su ser-otro. Es justamente el ansia de ser, es decir, el ansia de subsistir como individualidad determinada, como yo limitado, como ser finito, la que conduce al ansia de tener. A su vez, son la negación de toda determinación, el yo abstracto y el comunismo abstracto, la consecuencia de la "cosa en sí" vacía, del criticismo y de la revolución, del deber insatisfecho, los que han conducido al ser y al tener.» (*Philosophie der Tat*, en las *Einundzwanzig Bogen*, Erster Teil, 1843, pág. 329). Marx trata nuevamente de las categorías de tener y no tener en *La Sagrada Familia*, MEGA, I, 3, pág. 212.

4. La teoría de la sensibilidad y de la mediación que Marx desarrolla en estas páginas es la propia de Feuerbach. *Vid.* especialmente *La Esencia del Cristianismo*, Introducción y Capítulo I, *Tesis provisionales para la reforma de la Filosofía*, tesis núm. 66 y *Principios de la Filosofía del Futuro*, §§ 7 y 14. *(N. del E.)*

5. El economista a quien Marx se refiere en este párrafo y el siguiente es el mismo James Mill que antes cita. *(N. del E.)*

6. La cita corresponde al lib. I, caps. 2, 3 y 4 de *La riqueza de las naciones* y en ella hay supresiones, resúmenes, transposiciones, etc.

7. *Traité d'Economie Politique* (3.ª edic., París, 1817), t. I, págs. 300 y 376.

8. *Théorie des richesses sociales suivie d'une bibliographie de l'economie politique* (París, 1829), t. I, pág. 25 y ss.

9. *Elements d'Economie Politique* (París, 1823), págs. 7 y ss. y II y ss.
10. *Fausto*, parte I, escena IV.
11. *Timón de Atenas*, acto IV, escena 3.ª. Marx fue desde joven un apasionado lector de Shakespeare, en cuya lectura lo inició el que después había de ser su suegro. Cita por la traducción alemana de Schlegel-Thieck. *(N. del E.)*
12. *Sinópticos*, II, §§ 42, 1.
13. *Cristianismo*, pág. 113.
14. *Ibid.*, pág. 114.
15. *La buena causa*, etc., págs. 193 y ss. En realidad el pasaje no se refiere, como Marx dice, a Gruppe, sino al teólogo hegeliano de derecha Marheinecke.
16. La crítica detallada de estas categorías utilizadas por el grupo en torno a Bauer y la *Allgemeine Literatur Zeitung* la hizo Marx en *La Sagrada Familia o Crítica de la crítica*. *(N. del E.)*
17. Marx hace referencia aquí a un artículo de Hirzel aparecido en la *Allgemeine Literatur Zeitung* (cuaderno 5, págs. 11 y ss.), cuyo párrafo final dice así: «Cuando finalmente todo se una frente a ella (y este momento no está lejos), cuando todo el mundo decadente la rodee para el último asalto, entonces el valor y la significación de la crítica habrán encontrado su máximo reconocimiento. Y el resultado no puede sernos dudoso. Todo terminará en que ajustaremos cuentas con cada uno de los grupos y daremos al escuadrón enemigo un certificado general de indigencia».
18. Feuerbach, *Principios de la Filosofía del Futuro*, § 5: «*La esencia* de la Filosofía especulativa no es otra cosa que la *esencia de Dios racionalizada, realizada y actualizada*». La filosofía especulativa es «la religión *verdadera, consecuente y racional*». *Vid.*, igualmente Feuerbach, *Tesis provisionales para la reforma de la Filosofía*, tesis 20 y 53.
19. *Filosofía del Futuro*, § 41: «La comunidad del hombre con el hombre es el principio y criterio primero de la verdad y la universalidad»; § 59: «El hombre *para sí* no posee la esencia del hombre, *ni como ser moral, ni como ser pensante*. La esencia del hombre sólo está contenida en la comunidad, en la *unidad del hombre con el hombre*, unidad que sólo reposa en la *realidad de la distinción entre el yo y el tú*».
20. *Ibid.*, § 38: «La verdad que se *mediatiza* es la verdad *afectada aun de su contrario*. Se comienza con el contrario, pero se lo suprime en seguida. Mas si hace falta negarlo y suprimirlo, ¿por qué comenzar por él en lugar de comenzar inmediatamente por su negación?... ¿Por qué no comenzar en seguida por lo concreto? ¿Por

qué no sería superior aquello que debe su certidumbre y su garantía a sí mismo a aquello otro que debe su certidumbre a la nulidad de su contrario?».
21. *Ibid.*, § 21: «El secreto de la dialéctica hegeliana consiste, en definitiva, en negar la Teología en nombre de la Filosofía para negar en seguida de nuevo la Filosofía en nombre de la Teología. La Teología es principio y fin; en medio está la Filosofía, que niega la primera posición, pero la Teología es la negación de la negación».
22. MEGA, Dietz y Thier dicen *selbstbezieht* ('se relaciona'). Hillman en cambio dice: *selbstbejaht* ('se afirma').
23. Marx remite aquí al folio en donde aparece el resumen de la Fenomenología hecho por él durante la redacción de los *Manuscritos*.
24. Marx emplea los términos *selbstich* y *Selbstigkeit* de difícil versión castellana. Roces los traduce, respectivamente, por *sí-mismático* y *si-mismeidad* y en la traducción francesa de E. Bottigelli (Éditions Sociales, París, 1962) se emplea la expresión *«de la nature du soi»*. *(N. del E.)*
25. Feuerbach, *Esencia del Cristianismo*. Introducción: «El objeto con el que un sujeto se relaciona *esencial* y *necesariamente* no es sino la esencia *propia* de ese sujeto, pero objetivada». *(N. del E.)*
26. Feuerbach, *Tesis Provisionales para la Reforma de la Filosofía*, § 43: *«Sin límite, tiempo, ni sufrimiento, no hay tampoco ni calidad, ni energía, ni espíritu, ni llama, ni amor.* Sólo el ser *menesteroso* es el ser *necesario.* Una existencia *sin necesidad* es una existencia *superflua...* Un ser sin sufrimiento es un ser sin fundamento. Sólo merece existir el que puede *sufrir. Sólo el ser doloroso es un ser divino. Un ser sin afecto es un ser sin ser.»* *(N. del E.)*
27. Feuerbach, *Filosofía del Futuro*, § 21.
28. MEGA, Dietz y Thier dicen *Progresses* ('de su progreso').
29. Sobre el sentido del verbo *aufheben,* de donde viene el sustantivo *Aufhebung,* que hemos traducido por «superación», dice Hegel lo siguiente: *«Aufheben* tiene en la lengua un doble sentido: la palabra significa algo así como conservar, *guardar,* y al mismo tiempo algo así como hacer cesar, *poner término.* El hecho mismo de conservar implica ya este aspecto *negativo;* para guardar la cosa se la sustrae a su inmediatividad y, en consecuencia, a un estar ahí sujeto a las influencias exteriores. Así lo que es superado es, al mismo tiempo, algo conservado, que ha perdido su inmediatividad, pero no por ello ha sido aniquilado» *(Lógica.* Libro I, 1.ª parte, cap. 1.º, nota). Las palabras castellanas «superar» y «superación» que hemos utilizado en la traducción vierten con suma fidelidad este sentido complejo de vocablos alemanes. Cf. también sobre el tema, Feuerbach, *Filosofía del Futuro,* § 38. *(N. del E.)*

30. Éste es el encadenamiento de conceptos en la *Enciclopedia* de Hegel.
31. *Vid.* Feuerbach, *Tesis provisionales,* tesis 21. *(N. del T.)*
32. Feuerbach, *Tesis provisionales,* § 5: «En Hegel el *pensamiento* es el *ser;* el *pensamiento* es el *sujeto,* el *ser* el *predicado.* La lógica es el pensamiento en el elemento del pensamiento, o el pensamiento que se piensa a sí mismo, el pensamiento no *sujeto sin predicado* o el pensamiento que es a la vez sujeto y su *propio predicado».* *(N. del E.)*
33. Cf. Feuerbach, *Tesis provisionales,* tesis 44 y *Filosofía del Futuro,* §§ 27 y 28. *(N. del E.)*
34. Este párrafo, encerrado por Marx en los *Manuscritos* entre llaves, en la forma que reproducimos, debería constituir verosímilmente una noticia fuera del texto. *(N. del E.)*
35. Marx se refiere al siguiente párrafo: «La negatividad que se relaciona con el espacio como punto y en él desarrolla sus determinaciones como línea y superficie, es, sin embargo, en la esfera del ser exterior a sí, igualmente para sí, poniendo allí, no obstante, como en la esfera del ser exterior a sí, sus determinaciones y apareciendo así como indiferente frente a la tranquila sucesión» *(Enzyklopädie der philosophischen Wissenschaften,* § 254). *(N. del E.)*
36. *Ibid.,* § 245.
37. *Ibid.,* § 247.
38. *Ibid.,* § 381.
39. *Ibid.,* § 384.

Bibliografía

Primeras ediciones de los Manuscritos

Alemán: *Marx Engels Gesamte Ausgabe,* Secc. I, vol. 3, Berlín, 1932.
Francés: *Manuscrits de 1844,* trad. de E. Bottigelli, Éditions Sociales, París, 1962.
Inglés: *Manuscripts from 1844,* Ediciones en lenguas extranjeras, Moscú, 1959.
Italiano: *Manoscriti economico-filosofici del 1844,* ed. por N. Bobbio, Einaudi, Turín, 1949.
Ruso: *Manuscritos de 1844,* Moscú, 1956.
Español: En 1960 la Empresa Editora Austral Ltda., de Santiago de Chile, publicó una primera edición castellana de los *Manuscritos,* traducida de la versión inglesa de Milligan y en la que se advierten algunos errores de monta. Mucho más satisfactoria es la preparada por Wenceslao Roces para la Editorial Grijalbo de México, incluida en el volumen *Escritos económicos varios* y aparecida en 1962. En 1964 aparecieron otras dos ediciones castellanas de los *Manuscritos,* aunque en ambas se omitían las partes del Primero que anteceden al fragmento sobre el trabajo enajenado: una la publicada por el Instituto de Estudios Políticos de la Universidad Central de Venezuela en volumen que recoge los principales trabajos de Marx anteriores al *Manifiesto* en traducción directa y con un estudio preliminar de F. Rubio (*Obras de juventud,* Caracas, 1964) y otra publicada en la colección «Breviarios» del Fondo de Cultura Económica de México

bajo el título *El concepto marxista del hombre,* que es traducción de la obra inglesa del mismo título en la que los *Manuscritos* son precedidos por un estudio de Erich Fromm.

Obras y autores citados por Marx

BAUER, Bruno, *Kritik der evangelischen Geschichte des Johannes,* Bremen, 1840.
— *Kritik der evangelischen Geschichte der Synoptiker,* Leipzig, 1841-1842.
— *Die gute Sache der Freiheit und meine eigene Angelegenheit,* Zúrich-Winterthur, 1842.
— *Das entdeckte Christentum,* Zúrich-Winterthur, 1843.
BERGASSE, Nicolas, *Essai sur l'acte constituionnel du Sénat,* París, s.f.
—*Essai sur la proprieté,* París, s.f.
BOISGUILLEBERT, *Le détail de la France, la cause de la diminution de ses biens et la facilité du remède,* París, 1843.
— *Dissertation sur la nature des richesses, de l'argent et des tributs,* París, 1843.
— *Traité de la nature, culture, commerce et intérêt des grains,* París, 1843.
BURET, Eugène, *De la misère des classes laboriueuses en Anglaterre et en France,* etc., París, 1843.
CABET, Étienne, *Le voyage en Icarie,* París, 1839. [*Viaje por Icaria,* Orbis, 1985.]
CHEVALIER, Michel, *Des intérêts materiels en France,* París-Bruselas, 1838.
COURIER, P. L. (1772-1825), autor de numerosos panfletos contra la Restauración.
DESMOULINS, Camille (1760-1974), dirigió diversos periódicos durante la revolución *(Discours de la lanterne aux Pari-*

siens, Revolutions de France et de Brabant, Le vieux cordelier).

DESTUTT DE TRACY, Antoine, *Eléments d'Idéologie,* París, 1801.

— *Traité de la volonté et de ses effets,* París, 1826.

ENGELS, F., *Umrisse zu einer Kritik der Nationaloekonomie,* París, 1844.

FEUERBACH, Ludwig, *Das Wesen des Christentums,* Leipzig, 1841. *[La esencia del cristianismo,* Trotta, 1998.]

— *Vorläufige Thesen zur Reform der Philosophie,* Zúrich-Winterthur, 1843. *[Tesis provisionales para la reforma de la filosofía,* Labor, 1976.]

— *Grundsätze der Philosophie der Zukunft,* Zúrich-Winterthur, 1843. *[Principios de la filosofía del futuro,* PPU, 1989.]

FUNKE, Georg, *Die aus der unbeschränkten Teilberkeit des Grundeigentums hervorgehenden Nachteile,* Hamburgo-Gotha, 1839.

GANILH, Charles, *La théorie de l'Economie Politique,* París, 1814.

— *Des systèmes d'Economie politique,* París, 1821.

HALLER, Karl Ludwig, *Restauration der Staatswissenschaften,* Berna, 1816-1834.

HEGEL, G. F., *Phänomenologie des Geistes,* 1807. *[Fenomenología del espíritu,* Fondo de Cultura Económica, 1981.]

— *Wissenschaft der Logik,* 1813-1816. *[Ciencia de la lógica,* Solar, 1982.]

— *Enzyklopädie der philosophischen Wissenschaften in Grundrisse,* 1817. *[Enciclopedia de las ciencias filosóficas,* Alianza Editorial, 2000.]

— *Grundlinien der Philosophie des Rechts,* 1820. *[Principios de la filosofía del derecho,* Edhasa, 1988.]

HESS, Moses, Diversos artículos («Sozialismus und Kommunismus», «Philosophie der Tat», «Die eine und ganze Freiheit»), en las *Einundzwanzig Bogen aus der Schweiz,* revista editada por Herwegh, en Zúrich y Winterthur durante 1843.

KOSEGARTEN, Wilhelm, *Betrachtungen über die Veräusserlichkeit und Teilbarkeit des Landbesitzes,* 1842.

LANCIZOLLE, K. W., *Über Ursachen, Charakter und Folgen der Julitage,* Berlín, 1831.

LAUDERDALE, James, *An Inquiry into the Nature and Origin of Public Wealth,* Edimburgo-Londres, 1804, trad. fr. París, 1808.

LEO, Heinrich, *Studien und Skizzen zu einer Naturlehre des Staates,* Halle, 1833.

LOUDON, Charles, *Solution du problème de la population et de la subsistence,* París, 1842.

MAC CULLOCH, J. R., *The Principles of Political Economy,* Edimburgo-Londres, 1825, trad. fr. Génova-París, 1825.

MALTHUS, Th., *An Essay on the Principle of Population,* Londres, 1798. [*Primer ensayo sobre la población,* Alianza Editorial, 2000.]

— *Principles of Political Economy,* Londres, 1820. [*Principios de economía política,* Fondo de Cultura Económica, 1946.]

MILL, James, *Elements of Political Economy,* Londres, 1820. [*Elementos de economía política,* imprenta de Don Manuel Burgos, 1831.]

OWEN, Robert, *A new View of Society,* 1812-1814. [*Nueva visión de la sociedad,* Editorial Hacer, 1982.]

— *Observations on the Effects of the Manufacturing System,* Londres, 1817.

— *Report to the County of Lanark,* Londres, 1820.

— *The Book of the New Moral World,* 1836-1844.

— *The Marriage System of the New Moral World,* Leeds, 1838.

— *Manifesto of T. Owen, the Discoverer, Founder and Promulgator of the Rational System of Society and of the Rational Religion,* Londres, 1840.

PECQUEUR, C., *Théorie nouvelle d'économie sociale et politique, ou études sur l'organisation des sociétés*, París, 1842.
PROUDHON, J. P., *Qu'est-ce que la propriété? Ou recherches sur la principe du droit et du gouvernement*. Premier Mémoire, París, 1840. [*¿Qué es la propiedad?*, «Biblioteca del socialismo», Júcar, 1984.]
— *Qu'est-ce que la propriété?* Deuxième Mémoire, París, 1841.
— *Avertissement aux Proprietaires*, París, 1842.
— *De la création de l'ordre dans l'humanité ou principes d'organisation politique*, París-Besançon, 1843.
RICARDO, David, *On the Principles of Political Economy and Taxation*, Londres, 1817. [*Principios de economía política y tributación*, Ayuso, 1999.]
SAINT-SIMON, C. H., *Lettres d'un habitant de Genève à ses contemporains*, 1803.
— *Introduction aux travaux scientifiques du XIXe siècle*, 1807.
— *Memoire sur la science de l'homme*, 1813.
— *De la réorganisation de la société européenne*, 1814. [*La reorganización de la sociedad europea*, Centro de Estudios Constitucionales, 1975.]
— *L'industrie*, 1816-1818.
— *Vues sur la propriété et la législation*, 1818.
— *Le politique*, 1819.
— *L'organisateur*, 1819-1820.
— *Du système industriel*, 1821-22. [*El sistema industrial*, Ministerio de Trabajo y Seguridad Social, 1975.]
— *Catéchisme politique des industriels*, 1823-24. [*Catecismo político de los industriales*, Orbis, 1985.]
— *De l'organisation sociale*, 1825.
— *Le Nouveau Christianisme*, 1825. [*El nuevo Cristianismo*, Centro de Estudios Constitucionales, 1981.]
SAY, J. B., *Traité d'économie politique*, 2 vols., París, 1803. [*Tratado de Economía Política o exposición de cómo se for-

man, se distribuyen y se consumen las riquezas, Fuentenebro, 1838.]
— *Cours d'économie politique pratique,* 3.ª ed., Bruselas, 1836. [*Manual Práctico de Economía Política,* Bayer Hermanos, 1926.]
SCHULZ, Wilhelm, *Die Bewegung der Produktion,* Zúrich-Winterthur, 1843.
SISMONDI, J. DE, *Nouveaux principes d'économie politique,* 2 vols., París, 1819.
SKARBEK, Frédéric, *Théorie des richesses sociales,* 2 vols., París, 1829.
SMITH, Adam, *An Inquiry into the Nature and Causes of the Wealth of the Nations,* 1776. La trad. francesa, que es la utilizada por Marx, es obra de G. Garnier, 5 vols., París, 1802. [*La riqueza de las naciones,* Alianza Editorial, 1999.]
STRAUSS, D. F., *Das Leben Jesu,* 1835.
VILLEGARDELLE, F., *Accord des intérêts dans l'association,* París, 1844.
VINCKE, F. L. VON (1744-1844), estadista y economista prusiano que fue gobernador de Westfalia.
WEITLING, Wilhelm, *Die Menschheit, wie sie ist und wie sie sein sollte,* 1838.
— *Garantien der Harmonie und Freiheit,* 1842.
— *Das Evangelium eines armes Sünders,* 1843.

Cuadro cronológico

Marx: vida y obra	Literatura/arte/cultura	Historia
1818 Nace en Tréveris (5 de mayo), segundo de los ocho hijos que tuvo el abogado Heinrich Marx.	St. Hilaire: *Philosophie anatomique*; Keats: *Endymion*; M. W. Shelley: *Frankenstein*; Jane Austen: *Persuasion, Northanger Abbey*; Martínez de la Rosa: *Moraina*.	*Muerte de la reina Isabel de Braganza*. Congreso de Aix-la Chapelle: las tropas aliadas salen de Francia. Epidemia de tifus en Europa.
1835 Examen del final del bachillerato (*Abitur*), cursado en Tréveris.	Tocqueville: *La démocratie en Amérique*; Larra: *Colección de artículos dramáticos, literarios, políticos y de costumbres*; Duque de Rivas: *Don Álvaro o la fuerza del sino*. Fundación del Ateneo de Madrid. Stendhal comienza a escribir *Vie d'Henry Brulard*; Browning: *Paracelsus*; Büchner: *Dantons Tod*; Gogol: *Almas muertas*; Strauss: *Das Leben Jesu*; Espronceda: *Canción del Pirata*. Primer ferrocarril entre Nuremberg y Fürth. Fundación de la agencia Havas.	*Sitio de Bilbao. Gabinete Mendizábal: la desamortización.* Se acepta el derecho de visita en España. Dictadura de Rosas en Argentina. Los turcos ocupan Tripolitania.
1836 Ingresa en la Universidad de Bonn para seguir estudios de Derecho. Participa allí en el llamado «Club de Poetas» y en asociaciones de los estudiantes de su ciudad natal. Se compromete en secreto con Jenny von	Schopenhauer: *Ueber den Willen in Natur*; Espronceda: *El ministerio de Mendizábal*; Lista: *Curso de Literatura dramática* en el Ateneo de Madrid; Musset: *Confession d'un enfant du siècle*; Dickens: *Pickewick Papers*; Ranke: *Die römischen Päpste*.	*Sublevación de los sargentos de la Granja: la Constitución de 1812.* Fracasa el golpe de Luis Napoleón en Estrasburgo, se exilia a América. Texas proclama su independencia de México.

	Westphalen, vecina suya en Tréveris y cuatro años mayor que él.	
1837	Se traslada a la Universidad de Berlín para continuar los estudios de Derecho con una serie de maestros ilustres, entre los que descuellan Gans y Savigny.	Michelet: *Histoire de la Révolution*; Lamennais: *Le livre du peuple*; Carlyle: *The French Revolution*; Carey, H. Ch.: *Principles of Political Economy*; Espronceda: *El estudiante de Salamanca*; Hartzenbusch: *Los amantes de Teruel*. Suicidio de Larra. George Sand: *Mauprat*; Thackeray: *Yellouplush Papers*. Morse, Steinheil y Wheatstone patentan simultáneamente el telégrafo eléctrico. Jacobi inventa la galvanoplastia.	*Constitución de 1837. Don Carlos cerca de Madrid*. Muere Guillermo IV de Inglaterra. Victoria, reina. En Prusia luchas entre la Iglesia y el Estado; rebelión de Papineau en el Canadá.
1838	Se incorpora al Club de los Doctores, cuyo principal animador es Bruno Bauer. Intenta una síntesis de la ciencia jurídica y pierde interés por el Derecho, entregándose apasionadamente, incluso con peligro para su salud, al estudio de la Filosofía. Muere Heinrich Marx.	W. Weitling: *La humanidad tal cual es y tal como debiera ser*; E. A. Poe: *Arthur Gordon Pym*; Lamartine: *La chute d'un ange*. Hall inventa el condensador de superficie. Nasmyth y Bourdon, el martillo-pilón. Bessel mide por primera vez la distancia de una estrella. Schleiden formula la teoría de la célula vegetal. Primer servicio regular de barco a vapor entre Inglaterra y Estados Unidos.	*Gabinete del duque de Frías. Maroto, jefe del ejército carlista*. En Inglaterra: «First Irish Poor Law», Cobden funda la «Anti Corn-Law-League». Los boers derrotan a los zulúes.
1839		Feuerbach: *Crítica de la filosofía hegeliana*; Engels: *Cartas del Wuppertal*;	*Convenio de Vergara. Prosigue la lucha en Levante*. Primera prohi-

Marx: vida y obra	Literatura/arte/cultura	Historia
	Louis Blanc: *De l'organisation du travail*; Ranke: *Alemania en la época de la Reforma*; Stendhal: *La chartreuse de Parme*; Longfellow: *Hyperion*; Lermontov: *El demonio*; Guizot: *Vie, correspondance et écrits de Washington*; Chopin: *Preludios*; Louis Napoleón: *Idées napoléoniennes*; Faraday: *Experimental Researches on Electricity*. Goodyear realiza la vulcanización del caucho. Daguerre y Fox Talbot inventan la fotografía.	bición de trabajo de menores en Prusia. El tratado de Londres establece el status internacional de Bélgica. Luxemburgo se convierte en ducado independiente. Guerra del opio en China.
1840 K. F. Koeppen, el futuro estudioso del budismo, dedica al joven Marx su estudio sobre *Federico el Grande y sus adversarios*.	Proudhon: *Qu'est-ce que la propriété?*; Cabet: *Voyage in Icarie*; Grillparzer: *Der Traum, ein Leben*; Liebig: *La química aplicada a la agricultura*; Espronceda: El 2 de mayo; A. Thierry: *Récits des temps mérovingiens*; Eugenio de Tapia: *Historia de la civilización española*; Sainte-Beuve: *Port-Royal*; Shumann: *Lieder*. Mendel comienza sus experiencias sobre leyes de la herencia. Primeros rifles a repetición en Estados Unidos. Livingstone inicia sus exploraciones. Ch. Barry inicia las obras de las «Houses of Parliament» en Londres.	— *Ley de Ayuntamientos. Exilio de María Cristina. Espartero en el poder: primera asociación obrera en Cataluña*. Muere Federico Guillermo III de Prusia; Federico Guillermo IV le sucede. Traslado de las cenizas de Napoleón a los Inválidos. Introducción del sello de correos en Inglaterra. Constitución de un partido abolicionista en Estados Unidos. Weitling funda la «Liga de los Justos».

1841 Marx recibe en Jena el título de doctor con una tesis sobre las diferencias entre las filosofías de Demócrito y Epicuro, que dedica a su futuro suegro. Bruno Bauer es acusado de ateísmo y expulsado de su cátedra de Teología en Bonn, con lo que Marx pierde la posibilidad de ingresar como docente en la Universidad. En una carta dirigida a Arnold Ruge, Moses Hess se refiere a Marx diciendo que ve en él a «Rousseau, Voltaire, Holbach, Lessing, Hegel y Heine fundidos en una sola persona».

— List: *Sistema nacional de Economía Política*; Feuerbach: *La esencia del cristianismo*; Buret: *La misère des classes laborieuses*; Hoffman von Fallersleben: *Unpolitische Lieder*; Emerson: *Ensayos*; Georg Herwegh: *Poemas de un viviente*; Duque de Rivas: *Romances históricos*; Espronceda: *El diablo mundo*. Fundación de la revista «Punch», J. M. Joule, «Ley y efectos Joule». Schumann: *La sinfonía*.

— *Cortes de 1841. Regencia de Espartero. Pronunciamiento de O'Donnell en Pamplona. Diego de León y Concha asaltan Palacio. Represión sangrienta.* Convención de los Estrechos: garantía colectiva europea de independencia de Turquía; los Dardanelos quedan cerrados para navíos de guerra. Primera ley para la protección del obrero en Francia.

1842 Primeros trabajos de publicista. Entra como colaborador y más tarde redactor en la *Rheinische zeitung* de Colonia, órgano de la burguesía renana.

— Renouvier: *Manuel de philosophie moderne*; Sué: *Les mystères de Paris*; L. von Stein: *Socialismo y comunismo en la Francia contemporánea*; Feuerbach: *Tesis provisionales para la reforma de la filosofía*; Weitling: *Garantía de la armonía*; Mayer: *Observaciones acerca de las fuerzas de la naturaleza inanimada*; Glinka: *Rusland y Ludmila*; Zorrilla: *El*

— *Sublevación y bombardeo de Barcelona.* La «Ashley's Act» prohíbe el trabajo de menores y mujeres bajo tierra. Tratado de Nanking: cinco puertos abiertos a la navegación inglesa. Cesión de Hong-Kong a los ingleses.

Marx: vida y obra	Literatura/arte/cultura	Historia
	pañal del Godo; Tennyson: *Godivia*; Comte: *Cours de philosophie positive*; Macaulay: *Lays of Ancient Rome*. Lawes patenta un procedimiento para la fabricación de superfosfatos.	
1843 A instancias del zar Nicolás I, la censura prusiana estorba la actividad periodística de Marx, que abandona la redacción de la *Rheinische zeitung*. Se casa con su prometida. Rechaza el ofrecimiento del Gobierno prusiano de redactor en el diario oficial. A finales de octubre emigra a París, en donde M. Hess y G. Herwegh lo presentan en las sociedades secretas socialistas y comunistas y en las asociaciones de obreros alemanes. Concluye la redacción de *La cuestión judía*. Por enfermedad de A. Ruge se encarga casi por entero de la publicación de los *Anales franco-alemanes*. En diciembre en-	Feuerbach: *Principios de la filosofía del futuro*; J. S. Mill: *Lógica*; Kierkegaard: *O esto o lo otro*; Gioberti: *La primacía moral y civil de los italianos*; Macaulay: *Ensayos críticos e históricos*; Victor Hugo: *Les Burgraves*; Wagner: *Der fliegende Holländer*; E. A. Poe: *El escarabajo de oro*; Mesonero: *Tipos y caracteres*. Máquina de escribir de Thurbur. Utilización industrial de la gutapercha. Mohl identifica el protoplasma. Memoria sobre las funciones elípticas de Hermite. Lacordaire reforma la orden de los dominicos en Francia. Se funda *The Economist*. Se inician las obras del ferrocarril Madrid-Aranjuez.	— *Crisis económica. Caída de Espartero, que huye a Inglaterra. Mayoría de edad de Isabel II*. Abolición de la esclavitud en la India. Primeras cooperativas sociales obreras («Pioneers of Rochdale»). Pacto comercial anglo-chino.

tabla una estrecha amistad con Heine y concluye la *Introducción a la crítica de la filosofía del derecho* de Hegel.

1844 Preparación y publicación del vol. 1.º y único de los *Anales franco-alemanes*, en colaboración con Arnold Ruge. Redacción de los *Manuscritos*. Colaboración en *Vorwärts*, órgano de los obreros alemanes en la emigración. Entra en contacto con la Liga los Justos, fundada por Weitling. Relación con Heine, Leroux, L. Blanc, Proudhon, Bakunin y comienzo de la perdurable amistad con Engels. Nacimiento de Jenny, primera hija de Marx. Este recibe 1.000 táleros de los antiguos propietarios de la *Rheinische zeitung* y 800 ejemplares de los *Anales* que Ruge, con el cual rompe, le entrega como pago de su trabajo. El Gobierno prusiano ordena el encarcelamiento de Marx,

— Stirner: *El único y su propiedad*; Toussenel: *Les juifs, rois de l'époque*; Carlyle: *Pasado y presente*; Disraeli: *Coningsby*; Heine: *Deutschland Zeitgedichte*; Margaret Fuller: *La mujer en el siglo XIX*; J. von Liebit: *Chemische Briefe*; Balmes: *El protestantismo comparado con el catolicismo*; Zorrilla: *Don Juan Tenorio*; Dumas: *Le comte de Monte Cristo*. Keller inventa el papel de pulpa de madera. Galloway, el linoleum. Morse instala una línea telegráfica entre Baltimore y Washington. Drayse fabrica un fusil que se carga por la culata.

— *Revolución de Alicante. Regresa María Cristina, gabinete Narváez: «Década moderada». Restricción del sufragio. Pronunciamiento de Zurbano. Fundación de la Guardia Civil.* La «Graham's Factory Act» regula el horario laboral para mujeres y mejores. Primer sindicato obrero en Alemania. Sublevación de los obreros textiles en Silesia y Bohemia.

Marx: vida y obra	Literatura/arte/cultura	Historia
Ruge, Heine y Bernays por su colaboración en los *Anales*. Aprovechando una estancia de Engels en París ambos establecen en diez días el plan general para *La Sagrada Familia*.		
1845 A petición del Gobierno prusiano, en enero Francia expulsa a Marx, Bakunin, Bürgers y Bornstedt. Marx se establece en Bruselas. En colaboración con Engels redacta y publica *La Sagrada Familia*, editada en Francfort; comienza la redacción de *La ideología alemana*, en el curso de la cual formula las tesis sobre Feuerbach. Prosigue los estudios de Economía, acompañado de Engels, también instalado en Bruselas. Durante julio y agosto, y en compañía de Engels, hace un viaje de estudios por Inglaterra. En septiembre nace Laura, su segunda hija. En diciembre	Engels: *La condición de las clases trabajadoras en Inglaterra*; A. de Humboldt: *Cosmos*; Disraeli: *Sybil*; Carlyle: *Cromwell*; Wagner: *Lohengrin*; Thiers: *Histoire du Consulat et de l'Empire*; Guizot: *Histoire générale de la civilisation en Europe*. Howe perfecciona la máquina de coser. Colocación de un cable telegráfico bajo el Hudson. Parsons de Rose identifica por primera vez una nebulosa espiral.	— *Ejecución de Zurbano. Constitución de 1845. Reforma tributaria de Alejandro Mon. Plan Gil de Zárate: centralización de la instrucción pública. Hambre en Irlanda. Constitución griega.*

renuncia a la nacionalidad prusiana.

1846 Marx y Engels organizan una red de corresponsales comunistas en diversos países en la que Proudhon se niega a participar. En una carta a Annenkov, Marx hace una extensa crítica de la *Filosofía de la miseria*, de Proudhon, recién publicada. Marx redacta y publica un ataque contra H. Kriege, alemán emigrado que publica en Nueva York un periódico de inspiración socialista. Aunque dicho ataque aparece también firmado por Weitling, por entonces se produce también la ruptura entre éste y Marx. Concluida la redacción de *La ideología alemana*, sus autores no encuentran editor y renuncian a publicarla, pues ya les ha servido para aclarar ante ellos mismos su propia posición frente a la filosofía alemana del tiempo. En diciembre nace Edgar, tercer hijo de Marx.

— Proudhon: *Système des contradictions économiques ou Philosophie de la misère*; Michelet: *Du peuple*; Mérimée: *Carmen*; George Sand: *La mare au diable*; Herzen: *¿De quién es la culpa?*; Kierkegaard: *Postscriptum a las Migajas filosóficas*; Balmes: *Filosofía fundamental*. Wright inventa el arco eléctrico. Hoe, el cilindro rotativo para imprenta. Weber establece en psicología la ley de su nombre. Le Verrier descubre el planeta Neptuno por medio de cálculo.

— *Boda de Isabel II con Francisco de Asís. Guerra «dels Matiners» en Cataluña*. Revolución en Portugal. Abolición de los derechos arancelarios sobre el trigo en Inglaterra. Aparición de la Virgen de La Salette.

	Marx: vida y obra	Literatura/arte/cultura	Historia
1847	Marx forma parte de la Liga de los Justos, llamada ahora Liga de Comunistas, que celebra su primer congreso en Londres (junio); en él se les encomienda a Marx y Engels la redacción de un Manifiesto del Partido Comunista. Marx participa en el Congreso sobre el librecambio celebrado en Bruselas y es elegido vicepresidente de la Asociación Democrática. Redacción y publicación de *La miseria de la filosofía*.	Helmholtz: *Sobre la conservación de la energía*; Gutzkow: *Uriel Acosta*; H. Hoffmann: *Strawelpeter*; Michelet: *Histoire des Girondins*; Duque de Rivas: *La azucena milagrosa*. Se inaugura *El Liceo* en Barcelona. E. Brontë: *Cumbres borrascosas*. Memoria de Simpson sobre las propiedades anestésicas del cloroformo. Krupp fabrica los primeros cañones de acero.	*Gabinete de los «puritanos»: Pacheco.* Hambre, cólera y crisis en Europa; el oidium produce numerosas muertes. Polonia se convierte en provincia rusa. Liberia se proclama independiente.
1848	Continúa animando la Asociación demócrata, en una de cuyas reuniones lee el *Discurso sobre el librecambio*. Redacción del *Manuscrito del Partido Comunista*, cuya primera edición aparece en Londres en febrero. El Gobierno revolucionario francés invita a Marx a que se establezca en París, tras ser expulsado de Bruselas. En París se opone enérgica-	J. S. Mill: *Principios de economía política*: Louis Blanc: *Droit au travail*; Thackeray: *La feria de las vanidades*; Hartzenbusch: *Fábulas*. Claude Bernard descubre la función glicogénica del hígado. Primer ferrocarril español Barcelona-Mataró. Descubrimiento de oro en California.	*Réplica autoritaria de Narváez a la revolución europea.* Revolución en Sicilia. Revolución en Francia: proclamación de la República. Revolución en Venecia, Parma y Milán. Cerdeña declara la guerra a Austria. Pío IX huye a Gaeta. Represión de las rebeliones polacas por los rusos. Alzamientos en Checoslovaquia. El emperador Fernando abdica a favor de su so-

mente a los preparativos que el Club Democrático alemán en esa ciudad hace para enviar guerrilleros a Alemania. Redacta las *Reivindicaciones del Partido Comunista en Alemania* y organiza el regreso a ese país de los miembros de la Liga de Comunistas. Él mismo, con su familia y con Engels, se traslada a Colonia, en donde ocupa la redacción de la *Neue rheinische zeitung*, desde donde preconiza la guerra revolucionaria contra Rusia a fin de crear una República alemana. Sus artículos acerca de la Revolución de junio en París provocan la retirada de la mayor parte de los accionistas del periódico. Marx se traslada a Viena. A su regreso a Colonia, se declara en esta ciudad el estado de sitio por las protestas en contra del armisticio germano-danés. Marx asume la dirección de la Asociación Obrera de Colonia, ataca a la burguesía alemana, a la que acusa de traición, y proclama el te-

brino Francisco José. Sufragio universal en Francia y abolición de la esclavitud en sus colonias. Luis Napoleón elegido presidente de la República. Jornada de diez horas para mujeres y menores en Inglaterra en la industria textil. Conferencia de paz en Bruselas presidida por Richard Cobden. Congreso obrero en Berlín, se forma la Asociación Obrera. Se descubre oro en Canadá. Supresión de la servidumbre en Austria. Kossuth proclamado dictador de Hungría.

Marx: vida y obra	Literatura/arte/cultura	Historia

rrorismo revolucionario como único medio para aligerar los dolores de parto de la nueva sociedad. En tal sentido, hace un llamamiento a la huelga fiscal y a la resistencia armada.

1849 Marx es procesado por su participación en los disturbios sucedidos en Colonia, pero resulta absuelto. *La neue rheinische zeitung* publica las charlas dictadas por Marx en Bruselas sobre «trabajo asalariado y capital». La revista deja de aparecer en el mes de mayo por cuestiones económicas; Marx tiene que vender sus propios muebles para pagar sus deudas. Se encuentra en una situación financiera angustiosa y marcha de nuevo a Francia, pero el Gobierno le prohíbe establecerse en París y le obliga a residir en el Morbihan. Lassalle organiza en Alemania una colecta para

— Macaulay: *Historia de Inglaterra*; Proudhon: *Confessions d'une révolutionnaire*; Rethel: *Dance macabre*; Scribe: *Adrienne Lecouvreur*; Zorrilla: *Traidor, inconfeso y mártir*; Fernán Caballero: *La gaviota*. Fizeau, experiencias sobre la velocidad de la luz.

— *La camarilla: gabinete relámpago de Cleonard. Expedición militar a Gaeta.* Mazzini proclama la República en Roma. Carlos Alberto de Cerdeña abdica en favor de Víctor Manuel II. Los franceses desembarcan en los Estados Pontificios. Garibaldi entra en Roma. Disturbios comunistas en París. Los franceses toman Roma. Hungría proclama su independencia de Austria. Rebeliones en Dresde y en Baden. Disolución del Reichstag austríaco: la Asamblea Nacional aprueba una constitución en Alemania. Derogación de la «Navigation Act» en Inglaterra. En Prusia se restablecen los gremios. Austria rechaza el plan

Marx, gracias a la cual puede trasladarse con su familia a Londres, en donde se establecerá definitivamente. Allí nace Guido, el cuarto de sus hijos.

1850 Marx organiza en Londres la ayuda a los emigrados alemanes, pero él mismo continúa con sus dificultades económicas y es desahuciado de la casa que ocupa por la imposibilidad de pagar el alquiler. La Liga de los Comunistas decide la reorganización de las comunas o secciones locales y se funda la Sociedad Universal de Comunistas Revolucionarios, en la que se incorporan los cartistas ingleses y los blanquistas franceses. En el seno de la Liga se producen, sin embargo, choques que llevan a la escisión de una fracción encabezada por Willich y Schapper. Con la ayuda de amigos alemanes se funda en Hamburgo una revista, la *Neue rheinische zeitung. Poli-*

— F. Bastiat: *Les harmonies économiques*; H. S. Spencer: *Social Statics*; Dickens: *David Copperfield*; Tennyson: *In Memoriam*; Emerson: *Representative Men*; Robert Mayer: *On the Dynamic Equivalent of Heat*; Modesto Lafuente: *Historia de España*. R. W. Bunsen inventa el «mechero Bunsen». Foucault inventa el giróscopo. Exposición del primer vehículo a vapor. El piano mecánico. Descubrimiento de la eficacia del azufre para erradicar el oidium. Invención del martillo neumático para el trabajo en las minas.

de unificación prusiano. Insurrección en el Canadá. En Francia se constituye la Unión de Iglesias Evangélicas Libres.

— *Creación del sello de correos en España. Inauguración del canal de Isabel II.* Pío IX vuelve a Roma. Paz en Berlín entre Dinamarca y Prusia. Abolición del sufragio universal en Francia. Promulgación de la Ley Falloux de enseñanza en Francia. Rebelión Taiping en China. Cavour nombrado ministro en Piamonte.

Marx: vida y obra	Literatura/arte/cultura	Historia
tisch oekonomische revue, con la que se pretende continuar la labor emprendida en Colonia. Su vida es muy corta, pues se inicia su publicación en marzo y concluye con un número doble en noviembre. Muerte de Guido, cuarto hijo de Marx, nacido el año anterior.		
1851 Marx trabaja intensamente en la biblioteca del British Museum, preparando un libro de economía que cree poder terminar en poco tiempo y para el cual está buscando editor. Continúan las dificultades económicas a las que sólo logra hacer frente merced a la ayuda de Engels. El *New York Daily Tribune* le ofrece una corresponsalía que Marx acepta, pero es Engels el que envía al periódico los primeros trabajos. Hermann Becker publica en Colonia el tomo primero y único de los *Ensayos escogidos*	Proudhon: *Idées générales de la révolution au XIXème siècle*; Melville: *Moby Dick*; Hawthorne: *The House of the Seven Gables*; Ruskin: *Las piedras de Venecia*; Donoso Cortés: *Ensayos sobre el catolicismo...*; Verdi: *Rigoletto*; Wagner: *Lohengrin*. Primer cable submarino bajo el Paso de Calais. Exposición Internacional de Londres. Primer navío a hélice y primer horno a gas. Foucault, experiencias del péndulo.	*Concordato entre España y el Vaticano. Gabinete Bravo Murillo.* El Gobierno prusiano detiene a los miembros de la Liga Comunista. Derogación del «Window Act» (ley sobre la vivienda) en Inglaterra. «Banquete de los iguales» en Londres para conmemorar la Revolución francesa de febrero de 1848. Hambre en Rusia. Golpe de Estado de Luis Napoleón. Plebiscito a favor de una nueva constitución francesa.

de Marx. Nace Franziska, quinta de sus hijos.

1852 Marx envía al periódico *Die Revolution*, de Nueva York, varios artículos sobre el 18 de Brumario, y en una carta a Weidemeyer, redactor del mismo, hace el célebre resumen de sus trabajos, cuyos tres hallazgos principales son, a su juicio, el del carácter histórico de la lucha de clases, la dictadura del proletariado como fase de transición y la sociedad sin clases. Redacta también un panfleto, hoy desaparecido, en donde ataca a los dirigentes burgueses de la emigración en Londres, y un escrito sobre el proceso de los comunistas en Colonia. Se aprueba su propuesta de declarar disuelta la Liga de los Comunistas. Acuciado por los problemas económicos, inicia su colaboración en el *New York Daily Tribune*. Muere Franziska, nacida el año antes.

— H. C. Carey: *Armonía de los intereses agrícolas, manufactureros y comerciales*; H. Becher Stowe: *La cabaña del tío Tom*; Dumas (hijo): *La dame aux camélias*; Turgueniev: *Narraciones de un cazador*; Kuno Fischer: *Historia de la filosofía moderna*; Rudolph von Ihering: *Der Geist der römischen Rechts*; Spencer: *Principles of Psychology*. Frankland descubre la noción de valencia. Quintana: *Cartas a lord Holland*.

— *Bravo Murillo, derrotado en las Cortes, obtiene el decreto de disolución*. La Constitución francesa otorga poderes reales al presidente. La familia Orleans desterrada de Francia. En Colonia se inicia el proceso contra los comunistas. Primer congreso de las «Cooperative Societies» en Londres. Se funda el Crédit Foncier en París. Napoleón III proclamado emperador.

	Marx: vida y obra	Literatura/arte/cultura	Historia
1853	Tanto en el *NYDT* como en el *People's Paper*, órgano del movimiento cartista, Marx publica una abundante serie de artículos sobre cuestiones de actualidad, en especial sobre la política de los distintos gabinetes ingleses y sobre los problemas coloniales en la India y China. Estos trabajos y su mala salud (la furunculosis que le azota toda su vida, en particular) le impiden reanudar los estudios económicos interrumpidos el año anterior y a los que no podrá consagrarse de nuevo seriamente hasta 1857. Reanuda la relación epistolar con Lassalle.	— A. Gratry: *Philosophie de la connaissance de Dieu;* Gobineau: *Essai sur l'inégalité des races humaines;* Jókai: *Un nabab húngaro;* Tamayo y Baus: *La Ricahembra;* Liszt: *Rapsodia húngara;* Verdi: *Il Trovatore;* Wagner: *Ring des Nibelungen.* Fabricación de cables submarinos en el mar del Norte.	— *Gabinete Sartorius. Acusación contra el ministro de Fomento, Esteban Collantes: inmoralidad en la adjudicación de ferrocarriles. Derrota del Gobierno. Disolución de las Cortes, destierro de los generales O'Donnell, Concha, Serrano y San Miguel.* Matrimonio de Napoleón III con Eugenia de Montijo. Plebiscito en Francia a favor de la constitución imperial. La flota anglo-francesa cruza los Dardanelos y entra en el Mar Negro. Turquía rechaza el ultimátum ruso: declaración de guerra: derrota de la flota turca. En Prusia se prohíbe el trabajo a los menores de doce años.
1854	Marx continúa en la prensa los ataques contra Palmerston y algunos de sus artículos son distribuidos como hojas sueltas. Aprende español y estudia la historia de España, a cuyos clásicos, especialmente Calderón	— A. Comte: *Système de la philosophie positive;* Mommsen: *Historia de Roma;* Tennyson: *La carga de la brigada ligera;* Viollet-le-Duc: *Diccionario razonado de la Arquitectura;* Rienamn: *Sobre las hipótesis que sirven de base a la geometría.* Berthelot sienta los principios de la ter-	— *Pronunciamiento de O'Donnell en Vicálvaro. Motines populares en Madrid. Regresa Espartero. Gabinete Espartero-O'Donnell (Bienio Progresista).* Alianza anglo-francesa con Turquía: las tropas aliadas desembarcan en Crimea. Sitio

	y Cervantes, que ya conocía en traducción, vuelve a leer ahora directamente. Publica en el *NYDT* artículos sobre la revolución española.	moquímica. Sainte Claire Deville aísla el aluminio valiéndose del sodio. Otis inventa el ascensor hidráulico. Heinrich Goebel inventa la bombilla eléctrica. Construcción del túnel de Segmeringue a través de los Alpes. Primer navío metálico de la compañía Cunard. Primera hilatura de algodón en Bombay. Dogma de la Inmaculada Concepción.	de Sebastopol. Asesinato de Carlos III, duque de Parma. Austria ocupa los principados del Danubio. Inglaterra considera que la Doctrina Monroe no es aplicable a los países europeos.
1855	Continúa la colaboración en el *NYDT* y la inicia en la *Neue oder zeitung*, de Breslau. En enero nace Eleanora, su sexto hijo, y en abril muere Edgar, el tercero de ellos.	L. Büchner: *Fuerza y materia*; J. Burckhardt: *Cicerone*; Le Play: *Los obreros europeos*; C. F. Hebbel: *Agnes Bernauer*; G. Keller: *Der Grüne Heinrich*; F. W. Giesebrecht: *Geschichte der deutschen Kaiserzeit*; Walt Whitman: *Leaves of Grass*; Longfellow: *Hiawatha*; Kingsley: *Westward Ho!*, Baralt: *Diccionario de galicismos*. Bertholet realiza la síntesis del alcohol. Botadura del primer acorazado. Exposición Internacional de París.	*Madoz y la desamortización*: se rompen las relaciones con el Vaticano. Los aliados toman Sebastopol. Abolición del impuesto sobre los periódicos en Inglaterra.
1856	Además de las colaboraciones que le permitían vivir, Marx pronuncia un discurso sobre el progreso técnico y la revolución proletaria en una fiesta organizada por el *People's paper* y se consa-	Emerson: *English Traits*; Froude: *History of England*. Descubrimiento del hombre de Neanderthal. Descubrimiento del amoniaco. H. W. Perkins fabrica el primer colorante a base de anilina. Bessmer construye el convertidor de su	*Se aprueba la Constitución de 1856. Dimisión de Espartero. Gabinete O'Donnell: reprime la agitación de la Milicia Nacional y disuelve las Cortes.* Congreso y Tratado de París que pone fin a la

Marx: vida y obra	Literatura/arte/cultura	Historia
gra al estudio de la historia y la civilización de los pueblos eslavos. Su esposa recibe la herencia de su madre, lo que alivia momentáneamente la situación de la familia, que se traslada a un apartamento mayor y más cómodo.	nombre para la fabricación de acero. Expedición de Burton y Speke a los grandes lagos africanos.	guerra de Crimea: el Mar Negro declarado neutral y libre navegación por el Danubio; Rusia cede Besarabia. Amnistía de los rebeldes polacos por Alejandro II. Guerra franco-inglesa contra China: bombardeo de Cantón.
1857 Comienza la redacción de la *Crítica de la economía política*, para lo cual reanuda sus estudios económicos, pero el médico le prohíbe el trabajo nocturno. Continúa la colaboración en el *NYDT* con artículos sobre la guerra anglo-china y redacta para la *New American Cyclopedia* unos artículos biográficos sobre Bernadotte, Bolívar, Blücher, etc. Vuelven las apreturas económicas y nace muerto un nuevo hijo.	Flaubert: *Madame Bovary*; Baudelaire: *Les fleurs du mal*; Ibsen: *Olaf Liljekrans*; Rydberg: *Singoalla*; Buckle: *History of Civilization*; Thackeray: *Virginians*; Rosalía de Castro: *La flor*; Corot: *Concierto campestre*, Millet: *Las recogedoras*; Pasteur: *Memoria sobre la fermentación láctea*. Trabajos de Kirchhoff y Bunsen sobre el análisis espectral de la luz. Comienzo de la perforación del Mont-Cenis.	*Política autoritaria de Narváez. Nace el príncipe Alfonso (XII).* Se restablecen las relaciones con el Vaticano. *Primera ley de Instrucción Pública*. Crisis financiera en Inglaterra. Comités de nobles rusos para abolición de los siervos.
1858 Nuevos artículos en el *NYDT*, que deja de publicar algunos de los enviados por Marx. A	E. M. Arndt: *Wanderungen mit Fhr. vom Stein*; Virchow: *Lecciones de patología celular*; Carlyle: *Frederick the*	*Unión Liberal de O'Donnell. Expedición española a la Cochinchina.* Encuentro de Napoleón III y

través de Lassalle, acuerda con el editor Duncker, de Berlín, la publicación en forma de fascículos de su *Crítica a la economía política*; concluye y envía el primero de tales fascículos. Marx se consagra durante algún tiempo a la lectura de la *Lógica* de Hegel. Persisten las enfermedades y las estrecheces.

1859 Aparece en Berlín la *Crítica de la economía política*. Nuevos artículos en el *NYDT* sobre la guerra anglo-china. Lassalle publica un escrito sobre la guerra en Italia, en el que sostiene puntos de vista diferentes a los de Marx y Engels. Continúan, sin embargo, las relaciones entre los tres y Marx le dirige una serie de cartas amistosas sobre su drama *Franz von Sickingen*. Colaboración en *Das Volk*, periódico fundado en Londres por Biscamps y dirigido contra el grupo de Edgard Bauer. Marx asume la dirección del

Great; F. Lasalle: *La filosofía de Heráclito*; Bécquer: *San Juan de los Reyes*. Kekulé descubre el carbono tetravalente. Fundación de una academia tomista.

— Darwin: *Origin of Species by Means of Natural Selection*; J. S. Mill: *On Liberty*; G. Meredith: *Ordeal of Rich. Feverel*; Ponson du Terrail: *Rocambole*; Mistral: *Miréia*; Offenbach: *Orfeo en los infiernos*; Gounod: *Faust*; Bécquer: *Rimas*; G. L. Maurer: *La aldea primitiva*. De Lesseps inicia las obras del Canal de Suez. Planté inventa el acumulador. Perforación del primer pozo de petróleo en Pennsylvania.

Cavour para preparar la unificación de Italia. Alejandro II inicia la emancipación de los siervos.

— *Comienza la guerra de África*. Cavour rechaza el ultimátum austríaco. Los austríacos invaden el Piamonte: Francia declara la guerra: derrotas austríacas en Magenta y Solferino. Tratado de Villafranca. Amnistía en Francia.

Marx: vida y obra	Literatura/arte/cultura	Historia
periódico, que desaparece pronto por dificultades financieras. La lectura de los *Estudios sobre la actual situación de Europa*, de Karl Vogt, convence a Marx de que el autor está a sueldo de la propaganda bonapartista y comienza sus ataques contra él. Entra en conflicto igualmente con Blind y con Freiligrath.		
1860 Continúa los estudios para el segundo fascículo de la *Crítica* y lee *El origen de las especies*, de Darwin. Vogt comienza una campaña de calumnias contra Marx, quien se querella contra él ante los tribunales de Berlín y Londres y redacta el panfleto *Herr Vogt*.	J. S. Mill: *Treatise on Representative Government*; Berthelot: *Química orgánica fundada sobre la síntesis*; F. Spielhagen: *Problematische Naturen*; Burckhardt: *Kultur der Renaissance in Italien*; G. Eliot *The Mill on the Floss*; Labiche: *El viaje de M. Perrichon*. Leyes de Büchner en psicología. Congreso de química en Karlsruhe para elaborar una teoría molecular. Invención de la máquina «compund», del motor a explosión de Lenoir y del telégrafo de Hughes. Construcción del metro de Londres. Inauguración del Folies-Bergère.	*Victoria de los Castillejos. Conquista de Tetuán, tratado de Tetuán.* Plebiscitos en Toscana, Parma, Módena y Romaña a favor de la unión con Piamonte. Plebiscito en Niza y Saboya a favor de la unión con Francia. Garibaldi toma Palermo y Nápoles. Victor Manuel invade los Estados Pontificios. Derrota de las tropas pontificias. Plebiscitos en Nápoles, Sicilia y Umbría a favor de la unificación. Se reúne el primer Parlamento italiano en Turín. Tratado comercial de Cobden entre Fran-

1861 Enfermo y sin recursos, Marx marcha a Holanda, en donde su tío Lion Philiph accede a entregarle algunos fondos a cuenta de la herencia de su madre. Proyecta la publicación de un periódico y va a Berlín para hablar de ello con Lasalle. Allí se encuentra con algunos viejos amigos; luego va a Tréveris visitar a su madre. Intenta recuperar la nacionalidad alemana, pero su solicitud es rechazada. Regresa a Londres, participa en una acción en favor de Blanqui, que está en prisión, y reanuda sus trabajos científicos y sus colaboraciones en el *NYDT* y en *Die Presse*, de Viena.

— Bachofen: *El derecho matriarcal*; Cournot: *Traité de l'enchaînement des idées fondamentales*; Dostoiewski: *La casa de los muertos*; Hebbel: *Nibelungos*; Mesonero: *El antiguo Madrid*. Teoría de las localizaciones cerebrales de Broca. Michaux fabrica los primeros velocípedos.

— cia e Inglaterra. Se constituye la junta de las «Trade Unions» inglesas. Fundación de la Alianza Israelita Universal. Carolina del Sur se retira de la Unión.

— *Anexión de Santo Domingo. Expedición a México*. Víctor Manuel proclamado rey de Italia. Unión de Moldavia y Valaquia en el principado de Rumanía. Davis, presidente de los Estados secesionistas del Sur. Emancipación de los siervos en Rusia. Se funda el Partido Progresista en Alemania.

1862 Marx trabaja durante todo el año en su obra científica y cele-

— Lassalle: *Arbeiter-programm*; V. Hugo: *Los Miserables*; Henri Dunant: *Souve-*

— *Prim, al conocer las intenciones de Napoleón III (coronar a Maximi-*

Marx: vida y obra	Literatura/arte/cultura	Historia
bra una serie de entrevistas con Lassalle, que ha ido a Londres para hablarle de sus proyectos políticos. En sus cartas a Engels, Marx desarrolla una crítica a la teoría ricardiana de la renta de la tierra. Continúa colaborando en *Die Presse*, pero el *NYDT* le comunica que, debido a la situación interior de los Estados Unidos, se ven obligados a prescindir de su colaboración. La pérdida de estos ingresos hace más angustiosa aún la situación económica de la familia. Marx efectúa un nuevo viaje a Holanda y desde allí a Tréveris para pedir una ayuda que tanto su tío como su madre le niegan. Regresa a Londres y oposita para una plaza de escribiente en los ferrocarriles ingleses, que no obtiene a causa de su mala letra.	*nirs de Solférino*; Flaubert: *Salambô*; Turgueniev: *Padres e hijos*. La escultura *La Danza de Carpeaux*. Foucault calcula la velocidad de la luz. Beau de Roche expone la teoría del ciclo de cuatro tiempos. Exposición Internacional de Londres.	*liano emperador) se retira de México*. Lincoln decreta la emancipación de los esclavos. Bismarck nombrado primer ministro de Prusia. Garibaldi cae prisionero de las tropas reales. Revolución en Atenas.

1863 Marx continúa sus estudios en el British Museum y se dedica durante algún tiempo a las matemáticas. Comienza la redacción definitiva de *El Capital* y participa en las acciones en defensa de la independencia polaca. La familia se encuentra al borde de la miseria cuando muere la madre de Marx y éste, que viaja con ese motivo a Holanda y Alemania, logra algunos fondos. También muere ese mismo año Mary Burns, compañera de Engels.

— J. S. Mill: *Utilitarianism*; Renan: *Vie de Jésus*; Helmholtz: *Tratado fisiológico de música*; J. Verne: *Cinco semanas en globo*; Manet: *Desayuno sobre la hierba*; Whistler: *Symphony in White*. Berthelot logra sintetizar el acetileno. Procedimiento Solvay para la fabricación de la sosa. Lenoir construye un vehículo con motor a petróleo. Primer faro eléctrico instalado en el Cabo de La Hève. Congreso de sabios católicos en Múnich. Littré inicia la elaboración de su diccionario.

— O'Donnell cesa en el poder. Insurrección polaca: alianza de Rusia y Prusia para acabar con ella. Derrota de los confederados en Gettysburg. Guillermo, príncipe de Dinamarca, reconocido como rey de Grecia. Polonia queda dividida en diez provincias. Primera ley francesa sobre sociedades de responsabilidad limitada.

1864 Pese a la furunculosis que le aqueja, Marx continúa trabajando intensamente en su obra científica. Tras la muerte trágica de Lassalle, J. B. Schweitzer y otros manifiestan su deseo de que Marx lo sustituya a la cabeza de la *Allgemeine deutsche arbeiter verein* (Asociación General de los Obreros Alemanes), pero el puesto es ocupado por B. Becker. En el *Meeting*

— Pío IX: encíclicas *Quanta Cura y Syllabus*. Convenio de Ginebra para la protección de los heridos de guerra. Newman: *Apología pro Vita Sua*; Tolstoi: *Guerra y Paz*; Huxley: *El puesto del hombre en la naturaleza*; Larousse inicia la publicación del *Grand Dictionnaire Universel du XIXème siècle*; Clausius: *Teoría mecánica del calor*.

— *Cánovas del Castillo por primera vez ministro*. Tratado franco-italiano: Italia renuncia a Roma, los franceses se retiran de ella. Maximiliano acepta la corona mexicana. En Inglaterra se funda la Asociación Internacional de Trabajadores. Guerra austro-prusiana contra Dinamarca: Paz de Viena. En Francia es reconocido el derecho a la huelga. Octavia Hill inicia su movimiento para la mejora de

Marx: vida y obra	Literatura/arte/cultura	Historia
internacional del Saint-Martin's Hall de Londres, Marx asiste como delegado de Alemania; es elegido miembro del Comité provisional de la Asociación Internacional de Trabajadores, para la cual redacta los estatutos y un discurso inaugural.		viviendas obreras. Lincoln reelegido presidente.
1865 Continúa la elaboración de *El Capital*, cuya primera redacción concluye ese mismo año. Aunque esta tarea absorbe la mayor parte de su tiempo, dicta también una serie de charlas sobre «salario, precio y beneficio» en el Consejo Central de la Internacional, que celebra su primera conferencia en Londres el mes de septiembre. Publica también en el *Sozial-Demokrat*, órgano de la A.D.A.V. (Socialdemocracia alemana) un artículo necrológico sobre Proudhon, pero poco después rompe con	— E. Dühring: *Capital y trabajo*. Louise Otto-Peters funda la asociación general de mujeres alemanas. Claude Bernard: *Introducción al estudio de la medicina experimental*; Clark Maxwell: *Treatise on Electricity and Magnetism*; Lewis Carroll: *Alicia en el país de las maravillas*; W. Busch: *Max und Moritz*; Antero de Quental: *Odas Modernas*; Ventura de la Vega: *La muerte de César*. Mendel formula las leyes de la herencia. Kekulé halla la fórmula del benceno y Clausius la de la entropía termodinámica. Lister practica la antisepsia. Monier idea el cemento armado.	— *Noche de San Daniel: Narváez ordena reprimir brutalmente una manifestación estudiantil en protesta por la destitución de Castelar como catedrático.* Encuentro de Bismarck y Napoleón en Biarritz. El general Lee, comandante en jefe de las tropas confederadas del Sur, se rinde. Lincoln asesinado. Campaña de Cobden en Inglaterra por el librecambio. En Francia se le da efecto legal al cheque. Se crea la Unión Monetaria Latina (Francia, Bélgica, Italia y Suiza).

el lassalliano Schweitzer, director de dicho periódico. Conoce a Paul Lafargue, que habría de convertirse en su yerno.

1866 Pese a las eternas preocupaciones financieras y las molestias de la furunculosis, Marx logra concluir la redacción definitiva del primer libro del *El Capital*. Redacta también el orden del día para el primer Congreso de la Internacional y las tesis que el Consejo Central presentará al mismo. Pronuncia un importante discurso sobre la situación de Polonia.

1867 Meissner publica en Hamburgo el primer libro de *El Capital*, pero las estrecheces económicas de la familia, la furunculosis y el insomnio impiden a Marx continuar con sus trabajos. Redacta un cuaderno de instrucciones para Wilhelm Liebknecht, que ha entrado en

— F. A. Lange: *Historia del materialismo*; Huxley: *Elementary Philosophy*; A. von Haxthausen: *La constitución agraria en Rusia*; Haeckel: *Morfología general*; Verlaine: *Poèmes Saturniens*; E. Zola: *Thérèse Raquin*; Dostoievski: *Crimen y castigo*; Ibsen: *Brand*; Giner de los Ríos: *Estudios literarios*; Smetana: *La novia vendida*. Nobel descubre la dinamita. Colocación del primer cable submarino de Irlanda a Terranova. Siemens inventa la dinamo. Se produce por primera vez la leche condensada en Suiza.

— Ibsen: *Peer Gynt*; Zorrilla: *Álbum de un loco*; Wagner: *Los maestros cantores*; Strauss: *El Danubio Azul*. Pasteur estudia la fermentación del vino. Invención del freno Westinghouse. Prensa rotativa de Marinoni. Máquina a gas de Otto y Langen. Máquina de escribir de Sholes y Deusmore. Apertura del túnel del Brennero.

— *Conspiración de Prim: sublevación de los sargentos de San Gil*. Guerra italo-austríaca. Austria cede Venecia a Francia. Plebiscito en Venecia a favor de Italia. Guerra austro-prusiana: derrota de los austríacos.

— *Los elementos de la Unión Liberal apoyan el programa revolucionario*. Las tropas de Garibaldi avanzan hacia Roma, adonde llegan las tropas francesas. Garibaldi es derrotado en Mentana. Se crea la Confederación Alemana del Norte encabezada por Prusia. Las tropas francesas se retiran de Mé-

Marx: vida y obra	Literatura/arte/cultura	Historia
la Dieta prusiana como representante socialdemócrata.		xico: el emperador Maximiliano es fusilado. Elección del primer socialista al Reichstag de la Confederación Alemana del Norte. Bélgica reconoce el derecho a la «coalición y huelga». Los Estados Unidos compran Alaska a Rusia. Grandes hambres en Rusia.
1868 Empeora el estado de salud de Marx, cuyas dificultades económicas también aumentan y sólo logran solución gracias a Engels. Marx hace estudios sobre las formas primitivas de propiedad comunal y en especial sobre el *mir* ruso. Mantiene correspondencia con el ruso Danielson. Lee también las obras de Eugen Dühring. Bakunin se declara discípulo de Marx, si bien este logra que el Consejo General de la Internacional rechace la demanda de afiliación a la misma presentada por la Alianza de la Demo-	Bécquer concluye el manuscrito de las *Rimas*; R. Browning: *Ring and the Book*; A. Daudet: *Le Petit Chose*; Manet: *Retrato de Zola*; Brahms: *Requiem Alemán*; Mussorgsky: *Boris Godunov*. Descubrimiento de los yacimientos de Cro-Magnon. Jansen y Lockery descubren el helio. Steams inventa el duplex para el telégrafo. Aparición de la filoxera en Francia.	*Revolución de septiembre: la reina Isabel II marcha a Francia. Se forma el gabinete Prim-Serrano. Se inicia la Guerra de los diez años en Cuba*. Asesinato del rey de Serbia. Expedición inglesa contra Abisinia. Enmienda (la 14) a la Constitución de los Estados Unidos sobre derechos civiles. Bakunin funda la «Alliance Internationale de la Démocratie Sociale». Se adopta el sistema parlamentario en Francia.

cracia Socialista, recién fundada por Bakunin y Bécker. Matrimonio de Laura, segunda hija de Marx, y Paul Lafargue.

1869 Engels le fija una renta anual que le cubre de los endémicos apuros de dinero. Continúa los trabajos para el segundo libro de *El Capital*. Con un nombre falso va a París, en donde permanece algún tiempo en casa del matrimonio Lafargue; más tarde, y acompañado de su esposa, visita a Kugelmann en Hannover. Comienza a estudiar el ruso y la historia de Irlanda. Mantiene una extensa correspondencia con C. de Paepe sobre el proudhonismo y concede al sindicalista Haman una entrevista sobre la importancia de los sindicatos.

— Primera edición rusa del *Manifiesto*; J. Dietzgen: *La esencia del trabajo cerebral del hombre*; M. Arnold: *Culture and Anarchy*; J. S. Mill: *Subjection of Women*; Campoamor: *El drama universal*; César Franck: *Las beatitudes*. Mendeliev expone su tabla periódica de los elementos. Los hermanos Hyatt inventan el celuloide. Gramme, la dínamo de corriente continua. Bergès construye la primera planta hidroeléctrica en los Alpes. Mège-Mouviès inicia la fabricación de la margarina. Investigaciones de Galton sobre la herencia.

— *Cortes constituyentes: Constitución de 1868. Serrano regente. Gabinete Prim. Apertura del Canal de Suez. Separación de Iglesia y Estado en Irlanda. Se funda el Partido Social-Demócrata Alemán*, que adopta el programa de Eisenach. Congreso de la Internacional en Basilea.

1870 Marx continúa interesándose por la situación de Rusia y de su movimiento revolucionario. En Ginebra se constituye la

— Newman: *A Grammar of Assent*; H. Taine: *De l'intelligence*; Disraeli: *Lotbair*; F. de Sanctis: *Historia de la literatura italiana*. Schliemann inicia las excavacio-

— *Leopoldo, príncipe de Hohenzollern-Sigmaringen, acepta la corona española, a la que renuncia a los diez días*. Francia declara la gue-

Marx: vida y obra	Literatura/arte/cultura	Historia
sección rusa de la Internacional, en cuyo seno se acentúa la oposición entre Bakunin y Marx, quien redacta y distribuye una circular confidencial sobre las actividades de los bakunistas y su Alianza. Marx redacta el primer comunicado de la Internacional sobre la guerra franco-prusiana y desarrolla desde el Consejo Central de la misma una gran actividad en favor de la República francesa. A través de Serraillier envía instrucciones tácticas para los miembros parisinos de la Internacional. Engels se instala en Londres y comenta en la *Pall Mall Gazette* el desarrollo de los acontecimientos.	nes de Troya. Siemens inventa un horno eléctrico para la fabricación de acero.	rra a Prusia: Napoleón derrotado en Sedán: sitio de París. *El príncipe Amadeo de Saboya elegido rey de España. Asesinato de Prim.* Revolución en París; se proclaman la Comuna y la República. Los aliados entran en Roma. En Francia son encarcelados los miembros de la sección francesa de la Internacional, de la cual se separan las secciones de la Suiza no alemana.
1871 Continúa la actividad de Marx en la Internacional en favor de la Comuna de París. Envía instrucciones a Frankel y Varlin y redacta el folleto sobre *La*	— Renan: *La reforma intelectual y moral;* C. Franck: *Redención:* Stanley Jevons (*Teoría de la economía política*) y Karl Menger (*Principios de economía política*) exponen simultáneamente la teoría	— *Amadeo de Saboya en Madrid.* París se rinde. Thiers elegido presidente de la República francesa. Tratado de paz entre Francia y Alemania. Roma se convierte en

guerra civil en Francia. Marx es violentamente atacado por la prensa conservadora. En la Conferencia de la Internacional, celebrada en Londres durante el mes de septiembre, es reelegido secretario por la sección rusa. Revisa el libro primero de *El Capital* para la segunda edición alemana.

1872 Marx y Engels redactan una circular confidencial sobre las supuestas escisiones en el seno de la Internacional, dirigida contra los grupos bakuninistas en Suiza, intervienen contra el lassallenismo en la socialdemocracia alemana y redactan el prefacio para la nueva edición alemana del *Manifiesto*. Marx contrata la traducción francesa de *El Capital* y recibe ejemplares de la primera edición rusa. Participa activamente en los preparativos para el 5.° congreso de la Internacional, a celebrar en La Haya, y en el que

de la utilidad marginal. Darwin: *Descent of Man*; Bakunin: *Dieu et l'État*; primera exposición de Impresionistas en París; Verdi: *Aida*; Castelar: *Discursos parlamentarios y políticos*.

— H. Spencer: *Study of Sociology*; Cournot: *Consideraciones sobre la marcha de las ideas y los acontecimientos en los tiempos modernos*; Daudet: *Tartarín de Tarascón*; Núñez de Arce: *El haz de la leña*; Soltykov: *Los hermanos Golovie*. Beakland fabrica el primer material plástico (bakelita). Construcción del primer ferrocarril en Japón.

la capital de Italia. Guillermo I proclamado emperador de Alemania. Legalización de las «Trade Unions» en Inglaterra.

— *Nueva guerra carlista. Censura de las Cortes a Serrano.* Expulsión de los jesuitas de Alemania. «Kathedersozialistem» fundada en Alemania.

Marx: vida y obra	Literatura/arte/cultura	Historia
se decidirá el traslado a Nueva York del Consejo General de la organización. Jenny, la primogénita de Marx, se casa con Charles Longuet.		
1873 Segunda edición de *El Capital*. Marx remite ejemplares de ella a Darwin y a Spencer. El médico prohíbe a Marx todo género de trabajo.	— W. Pater: *Essays on the Renaissance*; J. Verne: *La vuelta al mundo en ochenta días*; Rimbaud: *Une saison en enfer* (public. 1895); Tolstoi empieza a escribir *Ana Karenina*; Wundt: *Elementos de psicología patológica*. Normand construye la máquina de vapor a triple expansión para buques. Van der Waals precisa la teoría cinética de los gases. Galdós: *Episodios nacionales*.	— Abdicación de Amadeo. Proclamación de la República. Figueras; triunfo del federalismo: Pi y Margall, Salmerón y Castelar. Insurrección cantonal. Proyecto de Constitución de 1873. Muere Napoleón III. MacMahon, presidente de la República francesa. Las tropas alemanas se retiran de Francia. Crisis económica general. Se adopta el monometalismo oro en Alemania y Estados Unidos. «Cruzada hacia el pueblo» en Rusia.
1874 Marx solicita la ciudadanía inglesa, que le es negada «por no haber sido leal a su rey». Viaja a Karlsbad para una cura de aguas.	— Walras: *Elementos de la economía pura*; Boutrous: *De la contingencia de las leyes naturales*; Valera: *Pepita Jiménez*; Grieg: *Peer Gynt*; Monet: *Salida de sol* o *Impresión*; Manet: *Le bon bock*; Renoir:	— Golpe del general Pavía. Serrano, presidente del Ejecutivo. Sigue la guerra carlista. Cánovas inspira la Restauración. Pronunciamiento de Martínez Campos a favor de

		El balcón. Invención del multiplicador Baudot para telegrafía.	*Alfonso XII. Regencia de Cánovas del Castillo. Se disuelve el Partido Social-Demócrata en Prusia.* En Francia se nombran inspectores de fábricas y se prohíbe el trabajo bajo tierra a mujeres y menores. En Berna se funda «L'Union Générale des Postes». Milenario de la fundación de Islandia.
1875	Marx continúa los estudios sobre Rusia y redacta las observaciones al *Programa de Gotha* de la socialdemocracia alemana.	H. Taine: *Origines de la France contemporaine: L'Ancien Régime;* E. Reclus: *Nueva geografía universal;* Bertholet: *La síntesis química;* Lombroso: *El hombre criminal;* H. S. Maine: *Conferencias sobre la historia de las instituciones primitivas;* Mark Twain: *Tom Sawyer;* Alarcón: *El escándalo.* Blavatsky funda la Sociedad Teosófica.	*Alfonso XII llega a España. Los carlistas derrotados en Olot. Elecciones generales para las Cortes Constituyentes.* Constitución republicana en Francia. Inglaterra y Rusia intervienen para evitar una guerra franco-alemana. Unión de los partidos obreros alemanes en el Congreso de Gotha y adopción de un nuevo programa.
1876	Marx continúa el estudio de las formas primitivas de comunidad en Rusia. Nuevo viaje a Karlsbad.	F. Dahn: *Ein Kampf un Rom;* Mallarmé: *L'après-midi d'un faune.* Graham Bell y Grey: el primer teléfono eléctrico. Primer viaje del buque *Le Grigorifique.* P. O. Lissagaray: *Histoire de la Commune;* Galdós: *Doña Perfecta.* Giner funda la Institución Libre de Enseñanza. Exposición de Filadelfia.	*Constitución de 1876. Fin de la tercera guerra carlista.* Fundación del Partido Conservador en Alemania. Se forma el Partido Socialista del Pueblo en Rusia. Crisis de la Primera Internacional.

Marx: vida y obra	Literatura/arte/cultura	Historia
1877 Marx participa en una campaña de prensa contra la política rusófila de Gladstone, trabaja en el segundo Libro de *El Capital* y colabora con Engels en el libro contra Dühring. Padece nuevamente de insomnios y trastornos nerviosos. Acompañado de su esposa y de su hija Eleanora permanece algún tiempo en Neuenahr y en la Selva Negra.	— L. H. Morgan: *La sociedad primitiva*; F. Mehring: *Historia de la socialdemocracia alemana*; Zola: *L'assommoir*; Gobineau: *La Renaissance*; Galdós: *Gloria*; Azcárate: *La Constitución inglesa*. Thomas y Gilchrist inventan el convertidor. Cros y Edison inventan el gramófono.	— *Regresa a España Isabel II*. En Francia los republicanos derrotan a MacMahon en las elecciones. Rusia declara la guerra a Turquía: los turcos se rinden en Plevna. Porfirio Díaz, presidente de México.
1878 Además de los estudios preparatorios del segundo libro de *El Capital*, Marx prosigue la investigación sobre la comuna rural rusa y realiza estudios de geología. Se ocupa también de la cuestión de Oriente y participa en la campaña contra Bismarck y Lothar Bücher. Publicación del *Anti-Dühring* de Engels.	— Sully-Prudhomme: *La Justice*; Carducci: *Odras bárbaras*; Galdós: *La familia de León Roch*, *Marianela*; Pereda: *Don Gonzalo González de la Gonzalera*. Bayer logra la síntesis de la anilina. Nordenskiöld franquea el paso del Nordeste. León XIII: encíclica *Quod Apostolici Muneris*. Fundación del Ejército de Salvación. D. Hughes inventa el micrófono.	— *Alfonso XII se casa con María de las Mercedes. Muerte de la reina*. Pacto de Zanjón (Cuba). Muere Pío IX: León XIII, papa. El Partido Socialista prohibido por Bismarck.
1879 Marx ataca el oportunismo de Hochberg y la fracción parla-	— Henry Georg: *Progress and Poverty*; Treitschke: *Historia de Alemania en el*	— *Alfonso XII se casa con María Cristina de Habsburgo-Lorena.*

mentaria de la Socialdemocracia alemana, conpuesta de Kayser, Bernstein, etcétera.	siglo XIX; Valera: *Doña Luz*; Balaguer: *Historia de los Trovadores*; Maspero: *Estudios egipcios*; Ibsen: *Casa de muñecas*; Strindberg: *El cuarto rojo*; Tchaikovsky: *Eugenio Oneguin*. Invención de los tubos Crooke. Swan y Edison inventan la lámpara de incandescencia. Siemens crea el primer tren eléctrico. León XIII: encíclica *Aeterni Patris*.	*Fundación del Partido Socialista*. MacMahon dimite: Grévy elegido presidente. Amnistía para los *comunards*. Leyes contra los jesuitas en Francia. Leyes proteccionistas en Alemania.
1880 Marx redacta un proyecto de encuesta de investigación por encargo del Partido Obrero francés. Conoce a Hyndman, con el que traba amistad. Actúa contra el oportunismo del *Sozial-Demokrat* alemán, dirigido por Liebknecht. Bebel, Bernstein y Singer visitan a Marx en Londres.	H. Taine: *Filosofía del arte*; L. Wallace: *Ben Hur*; Dostoievski: *Los hermanos Karamazov*; Alarcón: *El niño de la bola*; Rodin: *El pensador*. Construcción del túnel de San Gotardo. Creación de la Fundación Nobel. Organización de la Compañía del Canal de Panamá por F. de Lesseps. Construcción del ferrocarril transcarpiano.	— *Abolición de la esclavitud en Cuba*. Se constituye el *Partido Fusionista bajo Sagasta. Reorganización de la F.T.R.E. (anarquistas)*. Francia se anexiona Tahití. Fin de la guerra de Afganistán.
1881 Marx prosigue los contactos con los grupos revolucionarios rusos y mantiene correspondencia con Vera Zassulitch, Danielson y Nieuwenhuis. Recibe la visita de Kautsky. Enfermedad de Jenny Marx. Los	Poincaré: *Sobre la teoría de las funciones fuchsianas*; A. France: *Le crime de Sylvestre Bonnard*; Machado de Asís: *Braz Cubas*; Echegaray: *El gran galeote*; Menéndez y Pelayo: *Calderón y su teatro*. F. de Lesseps inicia las obras del canal de Panamá. Construcción del ferroca-	— *Código Civil en España*. *Turno de los partidos*. *Gabinete Sagasta*. Asesinato de Alejandro II de Rusia: Alejandro III, zar. Protectorado francés en Túnez. Se funda la F.L.U. («Federation of Labour Unions») en Estados Unidos y

Marx: vida y obra	Literatura/arte/cultura	Historia
dos esposos van a Argenteuil a visitar al matrimonio Longuet. Muerte de Jenny Marx.	rril transandino. Pasteur experimenta la vacuna contra el carbunclo. Encíclica *Ciuturnum*.	Canadá. Rockefeller funda la Standard Oil Co.
1882 Marx continúa sus lecturas sobre los problemas agrarios en Rusia y redacta con Engels un nuevo prefacio para el *Manifiesto*. Contrae una pleuresía, visita a su hija Jenny en Argenteuil y por prescripción facultativa realiza un viaje por el Mediterráneo y Suiza (Argel, Niza, Montecarlo, Enghien, Ginebra, Lausana, Vevey, Ventnor). Hace lecturas de física y matemáticas.	— Mark Twain: *Adventure of Huckleberry Finn*; Galdós: *El amigo Manso*; Wagner: *Parsifal*; Faure: *Primer cuarteto*. En la exposición de Munich, Deprez realiza el primer transporte de electricidad a distancia. Instalación del alumbrado eléctrico en Nueva York. Koch descubre el bacilo de la tuberculosis.	— Los ingleses bombardean Alejandría y ocupan Egipto y Sudán. Los italianos se establecen en Eritrea. En Estados Unidos se prohibe la inmigración de los chinos a California.
1883 Jenny Longuet muere en París, en enero. Marx, muy deprimido y gravemente enfermo del aparato respiratorio, muere en Londres el día 14 de marzo. Es sepultado en el cementerio de Highgate.	Nietzsche: *Así hablaba Zaratustra*; R. L. Stevenson: *Treasure Island*; W. Dilthey: *Einleitung in die geisteswissenschaften*; Naegeli: *Teoría mecánico-fisiológica de la evolución*; Cánovas: *El solitario y su tiempo*. Edison descubre el efecto al que da nombre. Klebs descubre el bacilo de la difteria. Se construye el primer rascacielos en Chicago.	— *Movimiento anarquista de la «Mano Negra». Alfonso XII viaja a Alemania lo que es mal acogido en Francia.* Implantación de los seguros sociales en Alemania. Fundación de un partido marxista en Rusia y de la Sociedad Fabiana en Inglaterra. Los franceses ocupan Madagascar.

1895 Muerte de Engels. Antes de su muerte, logró publicar los dos libros restantes de *El Capital*: el segundo en 1885 y el Tercero en 1894. Los trabajos preparatorios para *El Capital*, bajo el título de «Teorías sobre la plusvalía», fueron publicados por Kautsky en Stuttgart entre 1905 y 1910.

— *Comienza la guerra separatista en Cuba.* Los sindicatos franceses fundan la C.G.T. («Confédération Générale du Travail»).